Mindf*ck

Mindf*ck

Cambridge Analytica.
La trama para desestabilizar el mundo

Christopher Wylie

Traducción de Ana Herrera

Rocaeditorial

•

Título original: *Mindf*ck: Cambridge Analytica and the Plot to Break America*

© 2019, Verbena Limited

Primera edición: marzo de 2020

© de la traducción: 2020, Ana Herrera
© de esta edición: 2020, Roca Editorial de Libros, S. L.
Av. Marquès de l'Argentera 17, pral.
08003 Barcelona
actualidad@rocaeditorial.com
www.rocalibros.com

Impreso por LIBERDÚPLEX

ISBN: 978-84-18014-24-6
Depósito legal: B. 3039-2020
Código IBIC: JPSH; VBJ

RE14246

Para mis padres, Kevin y Joan,
que me enseñaron a ser valiente,
a defender mis derechos y a hacer lo correcto

Nos resistimos a la invasión de los ejércitos,
pero no podemos resistirnos a la invasión de las ideas.

VICTOR HUGO

Índice

1

Génesis

A cada paso, los zapatos nuevos se me clavan en los talones. Llevo bien sujeto un expediente azul oscuro, lleno de documentos organizados con lengüetas de colores. Intimidado por el sitio donde me encuentro, y aprensivo al ver hacia dónde me dirijo, me concentro en el sonido de nuestros pasos. Un bedel nos recuerda que debemos caminar rápido para que no nos vean. Pasamos junto a los guardias uniformados y llegamos a un atrio; luego, doblamos por un pasillo. El bedel empuja una puerta y la abre. Entonces bajamos a toda prisa unos cuantos escalones y nos dirigimos a un pasillo que parece exactamente igual que el anterior: suelos de mármol, techos altos, puertas de madera, con una bandera estadounidense de vez en cuando. Somos siete, y nuestros pasos resuenan en el pasillo. Ya estamos muy cerca…, pero entonces me pillan. Un congresista me ve y me saluda con la mano.

—¿Otra vez por aquí?

Un puñado de periodistas salen de una conferencia de prensa. Ven mi pelo teñido de un rosa fluorescente y saben quién soy.

Dos cámaras se sitúan delante de mí y empiezan a grabar; al tiempo, caminan hacia atrás. Se forma una marabunta y llueven las preguntas:

—Señor Wylie, ¡una pregunta para la NBC! ¡Una pregunta para la CNN! ¿Por qué está aquí?

Entonces uno de mis abogados me recuerda que mantenga la boca cerrada. El bedel me señala un ascensor y advierte a los periodistas que mantengan la distancia. Allá vamos. Los cámaras siguen filmando mientras se cierran las puertas.

Estoy apretado al fondo del ascensor, rodeado de hombres con traje. Empezamos a descender y vamos muy abajo, bajo tierra. Todo el mundo está muy callado en ese descenso. Se amontona en mi cabeza todo el trabajo preparatorio que he hecho con mis abogados: qué leyes de Estados Unidos se transgredieron y quién lo hizo, qué derechos tengo y cuáles no tengo como ciudadano visitante de Estados Unidos, cómo responder tranquilamente a las acusaciones, qué ocurre si me arrestan después. No tengo ni idea de lo que puedo esperar. Nadie la tiene.

Nos detenemos y las puertas del ascensor se abren suavemente. No hay nada allá abajo, solo otra puerta, con un letrero rojo y grande que dice con letras blancas: «ZONA RESTRINGIDA», «NO SE PERMITE EL ACCESO AL PÚBLICO NI A LA PRENSA». Estamos tres pisos por debajo del Capitolio de Estados Unidos, en Washington D. C.

Una vez cruzada la puerta, los suelos están cubiertos con una mullida moqueta de color granate. Unos guardias uniformados nos confiscan los móviles y otros aparatos electrónicos, los colocan en un estante con casilleros numerados, detrás del escritorio, uno por persona. A cambio, nos dan un número. Nos dicen que, a partir de ese punto, solo podemos usar lápiz y papel. Y de salida, nos advierten, nos pueden confiscar los papeles que llevemos, si se determina que hemos tomado notas sobre cualquier cosa de naturaleza confidencial.

Dos guardias abren una enorme puerta de acero. Uno de ellos hace el gesto de que pasemos. Uno a uno entramos a un largo pasillo iluminado débilmente por fluorescentes. Las paredes están forradas de madera oscura. En el pasillo, se ven alineadas largas filas de banderas estadounidenses, cada una en su peana. Huele como un edificio antiguo, a rancio y a mohoso, con algún toque de productos de limpieza. Los guardias van delante de nosotros por el pasillo, giramos hacia la izquierda y continuamos hasta otra puerta. Desde arriba, un sello de madera que tiene tallada un águila gigante, con unas flechas cogidas entre sus garras, parece observarnos. Hemos llegado a nuestro destino: el Centro de Información Confidencial y Compartimentalizada (SCIF por sus siglas en inglés) del Comité Permanente Selecto de Inteligencia del Congreso de Estados Unidos, la misma sala donde se llevan a cabo las reuniones del Congreso sobre temas clasificados.

Dentro, deslumbrados por el resplandor de los fluorescentes, mis ojos tardan un rato en acostumbrarse al espacio, que es totalmente anodino, con las paredes beis desnudas y una mesa de conferencias rodeada de sillas. Podría ser cualquier habitación de cualquiera de los numerosos edificios federales repartidos por todo Washington, pero me asombra el silencio que reina en el SCIF. Está completamente insonorizado, con unas paredes con muchas capas que lo hacen impermeable al espionaje. Se dice que también está construido a prueba de bombas. Es un lugar seguro, ideal para los secretos de Estados Unidos.

En cuanto tomamos asiento, los miembros del Congreso empiezan a entrar. Los ayudantes colocan unas carpetas en la mesa, frente a cada miembro del comité. El miembro de rango superior de los demócratas, el congresista de California Adam Schiff, se sienta justo frente a mí. A su izquierda está la congresista Terri Sewell, con Eric Swalwell y Joaquín Castro juntos en el extremo más alejado. Estoy flanqueado por mis abogados y por mi amigo Shahmir Sanni, compañero «denunciante» (o «informante» o «alertador», como también se suele decir; en inglés, el término empleado es el sugerente *whistleblower*). Dejamos unos minutos de margen para que lleguen los republicanos, pero no aparecen.

Estamos en junio de 2018, y me encuentro en Washington para testificar ante el Congreso de Estados Unidos por Cambridge Analytica, una empresa contratista militar y de guerra psicológica donde yo trabajaba, así como una compleja red que implicaba a Facebook, Rusia, WikiLeaks, la campaña de Trump y el referéndum del Brexit. Como antiguo director de Investigación, llevaba conmigo las pruebas de cómo en la empresa instrumentalizaban los datos de Facebook; también de cómo el sistema que construyeron dejó a millones de estadounidenses vulnerables a las operaciones de propaganda de Estados extranjeros hostiles. Schiff dirige el interrogatorio. Antiguo fiscal federal, es duro y preciso en sus líneas de investigación, no pierde tiempo y va al grano.

—¿Trabajó usted con Steve Bannon?

15

—Sí.

—¿Cambridge Analytica tenía algún contacto con posibles agentes rusos?

—Sí.

—¿Cree usted que esos datos se usaron para influir en el electorado de Estados Unidos a la hora de elegir al presidente del país?

—Sí.

Pasa una hora, dos, tres. He decidido venir aquí por voluntad propia y contestar a las preguntas sobre cómo es posible que un canadiense liberal y homosexual de veinticuatro años formase parte de una empresa contratista militar británica que desarrollaba herramientas bélicas psicológicas para la *alt-right* estadounidense. Recién salido de la universidad, entré a trabajar en Londres en una empresa llamada SCL Group, que ofrecía al Ministerio de Defensa de Gran Bretaña y a los Ejércitos de la OTAN su pericia en operaciones de información. Los militares occidentales no sabían muy bien cómo abordar la radicalización *online*, de modo que la empresa quería que yo ayudase a formar un equipo de científicos de datos para que creasen nuevas herramientas que identificaran y combatieran el extremismo en la Red. Era fascinante, era un gran reto y era emocionante, todo a la vez. Estábamos a punto de abrir un nuevo terreno para la ciberdefensa de Gran Bretaña, Estados Unidos y sus aliados, así como de enfrentarnos a las peligrosas insurgencias del extremismo radical con datos, algoritmos y narrativas focalizadas *online*. Sin embargo, debido a una cadena de acontecimientos que se desarrollaron en 2014, un multimillonario adquirió nuestro proyecto para construir su propia insurgencia radicalizada en Estados Unidos. Cambridge Analytica, una empresa de la que pocos habían oído hablar, una compañía que instrumentalizaba la investigación en perfiles psicológicos, consiguió conmocionar el mundo.

En la vida militar, al hecho de que las armas caigan en las manos equivocadas lo llaman «contragolpe». Y parecía que este contragolpe había detonado en la mismísima Casa Blanca. Yo no podía seguir trabajando en algo tan corrosivo para nuestras sociedades, así que decidí denunciarlo, informé de todo el asunto a las autoridades y empecé a trabajar con periodistas para advertir al público de lo que estaba pasando. Sentado ante esta comisión, todavía afectado por el desfase horario del vuelo transatlántico del día anterior, no puedo evitar sentirme presionado, a medida que las preguntas se vuelven más incisivas. Sin embargo, varias veces, mis intentos de explicar las intrincadas operaciones de la empresa dejan a todo el mundo confuso, de modo que, simplemente, saco una carpeta y se la tiendo a los congresistas. «Qué demonios», pienso. Si he llegado hasta aquí, también puedo darles todo lo que tengo. No hay descansos. La puerta que tengo detrás permanece cerrada todo el tiempo. Estoy encerrado en una sala asfixiante y sin ventanas, en lo más profundo del subsuelo, sin nada que mirar, más allá de a los ojos de esos miembros del Congreso, mientras todos intentan averiguar qué demonios le acaba de ocurrir a su país.

Tres meses antes de todo esto, el 17 de marzo de 2018, *The Guardian*, *The New York Times* y *Channel 4 News* de Gran Bretaña habían publicado simultáneamente los resultados de una investigación conjunta que les había llevado un año entero, alentada por mi decisión de revelar la verdad sobre lo que estaba ocurriendo en el interior de Cambridge Analytica y de Facebook. Mi «salida del armario» como denunciante puso en marcha la mayor investigación criminal de datos de toda la historia. En Gran Bretaña, la Agencia Nacional del Crimen (NCA por sus siglas en inglés), el MI5 (la agencia de inteligencia del Reino Unido), la Oficina de Información del Comisionado, la Comisión Electoral y el Servicio de la Policía Metropolitana de Londres, todos, estaban implicados. En Estados Unidos, entraron también el FBI, el Departamento de Justicia, la Comisión de Valores y Cambio (SEC por sus siglas en inglés) y la Comisión Federal de Comercio (FTC, por sus siglas en inglés).

Semanas antes de este primer artículo, la investigación del fiscal especial Robert Mueller se había ido calentando. En febrero, Mueller acusó a trece ciudadanos rusos y a tres empresas del mismo país de dos cargos separados de conspiración. Una semana más tarde llegaron las acusaciones del antiguo director de campaña de Trump, Paul Manafort, y de su ayudante, Rick Gates. El 16 de marzo, el fiscal general Jeff Sessions despidió al subdirector del FBI, Andrew McCabe, solo veinticuatro horas antes de que se jubilase. La gente estaba desesperada por tener información de lo que había ocurrido entre la campaña de Trump y Rusia, pero nadie había sido capaz de atar cabos. Yo proporcioné pruebas que unían a Cambridge Analytica con Donald Trump, Facebook, la inteligencia rusa, los *hackers* internacionales y el Brexit. Estas pruebas revelaron que en ambas campañas triunfadoras, la de Trump y la del Brexit, se había echado mano de un oscuro contratista extranjero implicado en actividades ilegales. Las cadenas de correos electrónicos, memorándums internos, facturas, resguardos de transferencias bancarias y documentación de trabajo que aporté demostraban que Trump y el Brexit habían desplegado las mismas estrategias, usando idénticas tecnologías dirigidas por las mismas personas, todo ello bajo el espectro de una implicación rusa encubierta.

Dos días después de hacerse pública esa noticia, se planteó una cuestión urgente en la cámara principal del Parlamento británico. En un extraño momento de solidaridad, ministros del Gobierno y miembros importantes de la oposición del Parlamento entonaron el mismo coro de quejas sobre Facebook, que no había sido capaz de evitar que su plataforma se convirtiese en una red de propaganda electoral hostil, con las implicaciones que esto trajo para las democracias occidentales. La siguiente oleada de noticias se centraba en el Brexit, y cuestionaba la integridad del voto en el referéndum. Un conjunto de documentos que proporcioné a los representantes de la ley revelaban que la campaña de Vote Leave había usado subsidiarias secretas de Cambridge Analytica para gastar dinero negro en propagar desinformación en Facebook y anuncios en Google. La Comisión Electoral del Reino Unido declaró que todo ello era ilegal, y la trama acabó siendo una de las brechas más grandes e importantes de la ley de financiación de campañas en la historia británica. La oficina del primer ministro de Gran Bretaña, en el 10 de Downing Street, declaró una crisis de comunicación cuando salieron a la luz las pruebas de engaños en el Vote Leave. Más tarde, se

18

entregaron a la NCA y al MI5 pruebas de la relación directa de la embajada rusa con los financiadores más importantes de las campañas pro-Brexit durante el referéndum. Una semana más tarde, las acciones de Facebook bajaron un dieciocho por ciento, con lo cual perdieron un valor de ochenta mil millones de dólares. Las turbulencias continuaron, y culminaron en lo que todavía es la mayor caída del valor de las acciones de una empresa estadounidense.

El 27 de marzo de 2018, me convocaron ante el Parlamento para una audiencia pública, algo a lo que tuve que acostumbrarme a lo largo de los siguientes meses. Cubrimos todo el espectro, desde cómo Cambridge Analytica utilizaba *hackers* y sobornos hasta la filtración de datos de Facebook y las operaciones de la inteligencia rusa. Después de aquella vista, el FBI, DOJ, SEC y FTC emprendieron investigaciones. El Comité de Inteligencia del Congreso de Estados Unidos, el Comité Judicial del Congreso y el Comité Judicial del Senado querían hablar conmigo. En cuestión de semanas, tanto la Unión Europea como más de veinte países habían abierto investigaciones sobre Facebook, medios sociales y desinformación.

Yo conté mi historia al mundo, y todas las pantallas eran espejos que devolvían mi reflejo. Durante dos semanas seguidas, mi vida fue un caos. Los días empezaban con intervenciones en los programas matutinos británicos y los canales de televisión europeos, a las seis (hora de Londres), y continuaban con entrevistas en las cadenas estadounidenses hasta medianoche. Los periodistas me seguían a todas partes. Empecé a recibir amenazas. Como temía por mi seguridad, tuve que contratar guardaespaldas para que me protegieran en actos públicos. Mis padres, ambos médicos, tuvieron que cerrar temporalmente sus consultas, pues nubes de periodistas los acosaban con preguntas y asustaban a los pacientes. En los meses siguientes, mi vida se volvió casi imposible, pero sabía que tenía que mantener la alarma activada.

La historia de Cambridge Analytica nos enseña que nuestra identidad y nuestra conducta se han convertido en mercancías, gracias al negocio de alto riesgo de los datos. Las empresas que controlan el flujo de información están entre las más poderosas del mundo; los algoritmos que han diseñado estas empresas en secreto están influyendo en las mentes de los ciudadanos de Estados Unidos y del resto del mundo de una forma que antes resultaba inimaginable. No importa cuál sea el tema que más le preocupe: la violencia y las armas, la inmigración, la libertad de expresión, la libertad religiosa... Usted no podrá escapar de Silicon Valley, el nuevo epicentro de la crisis de percepción estadounidense. Mi trabajo con Cambridge Analytica expuso el lado oscuro de la innovación tecnológica. Nosotros innovamos. La *alt-right* innovó. Rusia innovó. Y Facebook, esa red social donde usted comparte sus fiestas privadas y las fotos de sus hijos, permitió que esas innovaciones se publicaran libremente.

Sospecho que no me habría interesado por la tecnología ni habría terminado en Cambridge Analytica de haber nacido con un cuerpo distinto. Me dediqué a los ordenadores por defecto, porque no había muchas más cosas disponibles para un chico como yo. Me crie en la isla de Vancouver, en la costa oeste de la Columbia Británica, rodeada por océanos, bosques y tierras de cultivo. Mis padres eran médicos, y yo era su hijo mayor; después vinieron dos hermanas, Jaimie y Lauren. Cuando tenía once años, empecé a notar que las piernas se me ponían cada vez más rígidas. No podía correr tan deprisa como los demás niños, empecé a andar raro y, por supuesto, eso me convirtió en el blanco de los abusones. Me diagnosticaron dos enfermedades relativamente raras, cuyos síntomas incluían grave dolor neuropático, debilidad muscular y problemas de visión y de audición. A los doce iba en silla de ruedas (justo a tiempo para iniciar la adolescencia), y me acostumbré a ella durante el resto de mis días escolares.

Cuando vas en silla de ruedas, la gente te trata de una forma distinta. A veces te sientes más como un objeto que como una persona: tu modo de desplazarte es la forma que tiene la gente de comprenderte y definirte. Tienes que acercarte a los edificios y a las estructuras de una forma distinta. ¿Qué entrada podré usar? ¿Cómo llego a mi destino evitando las escaleras? Aprendes a buscar cosas que las demás personas ni siquiera notan.

No mucho después descubrí el aula de informática, que se convirtió en la única sala de toda la escuela donde no me sentía fuera de lugar. Afuera, había matones, o bien gente condescendiente. Incluso cuando los profesores alentaban a los otros niños a interactuar conmigo, siempre lo hacían por obligación, cosa que resultaba mucho más molesta todavía que el hecho de que me ignorasen. Así que me iba al aula de informática.

Empecé a hacer páginas web alrededor de los trece años. La primera fue una animación con Flash de la Pantera Rosa perseguida por un torpe inspector Clouseau. Poco después vi un vídeo para programar tres en raya en JavaScript y pensé que era lo más chulo que había visto en mi vida. El juego parece muy sencillo hasta que tienes que empezar a desmenuzar la lógica. No se puede dejar que el ordenador seleccione una casilla al azar sin más, porque sería muy aburrido. Tienes que guiar al ordenador y darle normas, como, por ejemplo, poner una X en una casilla adyacente a otra X…, pero solo si no hay ya una O en esa hilera o columna. ¿Y las X en diagonal, cómo se las explicamos?

Al final conseguí unir varios cientos de líneas de código espagueti. Todavía me acuerdo de la sensación de hacer un movimiento y luego contemplar cómo jugaba mi pequeña creación. Me sentía como un mago. Y cuanto más practicaba mis encantamientos, más poderosa se volvía mi magia.

Fuera del aula de informática, el colegio seguía siendo un espacio educativo en el que yo no era capaz de hacer nada ni se me permitía hacerlo, y no podía ser yo mismo. Mis padres me animaron a seguir intentando encontrar un lugar donde pudiera encajar, así que, cuando tenía quince años, pasé el verano de 2005 como interno en la Lester B. Pearson United World College, una escuela internacional en Victoria que llevaba el nombre del primer ministro canadiense que ganó el Premio Nobel y que ideó la primera fuerza pacificadora de la ONU durante la Crisis de Suez, en los años cincuenta. Pasar tanto tiempo con estudiantes de todo el mundo fue apasionante; por primera vez, me interesaron realmente las clases y lo que tenían que decir mis compañeros. Me hice amigo de un superviviente del genocidio de Ruanda; una noche que

nos quedamos levantados hasta tarde en el vestíbulo de la residencia, me contó cómo fue asesinada su familia y qué sintió
al tener que recorrer solo todo el camino hasta un campo de
refugiados en Uganda. Era apenas un niño.

Sin embargo, fue después de estar cenando una noche en el
comedor, donde alumnos palestinos y árabes estaban sentados
delante de otros alumnos israelíes, y se vieron obligados a de-
batir a la fuerza el futuro de su país, cuando realmente empecé
a despertar al mundo que tenía a mi alrededor. Me di cuenta
de lo poco que sabía de todo lo que estaba pasando, y supe que
quería saberlo, y rápidamente empecé a interesarme por la política. Durante el curso siguiente empecé a faltar a clase para
asistir a actos del Ayuntamiento, con miembros locales del
Parlamento. En el colegio raramente hablaba con nadie, pero
en aquellos actos me sentía libre de expresarme. En un aula, te
sientas atrás mientras el profesor te dice lo que debes pensar y
cómo hacerlo. Hay un currículo, una fórmula de pensamiento.
Pero en el Ayuntamiento descubrí justo lo contrario. Claro, el
político da la cara, pero es la gente del público («nosotros») la
que le tiene que decir lo que piensa. Esa inversión me resultaba increíblemente atractiva, y cada vez que los miembros del
Parlamento anunciaban un acto, yo asistía, hacía preguntas e
incluso les decía lo que pensaba.

Resultó muy liberador encontrar mi propia voz. Como
cualquier adolescente, estaba explorando quién era, pero para
alguien que es homosexual y va en silla de ruedas el desafío
es aún mucho mayor. Cuando empecé a asistir a esos foros
públicos, comencé a darme cuenta de que muchas de las cosas
que estaba viviendo no eran temas exclusivamente personales, sino también asuntos políticos. Mis desafíos eran políticos.
Mi vida era política. Mi simple existencia era política. Así que
decidí convertirme en «político». Un consejero de uno de los
parlamentarios, un antiguo ingeniero de *software* llamado Jeff
Silvester, se fijó en ese chico sin pelos en la lengua que siempre
aparecía por allí. Se ofreció a intentar encontrarme sitio en el
Partido Liberal de Canadá (LPC), que también buscaba ayuda
tecnológica. Pronto acordamos lo siguiente: al final del verano
siguiente, empezaría mi primer trabajo de verdad, como ayudante en el Parlamento de Ottawa.

Pasé el verano de 2007 en Montreal, remoloneando por los espacios de *hackers* frecuentados por tecno-anarquistas franco-canadienses. Solían reunirse en edificios industriales recuperados, con suelos de cemento y paredes de contracha-pado, en habitaciones decoradas con tecnología retro, como Apple II y Commodore 64. Por aquel entonces, gracias a un tratamiento, empecé a poder desplazarme sin silla de ruedas. (He continuado mejorando, pero mi experiencia como de-nunciante puso a prueba mis límites físicos. Justo antes de que se publicase la primera noticia sobre Cambridge Analyti-ca, tuve un ataque y me derrumbé, inconsciente, en una acera en el sur de Londres, y me desperté en el Hospital University College por el dolor agudo de una aguja intravenosa que una enfermera me estaba introduciendo en el brazo). A la ma-yoría de los *hackers* no les importa absolutamente nada qué aspecto tengas, o si andas raro. Comparten tu amor por la profesión, y quieren ayudarte a mejorar en ella.

Mi breve exposición a las comunidades de *hackers* dejó una impresión permanente. Aprendes que ningún sistema es ab-soluto, nada es impenetrable, y las barreras son un reto. La filosofía *hacker* me enseñó que si cambias tu perspectiva ha-cia cualquier sistema, ordenador, red, incluso sociedad, puedes descubrir en ella fallos y vulnerabilidades. Como chico gay en silla de ruedas, llegué a comprender los sistemas de poder a una edad muy temprana. Pero como *hacker*, aprendí que todos los sistemas tienen sus debilidades, que están esperando a que alguien las explote.

23

Poco después de empezar mi trabajo en el Parlamento ca-nadiense, el Partido Liberal se interesó por lo que estaba ocu-rriendo en el sur. En ese momento, Facebook se estaba volvien-do muy popular, y Twitter acababa de tomar impulso; nadie tenía ni idea de cómo usar las redes sociales para hacer campa-ña, pues acababan de aparecer, por así decirlo. Pero una estre-lla naciente en la política presidencial norteamericana estaba a punto de apretar el acelerador.

Mientras otros candidatos se devanaban los sesos inten-tando imaginar cómo encajar en Internet, el equipo de Barack

Obama montó My.BarackObama.com, e inició una revolución de base. Mientras otros sitios, como el de Hillary Clinton, se centraban en publicar anuncios políticos, la web de Obama focalizó su estrategia en proporcionar una plataforma para las organizaciones de base, para que se organizaran y ejecutaran campañas que alentaran el voto. Su web elevó mucho la emoción en torno al senador de Illinois, que era mucho más joven y más conocedor de la nueva tecnología que sus oponentes. Obama parecía lo que debe parecer un líder. Y después de pasar mis años formativos hablándome de mis limitaciones, el optimismo desafiante que transmitía con ese mensaje tan sencillo de «Yes, we can!» me sedujo. Obama y su equipo estaban transformando la política. Así pues, cuando cumplí los dieciocho, me contaba entre las personas que el Partido Liberal envió a Estados Unidos para observar las distintas facetas de su campaña e identificar nuevas tácticas que pudieran trasladarse a las campañas progresistas de Canadá.

Al principio hice el recorrido de un par de estados con primarias que se celebraban más temprano, empezando en New Hampshire, donde pasé un tiempo hablando con los votantes y observando de cerca cómo era la cultura estadounidense. Era divertido y revelador. Viniendo de Canadá, me sorprendió mucho ver lo distintas que eran nuestras sensibilidades. La primera vez que un estadounidense me dijo que estaba totalmente en contra de la «medicina socializada», el mismo tipo de sanidad pública al que yo accedía casi cada mes en mi país, me sorprendió muchísimo que alguien pudiera pensar de esa manera. Cuando ya lo había oído unas cien veces, empecé a asumirlo.

Me gustaba ir por ahí y hablar con la gente. Así pues, cuando llegó el momento de concentrarme en el grupo de datos, no me emocionaba demasiado hacerlo. Pero entonces me presentaron al director nacional de *targeting* de Obama, Ken Strasma, que rápidamente cambió mi forma de pensar.

Lo más atractivo de la campaña de Obama era su imagen de marca y su uso de los nuevos medios como YouTube. Era lo más *cool*, una estrategia visual que nadie había usado antes, porque YouTube era todavía muy nuevo. Eso era lo que yo quería ver, hasta que Ken me paró en seco. «Olvídate de los vídeos», me dijo. Tenía que profundizar más, ir al corazón de la estrategia tecnológica de la campaña.

—Todo lo que hacemos —me dijo— está basado en saber exactamente con quién tiene que hablar… y de qué temas.

En otras palabras: la columna vertebral de la campaña de Obama eran los datos. Y el trabajo más importante que producía el equipo de Strasma era el modelo que usaban para analizar y comprenderlos. Aquello les permitía traducirlos en aplicaciones, para determinar una estrategia real de comunicaciones mediante… la inteligencia artificial.

—¿Qué me estás diciendo? ¿Inteligencia artificial para las campañas?

Parecía increíblemente futurista, como si estuviéramos fabricando un robot para que devorase páginas y páginas de información sobre los votantes y luego escupiera unos criterios de *targeting*. Más tarde esa información viajaría hacia arriba, a los niveles más altos de la campaña, donde se usaría para determinar los mensajes claves y la imagen de marca para Obama.

La infraestructura para procesar todos esos datos procedía entonces de una empresa llamada Voter Activation Network, Inc. (VAN), que dirigía una fabulosa pareja homosexual de la zona de Boston, Mark Sullivan y Jim St. George. Al final de la campaña de 2008, gracias a VAN, el Comité Demócrata Nacional tendría diez veces más datos sobre los votantes que después de la campaña de 2004. Este volumen de datos, y las herramientas necesarias para organizarlos y manipularlos, dieron a los demócratas una clara ventaja a la hora de atraer votantes a los colegios electorales.

Cuanto más sabía de la maquinaria de Obama, más fascinado me sentía. Posteriormente, llegué a hacerles todas las preguntas que quería a Mark y Jim, porque al parecer les divertía que aquel joven canadiense hubiese viajado a Estados Unidos a aprender cosas de datos y de política. Antes de que yo viera lo que estaban haciendo Ken, Mark y Jim, no había pensado en usar las matemáticas y la inteligencia artificial para dar alas a una campaña política. De hecho, cuando vi por primera vez a hileras de personas con sus ordenadores en el cuartel general de Obama, pensé: «Los mensajes y las emociones son lo que crea una campaña ganadora, no los ordena-

25

dores ni los números». Sin embargo, enseguida comprendí que eran esos números y los algoritmos predictivos que creaban lo que separaba a Obama de cualquiera que se hubiera presentado antes a la presidencia.

En cuanto me di cuenta de la efectividad con que la campaña de Obama usaba los algoritmos para transmitir sus mensajes, empecé a estudiar cómo crear unos por mi cuenta. Había aprendido yo solo a usar los paquetes de *software* básicos como MATLAB y SPSS, que me dejaban jugar un poco con los datos. En lugar de fiarme de un libro de texto, empecé jugando con los datos Iris, un conjunto clásico para aprender estadística. Fui aprendiendo a base de prueba y error. Poder manipular los datos, usando los distintos rasgos de los iris, como la longitud del pétalo y el color, para predecir especies de flores, resultaba apasionante.

En cuanto comprendí lo más básico, pasé de los pétalos a las personas. VAN estaba llena de información sobre edad, género, ingresos, raza, propiedad de la vivienda, incluso las suscripciones a revistas y las millas aéreas que habían recorrido. Con las entradas correctas de datos, podías empezar a predecir si aquella persona votaría a los demócratas o a los republicanos. Podías identificar y aislar los temas que quizá no fueran prioritarios para ellos. Podías empezar a elaborar mensajes que tal vez podrían hacerles cambiar de opinión más fácilmente.

Para mí, era una forma nueva de entender las elecciones. Los datos eran una fuerza del bien, pues impulsaban esa campaña para el cambio. Se iba a usar para producir votantes primerizos, para llegar a gente que se sentía abandonada. Cuanto más profundamente me metía, más pensaba que los datos serían los que salvarían la política. No podía esperar a volver a Canadá y contarle al Partido Liberal lo que había aprendido con el futuro presidente de Estados Unidos.

En noviembre, Obama alcanzó una victoria decisiva sobre John McCain. Dos meses después, cuando unos amigos de la campaña me enviaron una invitación a la inauguración, volé a Washington para celebrarlo con los vencedores. (Primero tuve que superar un pequeño alboroto en la puerta, porque el personal no quería dejar entrar a un chico de menos de veintiún años a aquel evento donde había barra libre). Aquella noche me lo pasé de maravilla, charlando con Jennifer López y Marc Anthony, contemplando a Barack y Michelle Obama disfrutar de su primer baile como «primera pareja». Acababa de amanecer una nueva era. Por fin podíamos celebrar lo que podía pasar cuando la gente adecuada comprendía cómo usar los datos para ganar las elecciones.

Sin embargo, al comunicar directamente mensajes seleccionados a votantes seleccionados, el *microtargeting* de la campaña de Obama había iniciado un viaje hacia la privatización del discurso público en Estados Unidos. Aunque el correo directo formaba parte desde hacía tiempo de las campañas norteamericanas, el *microtargeting* dependiente de los datos permitía que las campañas cuadrasen una miríada de narrativas detalladas con universos detallados de votantes: tu vecino podía recibir un mensaje totalmente distinto que tú, y a lo mejor sin enteraros ninguno de los dos. Cuando las campañas se llevaban a cabo en privado, se podía evitar por completo el escrutinio del debate y la publicidad. La plaza pública, que es el mismísimo fundamento de la democracia norteamericana, iba siendo reemplazada cada vez más por la realidad *online* y las redes. Y sin escrutinio alguno, los mensajes de campaña ya no tenían que parecer mensajes de campaña. Las redes sociales creaban un nuevo entorno en el que las campañas podían aparecer, tal y como puso a prueba la de Obama, como si un amigo te estuviera enviando un mensaje, sin que tú te dieras cuenta de su origen o de la intención calculada de ese contacto. Una campaña podía parecer una web de noticias, una universidad, una agencia pública. Debido a la ascendencia de las redes sociales, hemos tenido que depositar nuestra confianza en que las campañas políticas son honradas, pues, si se dice alguna mentira, nunca nos vamos a enterar. No hay nadie que pueda corregir el registro dentro de un anuncio de red privado.

En los años que condujeron a la primera campaña de Obama, en las salas de juntas de Silicon Valley nació una nueva lógica de la acumulación: las empresas tecnológicas empezaron a hacer dinero debido a su capacidad de planificar y organizar la información. En el núcleo de ese modelo se encontraba

27

una asimetría esencial del conocimiento: las máquinas sabían muchísimo de nuestra conducta, pero nosotros sabíamos muy poco de la suya. En una conveniente acción compensatoria, esas empresas ofrecían a la gente servicios de información a cambio de más información: datos. Los datos se han ido volviendo más y más valiosos. Facebook saca una media de treinta dólares de cada uno de sus ciento setenta millones de usuarios estadounidenses. Al mismo tiempo, nos hemos tragado la idea de que esos servicios son «gratuitos». En realidad, pagamos con nuestros datos un modelo de negocio que consiste en obtener atención humana.

Más datos suponen más beneficios, así que se desarrollaron patrones de diseño para animar a los usuarios a compartir cada vez más y más cosas sobre sí mismos. Las plataformas empezaron a imitar a los casinos, con innovaciones como el avance del texto infinito, y rasgos adictivos que se dirigían a los sistemas de recompensa del cerebro. Servicios como Gmail empezaron a rebuscar en nuestra correspondencia de una manera que llevaría consigo penas de cárcel, en el caso del correo postal tradicional. La geolocalización en directo, reservada en tiempos para los convictos con sus tobilleras, se añadió a nuestros teléfonos móviles, y lo que en años pretéritos se podía haber llamado escucha telefónica, se convirtió en un rasgo habitual de incontables aplicaciones.

Pronto nos encontramos compartiendo información personal sin dudar ni un segundo. Y a eso ayudó, en parte, un vocabulario nuevo. Lo que en realidad eran redes de vigilancia de titularidad privada se convirtieron en «comunidades», la gente a la que usaba esas redes para su provecho eran «usuarios», y el diseño adictivo se promovía como «experiencia del usuario», o bien «compromiso». La identidad de la gente se empezó a perfilar a partir de sus «rastros de datos» o «migas digitales». Durante miles de años, los modelos económicos dominantes se habían centrado en la extracción de los recursos naturales y la conversión de esas materias primas en artículos. El algodón se hilaba y se convertía en tela. El hierro se fundía y se convertía en acero. Se talaban los bosques y se hacía madera. Pero con el advenimiento de Internet, fue posible crear artículos de consumo con nuestras propias vidas, nuestra conducta, nuestra atención, nuestra identidad. Es como si hubiera empezado a procesar a la gente y a convertirla en datos. Nosotros serviríamos como materia prima de ese nuevo complejo industrial de datos.

Una de las primeras personas que vio el potencial político de esta nueva realidad fue Steve Bannon, un editor relativamente desconocido de una web de derechas, Breitbart News, que se fundó para reformular la cultura estadounidense según la visión nacionalista de Andrew Breitbart. Bannon creía que su misión era nada menos que una guerra cultural. Sin embargo, cuando le conocí, Bannon sabía que le faltaba algo, que no tenía las armas adecuadas. Mientras los generales de campo se centraban en la potencia de artillería y en el dominio del espacio aéreo, él necesitaba ganar el «poder cultural», la «dominación de la información», un arsenal propulsado por los datos, adecuado para conquistar corazones y mentes en este nuevo campo de batalla. La recién formada Cambridge Analytica se convirtió en ese arsenal. Perfeccionando las técnicas de los operativos psicológicos militares (PSYOPS), Cambridge Analytica propulsó la insurgencia *alt-right* de Steve Bannon en su ascenso. En esta nueva guerra, el votante estadounidense se convirtió en objeto de confusión, manipulación y engaño. La verdad se vio sustituida por unas narraciones alternativas, y realidades virtuales.

Primero, Cambridge Analytica (CA) puso a prueba esta nueva guerra en África y las islas tropicales de todo el mundo. La empresa experimentó con desinformación *online* a pequeña escala, falsas noticias y reseñas masivas. Funcionaba con agentes rusos y *hackers* empleados para colarse en las cuentas de correo de los candidatos de la oposición. Pronto, tras haber perfeccionado sus métodos lejos de la atención de los medios occidentales, CA pasó de instigar el conflicto tribal en África a instigar un conflicto tribal en los mismos Estados Unidos. Como salido de la nada, surgió en el país un levantamiento entre frenéticos gritos de MAGA! (acrónimo de «*Make America great again*», lema de la campaña electoral de Trump en 2016) y «¡Construye el muro!». De repente, los debates presidenciales pasaron de tratar ciertas posturas políticas a estar llenos de discusiones extravagantes sobre lo que eran «noticias reales» y «noticias falsas». En estos momentos, el país está viviendo las secuelas del primer despliegue escalonado de un arma psicológica de destrucción masiva.

Como uno de los creadores de Cambridge Analytica, comparto la responsabilidad de lo que ocurrió, y sé que tengo la obligación de enmendar los errores de mi pasado. Como tantas personas dedicadas a la tecnología, me dejé arrastrar estúpidamente por el orgullo y el atractivo del llamamiento de Facebook a «moverse rápido y romper las cosas». Nunca lo lamentaré lo suficiente. Sí, me moví rápido, construí cosas realmente poderosas y nunca me di cuenta de lo que estaba rompiendo hasta que fue ya demasiado tarde.

Mientras recorría las salas del complejo bajo el Capitolio, aquel día de principios del verano de 2018, sentía vértigo por lo que estaba pasando a mi alrededor. Los republicanos ya estaban investigándome. Facebook usaba empresas de relaciones públicas para difamar a sus críticos, mientras que sus abogados habían amenazado con informar sobre mí al FBI en relación con un ciberdelito sin especificar. El Departamento de Justicia estaba bajo el control de la Administración Trump, que ignoraba públicamente las convenciones legales de siempre. Había conseguido incomodar a tantos intereses que a mis abogados les preocupaba sinceramente que el FBI me arrestara en cuanto terminásemos. Uno de mis abogados llegó a decirme que lo más seguro para mí era que me quedara en Europa.

Por motivos de seguridad y por razones legales, no puedo citar directamente mi testimonio de Washington. Pero les diré que entré en aquella sala con dos expedientes muy gordos que contenían centenares de documentos. En el primero llevaba correos electrónicos, memorias y documentos que demostraban la extensión de la operación de recogida de datos de Cambridge Analytica. Ese material demostraba que la empresa había reclutado a *hackers*, había contratado a personal con vínculos conocidos con la inteligencia rusa y había llevado a cabo sobornos, extorsiones y campañas de desinformación en elecciones de todo el mundo. Había memorándums legales de carácter confidencial de abogados que advertían a Steve Bannon de las transgresiones de la Ley de Registro de Agentes Extranjeros, así como un montón de documentos en los que se explicaba que la empresa había recurrido a Facebook para acceder a más de ochenta y siete millones de cuentas privadas, usando esos datos para intentar eliminar los votos de los afroamericanos.

El segundo expediente era más delicado. Contenía cientos de páginas de correos electrónicos, documentos financieros y transcripciones de audio y mensajes de texto que yo había conseguido a escondidas en Londres aquel mismo año. Tales documentos los había pedido la inteligencia de Estados Unidos y detallaban las íntimas relaciones entre la embajada rusa en Londres, los socios de Trump y los principales actores de la campaña del Brexit. El expediente demostraba que las figuras más importantes del *alt-right* británico se reunieron con la embajada rusa antes y después de ir a encontrarse con la campaña de Trump. Se descubrió que al menos tres de ellos recibieron ofertas de oportunidades de inversión preferentes en compañías mineras rusas, que podían valer millones. Lo que quedó claro en esas comunicaciones era que el Gobierno ruso había identificado enseguida la red anglo-americana *alt-right*, y que quizás hubiese maquillado las cifras interiormente para convertirse en agentes de acceso de Donald Trump. Se veían las conexiones entre los hechos principales ocurridos en 2016: la subida de la *alt-right*, la sorprendente aceptación del Brexit y la elección de Trump.

Pasaron cuatro y cinco horas. Yo estaba muy ocupado describiendo el papel de Facebook en todo lo que había ocurrido, así como su culpabilidad.

—¿Estuvieron alguna vez en manos de posibles agentes rusos los datos usados por Cambridge Analytica?

—Sí.

—¿Cree usted que había un nexo entre la actividad en Londres patrocinada por el Estado ruso durante las elecciones presidenciales de 2016 y las campañas del Brexit?

—Sí.

—¿Había comunicación entre Cambridge Analytica y WikiLeaks?

—Sí.

Finalmente vi un brillo de reconocimiento en los ojos de los miembros del comité. Facebook ya no es solo una empresa, les dije. Es también una vía de acceso hacia las mentes del pueblo estadounidense. Mark Zuckerberg dejó abierta esa puerta de par en par para Cambridge Analytica, los rusos y quién sabe cuánta gente más. Facebook es un monopolio, pero su conducta no es simplemente un asunto regulatorio, sino que es una amenaza para la seguridad nacional. La concentración de poder de la que disfruta Facebook es un peligro para la democracia estadounidense.

Manteniendo un delicado equilibrio entre múltiples jurisdicciones, agencias de inteligencia, sesiones legislativas y autoridades policiales, he prestado más de doscientas horas de testimonio jurado y les he entregado más de diez mil páginas de documentos. He viajado por todo el mundo, desde Washington a Bruselas, para ayudar a los líderes a desmantelar no solo Cambridge Analytica, sino también las amenazas que suponen las redes sociales para la integridad de nuestras elecciones.

Sin embargo, en mis muchas horas prestando testimonio y aportando pruebas, he llegado a darme cuenta de que la policía, los legisladores, los organismos reguladores y los medios de comunicación no saben muy bien qué hacer con toda esa información. Como los delitos ocurrieron *online*, y no en alguna ubicación física, la policía no se pone de acuerdo sobre a quién corresponde la jurisdicción. Como la historia implica *software* y algoritmos, muchos se encogen de hombros, sin saber cómo actuar. Una vez, cuando una de las agencias de la ley con las que me relacionaba me llamó para interrogarme, tuve que explicar los conceptos fundamentales de la ciencia informática a unos agentes que se suponía que eran especialistas en delitos tecnológicos. Garabateé un diagrama en un trozo de papel, y me lo confiscaron. Técnicamente, era una prueba. Sin embargo, ellos bromeaban diciendo que lo necesitaban como chuleta para entender un poco qué era lo que estaban investigando. *LOL*, muy gracioso, chicos.

Nos han educado para que confiemos en nuestras instituciones, en el Gobierno, en la policía, en los colegios, en los organismos reguladores. Es como si tuviéramos asumido que hay un tipo sentado en un despacho con un grupo secreto de expertos, con un plan. Como si diéramos por bueno que si ese plan no funciona, no importa, siempre hay un plan B… y un plan C… En definitiva, alguien que esté al mando se ocupará de eso. Sin embargo, en realidad, ese tipo no existe. Si decidimos esperar, no vendrá nadie.

2

Lecciones sobre el fracaso

*O*cho años antes de todo esto, me había ido a vivir a Inglaterra, donde empezó mi relación con Cambridge Analytica. Trabajé durante unos cuantos años en la política de Canadá. Pero lo más irónico de todo esto es que me trasladé a Londres precisamente para huir de la política. En verano de 2010, me mudé a un piso en la orilla sur del Támesis, junto a la Tate Modern, el museo de arte moderno situado en la antigua y colosal planta eléctrica de Bankside. Después de unos años en Ottawa, había decidido, a los veintiuno, abandonar la política y trasladarme al otro lado del Atlántico para asistir a la Facultad de Derecho y a la London School of Economics and Political Science (LSE). Como ya no me dedicaba a la política, me liberé de mis antiguas responsabilidades con el partido. No importaba ya quién pudiera ser yo, con quién anduviera. Además, ya no tenía que vigilar lo que decía o lo que pensaba, por si alguien me estaba escuchando. Era libre para conocer a otra gente. Me emocionaba pensar en mi nueva vida.

Cuando llegué, todavía era verano. Lo primero que hice, después de deshacer la maleta, fue salir a tomar el sol con los turistas y las parejas jóvenes en Hyde Park. Aproveché plenamente lo que me ofrecía Londres, las espléndidas noches de viernes y sábado en Shoreditch y Dalston, y los domingos en el mercado de Borough, el mercado de alimentación más antiguo de la ciudad, situado en un espacio al aire libre en el que resuenan los gritos de los vendedores, lleno de visitantes y puestos de comida. Empecé a hacer amigos de mi edad. Por primera vez en mi vida, me sentí «joven».

Sin embargo, pocos días después de llegar, todavía algo aturdido por el desfase horario, recibí una llamada que me dejó clarísimo que no me resultaría tan fácil dejar atrás la política. Cuatro meses antes, Nick Clegg se había convertido en el vice primer ministro del país.

Elegido primero para el Parlamento Europeo de 1999, ascendió hasta convertirse en 2007 en el líder de los liberales demócratas (popularmente conocidos como Lib Dem). En aquel momento, eran el radical tercer partido de la política británica: el primero en apoyar el matrimonio de personas del mismo sexo, así como el único partido que se opuso a la guerra de Irak y exigió abandonar el arsenal nuclear británico. En las elecciones generales de 2010, después de más de una década de la ya desgastada «tercera vía» del partido laborista, la «Cleggmania» barrió Gran Bretaña.

En su mejor momento, Clegg obtuvo tantos votos como Winston Churchill. Se convirtió en algo así como la respuesta británica a Barack Obama. Después de las elecciones, formó parte de un Gobierno de coalición que eligió como primer ministro al conservador David Cameron. Y aquella llamada era de su oficina: habían oído hablar de mi trabajo con los datos en Canadá y Estados Unidos a través de unos contactos comunes en la política liberal. Me llamaban porque querían saber más.

Llegué al cuartel general del Partido Liberal Demócrata (LDHQ) a la hora que me dijeron. En ese entonces estaba en el número 4 de Cowley Street, en Westminster. Situada solo a unas pocas manzanas del palacio de Westminster, esa mansión neogeorgiana restaurada se alzaba bellamente adornada por un enladrillado color escarlata y estaba flanqueada por grandes chimeneas de piedra a ambos lados. Era muy grande en comparación con esa calle serpenteante y diminuta, así que no tuve problemas en encontrarla. Como albergaba las oficinas de un partido del Gobierno de su majestad, una unidad armada de la Policía Metropolitana hacía guardia allí delante, recorriendo a un lado y otro la pequeña calle lateral. Una vez que me dejaron pasar tras llamar al interfono, abrí las pesadas puertas de madera y entré hasta la recepción. Allí me saludó un becario que me llevó a la sala de reuniones. Todavía adornado con las arañas originales de la mansión, paneles y chimeneas de roble,

35

el edificio desprendía la elegancia marchita de lo que fue en tiempos una residencia grandiosa. Me pareció extrañamente adecuada para el que, en tiempos, fue un gran partido.

Cowley Street, como la llamaban, no se parecía a ningún otro edificio que hubiese visto en Canadá o en Estados Unidos. Me pregunté cómo el personal del partido, que pasaba rozándose entre sí por aquellos pasillos tan estrechos y atestados, podía hacer algo allí. Los viejos dormitorios estaban llenos de escritorios, y los cables que conectaban a los servidores estaban pegados con cinta adhesiva a las paredes y a los marcos de las puertas. Junto a un armario reciclado, un hombre que al parecer sufría de apnea del sueño roncaba sonoramente en el suelo, pero nadie le prestaba atención. Mirando a mi alrededor, tuve la impresión de que aquel lugar parecía más bien un antiguo club masculino que la sede de un partido en el Gobierno. Subí por una amplia escalinata con barandillas talladas y muy ornamentadas, y me condujeron a una gran sala de juntas, que en tiempos debió de ser el comedor principal. Después de esperar unos minutos, entró un pequeño grupo de personas. Cuando concluyó esa conversación trivial que parece obligatoria para los ingleses, uno de ellos dijo: «Bueno, cuéntenos eso de la Red de Activación de Votantes».

Después de la victoria de Obama de 2008, los partidos de todo el mundo se empezaron a interesar cada vez más por el «estilo de campaña estadounidense», que había sido potenciado por unas bases de datos nacionales para *targeting* y grandes operaciones digitales. Detrás de la campaña estaba el emergente *micro-targeting* o microsegmentación. Por medio de él, unos algoritmos de aprendizaje automático asimilaban grandes cantidades de datos acerca de votantes y dividían al electorado en estrechos segmentos; de ese modo, podían predecir qué «votantes individuales» eran a los que más fácil se podía persuadir o aquellos a los que podían hacer entrar en acción en unas elecciones.

Los Lib Dem querían hablar conmigo porque no estaban seguros de si podrían trasladar esa nueva forma de hacer campaña al sistema político británico. Lo más interesante del programa que yo había creado con el LPC, estableciendo el mismo sistema de segmentación de votantes usado en la campaña de

Obama, es que era el primero de ese tipo fuera de Estados Unidos. Además, Canadá emplea, como Gran Bretaña, el mismo sistema electoral «modelo Westminster» de mayoría simple; también hay mucha variedad de partidos políticos. En aquella conversación, el personal se dio cuenta de que, si importaban la versión canadiense de la tecnología, la mitad del trabajo de localización ya estaría hecho. Al final de la reunión, me pareció que sentían vértigo, sobre todo cuando comprendieron qué podía hacer ese sistema. Cuando me fui, volví corriendo a la facultad y llegué al final de una clase sobre las normas de la interpretación reglamentaria. En realidad, pensé que aquella reunión no iría más allá.

Sin embargo, los consejeros del Lib Dem me volvieron a llamar al día siguiente: me preguntaron si podía volver y contar mi historia a un mayor grupo de gente. Yo estaba en medio de una clase, así que al principio no cogí el teléfono. No obstante, después de cuatro llamadas perdidas de un número desconocido, salí del aula: ¿qué era eso tan urgente? Aquella misma tarde tenían una reunión con un miembro importante del personal, ¿podía hacer una presentación improvisada de microsegmentación? Así pues, tras terminar las clases anduve desde el LSE a Cowley Street otra vez, con la mochila llena de libros de texto. Como me avisaron con tan poca antelación, no tuve tiempo de cambiarme de ropa, por lo que me dirigí a reunirme con los consejeros del vice primer ministro con una camiseta estampada de Stüssy y unos pantalones de camuflaje.

Entré en la misma sala de reuniones, donde me encontré con el bullicio de una estancia completamente atestada de gente. Me condujeron a la presidencia de la reunión. No hubo ninguna explicación. Así pues, tras disculparme por mi atuendo, ridículo para la ocasión, procedí a explicarlo todo, sin más. Les dije cómo podían usar la microsegmentación para superar las desventajas inherentes a ser un partido pequeño. Y no pude evitar apasionarme un poco. No había hablado de todo aquello desde que me fui de la LPC; sencillamente, puse todo mi corazón en la charla. Les hablé de lo que había visto en la campaña de Obama, lo que representaba ver a tantas personas votando por primera vez, lo que significaba ver a los afroamericanos en los mítines, tan llenos de «esperanza». Les dije que todo aquello no iba simplemente de datos, sino también acerca de cómo podemos llegar a gente que ha dado la espalda a la política. Así era como los encontrábamos y los inspirábamos para que volvieran. Sin embargo, lo más importante de todo: se trataba de que la tecnología podía ser el vehículo para que este partido, que ahora mismo estaba en los pasillos del poder, se desplegara y consiguiera tumbar ese sistema de clases tan de trincheras que sostiene gran parte de la política británica.

Pocas semanas después, los Lib Dem me pidieron que trabajara para ellos y desarrollara un proyecto de segmentación de votantes en Gran Bretaña. Yo acababa de empezar a estudiar para mi licenciatura en la LSE. Como estudiante, sentí que, con solo veintiún años, estaba encontrando mi lugar en Londres. Lo cierto es que no veía claro que fuera buena idea volver a distraerme con la política, pero existía la oportunidad de usar la misma tecnología (el mismo *software*, y esencialmente el mismo proyecto) y acabar lo que había empezado en Canadá. No obstante, lo que me convenció finalmente fue lo que vi colgado despreocupadamente en la pared de uno de aquellos despachos de Cowley Street. Era una tarjeta antigua, amarillenta ya, con las esquinas ligeramente dobladas. Contenía un fragmento de la constitución de los Liberal Demócratas:

> NADIE DEBE ESTAR ESCLAVIZADO POR LA POBREZA, LA IGNORANCIA O EL CONFORMISMO.

Aquello me convenció y acepté.

Después de las elecciones presidenciales de 2008, volví a Ottawa y redacté un informe sobre las estrategias de las nuevas tecnologías en la campaña de Obama. Todo el mundo esperaba que hablase de la llamativa imagen de marca de la campaña, de los gráficos y los vídeos virales. Por el contrario, escribí sobre bases de datos relacionales, acerca de algoritmos de aprendizaje automático y sobre cómo esas cosas se podían conectar unas con otras a través de *software* y sistemas de recaudación de fondos. Cuando recomendé que el partido invirtiera en «bases de datos», la gente pensó que estaba mal de la cabeza. Querían respuestas «atractivas», no aquello. Obama era su referencia para una campaña «modelo». De hecho, parecían obsesionados con los pómulos altos y los mohínes, no con el esqueleto y la columna vertebral que lo hiciera posible todo.

La mayoría de las campañas se pueden reducir a dos operaciones fundamentales: persuasión y participación. El universo de la participación o concurrencia (GOTV, *get out the vote*) son esas personas que probablemente apoyan al candidato, pero que no siempre votan. El universo de la persuasión es lo inverso, y representa a aquellos que probablemente votan, pero que no siempre apoyan al partido. La gente que es muy improbable que vote o que es muy improbable que nos apoye jamás está situada en un universo de exclusión, y no tiene sentido intentar llegar a ella. Los votantes que es muy probable que apoyen al candidato y que también es muy probable que voten son los votantes de «base», y normalmente se les excluye del contacto, pero se les debería priorizar para actuar como voluntariado o para reclutar donantes de fondos. Lo fundamental es encontrar el grupo adecuado de votantes con los que contactar.

39

En los años noventa, los votantes estadounidenses solían localizarse usando datos proporcionados por las oficinas locales o estatales, que normalmente contenían el registro de partidos de cada votante (si es que tenían alguno) y su historia de votación (a qué elecciones habían acudido a votar). Sin embargo, no todos los estados proporcionan tal información, los votantes cambian de opinión más frecuentemente de lo que cambian su registro de partidos (o bien no se registran en ninguno) y esa información no te dice nada de los asuntos que realmente motivan al votante. He ahí sus limitaciones. Por su parte, la microsegmentación averiguaba esos conjuntos de datos extra, como los comerciales de los votantes sobre sus hipotecas, suscripciones, el modelo de coche que llevaban, o bien proporcionaban más contexto de cada votante. Usando tales datos, junto con las encuestas y las técnicas estadísticas, se podía conseguir todos los registros de votantes, así como extraer de ellos una información mucho más precisa.

La campaña de Obama volvió habitual esa técnica y la puso en el centro de sus operaciones de campaña. Es importante porque el caos organizado de la actividad de campaña no es lo que uno suele ver por la tele, como discursos y mítines. Más bien son los millones y millones de contactos directos hechos por un tejido de voluntarios, o a través de correo directo enviado a votantes individuales repartidos por todo el país. Aunque menos seductor que un hermoso discurso o una imagen sorprendente, es esa maquinaria invisible la que proporciona la fuerza motriz de una moderna campaña presidencial. Cuando todos los demás están pendientes del personaje público que lleva la campaña, las estrategias se centran en desplegar y poner en funcionamiento esa maquinaria oculta.

Finalmente, algunos de nosotros, en la Oficina del Líder de la Oposición (allí estaba mi trabajo en el Parlamento), nos dimos cuenta de que podíamos mostrarle al partido lo útil que podría resultar la red de activación de votantes si se creaba su versión parlamentaria para que los líderes pudieran interactuar con electores y ciudadanos. El partido no estaba dispuesto a hacerse cargo de la factura de algo tan extravagante como una nueva base de datos, pero nos dimos cuenta de que había espacio para ello en el presupuesto de la oficina parlamentaria del líder. El único problema es que técnicamente eran fondos públicos, y las bases de datos piloto que creásemos no se podían usar para fines políticos. Sin embargo, no estábamos demasiado preocupados. Una versión parlamentaria contendría los registros de electores y ciudadanos que habían contactado con el líder y, como los electores no son más que votantes que se han puesto otro sombrero, eso nos permitiría subrayar las mismas funcionalidades para el partido sin tener que gastar nada. Sin duda, después de ver el sistema de primera mano, el Partido Liberal de Canadá empezaría a comprender el potencial de los datos. Preguntamos a Mark Sullivan y a Jim St. George si habían pensado alguna vez en expandir el VAN internacionalmente… a Canadá. Hasta ese momento, no habían hecho grandes proyectos fuera de Estados Unidos, pero la posibilidad de trabajar con nosotros les entusiasmó. Con la ayuda de Sullivan y St. George, fuimos capaces de crear una infraestructura VAN canadiense en seis meses. Para deleite del partido, el VAN funcionaba en inglés y en francés por igual. Solo había un problema: no había datos reales para alimentar el sistema.

Los modelos de ordenador no son hechizos mágicos que puedan predecir cualquier cosa…, solo pueden hacer predicciones cuando existe un amplio caudal de datos en los que basarlas. Si el sistema no tiene datos, no puede haber modelos ni *targeting*. Sería como comprar un coche de carreras, pero no comprar gasolina: por muy sofisticada que sea la ingeniería del vehículo, sencillamente, no arrancaría. De modo que el siguiente paso fue hacerse con datos para el VAN. Pero los datos nos iban a costar dinero. Además, como se usarían para campañas, había que tener en cuenta que la ley decía que tenía que pagar el partido, y no la oficina parlamentaria del líder. Casi de inmediato, el partido, que no estaba tan ansioso por implementar cambios, se echó atrás. Me dirigí al representante parlamentario que inicialmente me había metido en política, Keith Martin. Me había concedido mi primera beca, cuando todavía estaba en la universidad, y más tarde me ofreció mi primer trabajo de verdad, en el Parlamento canadiense. De Martin solía decirse que era el «disidente» de la política canadiense. Asimismo, tenía a un montón de disidentes como empleados de su oficina. Para mí fue un acuerdo perfecto. Martin se había formado como médico de urgencias. Desarrolló su carrera en zonas conflictivas de África, donde trató todo tipo de problemas, desde heridas producidas por las minas terrestres a la desnutrición. Era un tipo genial que vivió una vida increíble, antes de dedicarse a la política: en la pared de su despacho, tenía unas fotos suyas en las que parecía Indiana Jones, con una chaqueta color caqui, sentado al lado de unos leopardos. Como médico de urgencias, su entrenamiento le había enseñado a no perder tiempo, pero en política solo se sobrevive perdiendo tiempo. Estaba tan enfurecido con los procedimientos tan mecánicos del Parlamento que, cierto día, en mitad de un debate, blandió amenazadoramente la «maza», un arma medieval chapada en oro que heredamos de los británicos y que se encuentra en el pasillo de la Cámara de los Comunes.

En 2009, Jeff Silvester, el principal consejero de Martin, antiguo ingeniero de *software* que había centrado su labor profesional en la política, fue una de las primeras personas del partido que comprendió lo que yo estaba intentando hacer. Fue mi mentor y mi gran apoyo en el tiempo que pasé en el Par-

41

lamento. Le expliqué que necesitábamos seguir adelante con el programa de *targeting* de datos, a pesar de que el partido no me había autorizado a hacerlo. Y eso significaba que necesitábamos fondos. Con la aprobación de Martin, Jeff accedió a ayudarme a recaudar dinero sin decírselo a la oficina nacional del partido. Empezamos a celebrar actos secretos en los cuales yo explicaba a los posibles donantes que, si el LPC quería ser competitivo en el siglo XXI, necesitábamos aquel programa. Lo hicimos todo a escondidas, persuadiendo a gente para que pusiera dinero. Por su parte, los dirigentes del partido no nos prestaban atención. Al final recaudamos varios cientos de miles de dólares canadienses, lo suficiente para iniciar el programa. Como no estaban satisfechos con la oficina nacional, el ala de la Columbia Británica del partido accedió a ser el conejillo de Indias para nuestro experimento.

No estaba claro si todo aquello funcionaría o no. En Estados Unidos solo hay dos partidos importantes, pero en Canadá hay cinco. Eso significa que la dimensión de lo que estás predicien-

42

do ya no es binaria (demócrata o republicano), sino multivariada (liberal, conservador, nuevo partido demócrata —NDP—, verde o Bloc Québécois). Si hay más opciones, también hay muchos tipos de dobles opciones distintas (por ejemplo: Liberales-conservadores, Liberales-NDP, Lib-verdes, etc.), que pueden dar su apoyo en muchas direcciones. También había un mercado mucho menos desarrollado para los datos de consumidores en Canadá y Europa; muchas de las bases de datos en Estados Unidos, o bien no estaban disponibles, o bien se deberían reconstruir a partir de muchas fuentes. Finalmente, los partidos de otros países suelen tener un máximo de donaciones permitidas o unos límites de gasto muy estrictos. Mucha gente se mostraba escéptica respecto a que la microsegmentación pudiera desplegarse alguna vez fuera de Estados Unidos. Aun así, yo quería intentarlo.

Llamé a Ken Strasma, que llevó la operación de *targeting* de Obama en 2008. Le pregunté si estaría dispuesto a ayudarnos a crear un programa en Canadá. El equipo de Strasma en Washington D.C. estableció los modelos. La oficina de la Columbia Británica en Vancouver recopiló conjuntos de datos útiles, como los antiguos datos de elecciones y solicitaciones de voto. Por su parte, Strasma ingenió cómo tratar las complejidades adicionales de la política multipartidos. Dieron nuevas listas a los voluntarios de la provincia encargados de pedir el voto, pero también se repartieron las antiguas que servirían como control. Cuando llegaron los resultados, un suspiro de alivio recorrió la dirección del partido en la Columbia Británica. Como ocurría en muchas campañas, el partido usa el proselitismo y la persuasión para llegar a los votantes que todavía no han decidido a qué partido apoyarán. Comparando las tasas de éxito de la conversión (cuando un votante que no estaba decidido declara apoyar a tu partido) de las antiguas listas con los de las listas nuevas con microsegmentación, la operación de la C. B. estableció que los nuevos enfoques del *targeting* tenían unas tasas de conversión mucho mayores. Resultó muy emocionante. Probamos que lo que Obama consiguió en Estados Unidos se podía lograr en distintos sistemas políticos del mundo. Sin embargo, cuando el partido nacional en Ottawa averiguó lo que habíamos hecho, no vieron del todo claro apostar por un proyecto nacional de este tipo. Querían llevar campañas como la de Obama, claro, pero cuando les enseñamos cómo hacerlo, se negaron.

Por mi parte, debo decir que la política me había atraído como una forma de hacer algo en el mundo; sin embargo, tras más de un año de darme de cabezazos contra la pared, no dejaba de preguntarme de qué servía todo aquello. Entonces pasó algo. En el Partido Liberal, muchas de las directivas en funciones de secretariado venían de un grupo de antiguas damas quebequesas, que llevaban el tiempo suficiente en la política como para ver de qué modo esta puede transformar a alguien. Me invitaron a comer en Gatineau, la parte francesa de la ciudad, al otro lado del río Ottawa. Después de encender sus cigarrillos, dijeron, con sus voces roncas y con un acento bastante marcado: «Escucha, no te vuelvas como nosotras». Me confesaron que habían entregado toda su vida al partido y que no habían obtenido nada a cambio, salvo «una cintura más ancha y varios divorcios». «Vete, aprovecha la juventud», dijeron. «Sal de aquí pitando, antes de que todo esto te atrape». Y supe que tenían razón. Solo tenía veinte años y ya estaba esperando la crisis de la mediana edad.

43

Decidí matricularme en la Facultad de Derecho de la London School of Economics porque pensé que Londres estaba lo bastante lejos de Ottawa (cinco mil kilómetros y cinco husos horarios más allá). Más tarde averigüé que algunos de los dirigentes del partido en Canadá tenían motivos personales para comportarse como lo hicieron. El partido todavía otorgaba muchos de sus contratos de publicidad, consultoría e impresión a empresas propiedad de miembros veteranos del partido o de amigos suyos. Si se llevaba a cabo un enfoque nuevo, centrado en los datos, «los amigos y la familia» del partido perderían. En 2011, un año después de abandonar Ottawa, el Partido Conservador de Canadá, que había invertido en sofisticados sistemas de datos a instancias de consejeros republicanos importados, aplastó al LPC en unas elecciones federales que supusieron una derrota histórica, pues este quedó relegado a la tercera posición, con solo treinta y cuatro escaños en el Parlamento.

Cuando empecé a trabajar para los Liberal Demócratas en Londres, fue solo unas horas a la semana, entre las clases que tenía en el LSE. Pero casi de inmediato me di cuenta de que, comparados con la campaña de Obama o incluso el LPC, los Lib Dem eran un partido desastroso. La oficina operaba como una rancia tienda de curiosidades, más que como el corazón de una máquina política. El personal de la sede central lo formaban sobre todo hombres barbudos con traje y sandalias que pasaban más tiempo cotorreando de los viejos *whigs* que haciendo algo para mover su campaña. Quise ver sus sistemas de datos, y alguien me habló del EARS, abreviatura de «Electoral Agents Record System» (sistema de registro de agentes electorales).

—Bueno, eso suena muy… anticuado —dije—. ¿Lo hicieron en los ochenta?

Era como pedir una demo gráfica y que te enseñaran uno de aquellos antiguos juegos de Pong. Alguien me dijo que uno de los sistemas había sido diseñado durante la guerra de Vietnam.

Enseguida quedó claro que mucha gente del partido prefería el VAN a cualquiera de las otras cosas disponibles. Finalmente, el partido aprobó un contrato con el VAN para establecer la infraestructura. Pero necesitábamos datos, la gasolina para que corriera el Ferrari. Eso era lo que lo había estropeado todo en el proyecto en Canadá, y el proceso tampoco fue fácil en el Reino Unido. No hay ningún registro nacional de electores en Gran Bretaña, todo lo llevan los municipios…, de modo que teníamos que dirigirnos a cientos de municipios distintos, en toda Gran Bretaña, para conseguir sus datos de votantes. Por ejemplo, yo tenía que hablar por teléfono con Agnes, en West Somerset, que debía de tener unos ciento cinco años y que, probablemente, llevaba las listas de votantes desde que las mujeres consiguieron su derecho al voto. A la buena de Agnes tenía que preguntarle:

—¿Tiene alguna copia digital del registro?

No, me decía ella: el registro lo llevaba como se había llevado siempre, es decir, en papel. No obstante, si quería, podía ver una copia encuadernada en el ayuntamiento del pueblo. A veces, los funcionarios locales accedían a darnos los datos, pero a veces no. En algunas ocasiones, estaban en formato electrónico; en otras, eran simplemente un archivo en PDF. Incluso, a veces, eran páginas y páginas en papel que teníamos que introducir con un escáner óptico. Los archivos en Excel nos los solían enviar por correo electrónico sin contraseña, porque ¿quién iba a querer robar datos de votantes?

El sistema electoral británico había quedado anclado en la década de 1850. Como averigüé enseguida, las tácticas de los Lib Dem también lo estaban. No era difícil entender por qué el partido y su antiguo predecesor, el Partido Liberal, llevaban una racha perdedora desde la Segunda Guerra Mundial. Sus líderes ya no sabían cómo era lo de ganar, y estaban absolutamente obsesionados con repartir folletos. Esos folletos se llamaban «Focus». Solían quejarse de «asuntos locales», como baches en la carretera o la recogida de basura. Los Lib Dem pensaban que era una forma muy astuta de «introducir» su mensaje en algo que parecía un periódico local. Pero existía un problema con ese *Pravda* de «todo a cien» de los Lib Dem: en realidad, nadie se lo leía. Su idea de un votante era la de alguien que pasaba los fines de semana examinando catálogos llegados por correo postal y literatura política… A menudo,

45

los dirigentes políticos están tan aislados socialmente que olvidan que la gente normal tiene sus vidas. Por otro lado, a pesar de ser el más pequeño de los tres partidos principales, los Lib Dem eran los que contaban con más voluntarios, y estaban deseando meter folletos por debajo de las puertas, ya estuviera lloviendo, ya estuviera nevando. Decidían cuántos folletos entregar incluso antes de pensar qué escribir en ellos.

En el mundo del *hackeo* se usa el término «fuerza bruta», que hace referencia a que se han de intentar todas las posibles opciones al azar hasta dar con la correcta. Para eso no se necesita estrategia ninguna, simplemente ir probándolo todo a voleo hasta ver si algo acierta. Pues bien, esencialmente eso era lo que hacían los Lib Dem, gastando millones en folletos sin dirigirlos a ningún votante en particular. La fuerza bruta es un truco de *hackeo* muy poco sofisticado, cómicamente ineficaz, aunque alguna vez dé en el blanco. Desde luego, hay formas mucho más efectivas de ganar unas elecciones. Sin embargo, cuando yo intentaba presentar alternativas al sistema de inundar de correo basura con su propaganda de clase media a los votantes, me daban una lección sobre «cómo ganan los Lib Dem», así como acerca de las legendarias elecciones parciales (*by-elections*) de 1990, una victoria sorpresa del primer representante que ganaba como Lib Dem desde la fusión de 1988 SDP-Liberales; un caso en el cual, al parecer, habían entregado «muchísimos» folletos. Cuestionar a Eastbourne era una herejía. Cualquier ortodoxia religiosa exige conformidad, y los Lib Dem no eran distintos. El partido profesaba una suerte de culto al folleto, como si fueran miembros de una secta o algo así.

Las *by-elections* son elecciones irregulares especiales, como una votación para reemplazar a un miembro del Parlamento que ha muerto, por ejemplo. Los Lib Dem estaban obsesionados con ellas. No sé por qué motivo, cuando el partido ganaba una de estas elecciones, los miembros actuaban como si hubieran conquistado Gran Bretaña con unas pancartas que proclamaban: «¡Los Lib Dem han ganado aquí!». Pero yo investigué y catalogué todas las elecciones generales y especiales desde 1990 y averigüé que el partido había perdido la inmensa mayoría de ellas.

—Pero esto que estáis haciendo no os ayuda a ganar. Os ayuda a perder. Aquí están los datos —les dije—. Estos son los hechos.

Algunos de los líderes del partido me escucharon, pero la mayoría simplemente parecían enfadados. Tenían su propia industria artesanal, eran «gurús electorales» para los fieles del partido. Además, no estaban dispuestos a dejar que un recién llegado les dijera cómo arreglar su sistema. No lo encajaron bien.

Mientras tanto, empecé a jugar con los datos de votantes que habíamos conseguido de vendedores de datos como Experian. Había experimentado con distintos tipos de modelos por ordenador, similares a los que había hecho en Canadá. Y algo extraño sucedía. Por mucho que diseñase los modelos, no podía construir uno que predijese con fiabilidad los votantes de los Lib Dem. No tenía problemas para hacerlo con los *tories* o con los laboristas. ¿Un tipo muy pijo en un municipio rural? *Tory*. ¿Vivía en unas viviendas sociales de Mánchester? Laborista. Pero los Lib Dem eran esos bichos raros que estaban en medio, y que se resistían a cualquier descripción. Algunos parecían tipo laborista, y otros más bien parecían tipo *tory*. «¿Qué me estoy perdiendo?», me decía. Y me preguntaba si no habría una variable latente allí. En ciencias sociales, una «variable latente» es un elemento que está influyendo en el resultado, pero que no has conseguido observar o medir aún, un constructo oculto, que se escapa, fuera de la vista. Así pues, ¿cuál era el constructo oculto aquí?

Un problema era que, a un nivel básico, no conseguía visualizar a un votante Lib Dem. Podía visualizar a los *tories*, que, en un sentido general, eran, o bien pijos y ricos, tipo *Downton Abbey*, o bien de clase trabajadora y del tipo antiinmigrantes. Los votantes laboristas eran del norte, miembros de sindicatos, vivían en viviendas sociales, o bien trabajaban en el sector público. Pero ¿quiénes eran los Lib Dem? No conseguiría imaginar un camino hacia la victoria si no podía imaginar quién recorrería con nosotros ese camino.

Así pues, a finales de la primavera de 2011, empecé a viajar por Gran Bretaña para averiguarlo. Durante varios meses, iba a mis clases del LSE por las mañanas; luego, por las tardes, iba en tren a sitios con nombres fabulosos como Scunthorpe, West Bromwich o Stow-on-the-Wold. Mi intención era hacer entrevistas a votantes y grupos focales, pero no las habituales. En lugar de hacerles preguntas preparadas y diseñadas, mantendría conversaciones improvisadas con ellos, de modo que la gente me pudiera hablar de su vida y de lo que les importaba. Podría haber pasado directamente a buscar el voto, pero me daba cuenta de que cualquier pregunta que hiciera quedaría sesgada por lo que yo, el entrevistador, pensaba que era lo más relevante, aquello que debía preguntar. Claro, obtendría respuestas a las preguntas que yo añadía a la encuesta, pero ¿y si estaba formulando las preguntas equivocadas? Quería hablar con la gente porque, basándome en mi propia experiencia, sabía que yo estaba predispuesto y era parcial. No sabía cómo era la vida para un viejo británico que pasaba sus días en una de esas viviendas sociales de Newcastle, o para una madre soltera con tres hijos que vivía en Bletchley. Mi idea era que ellos me hablaran de sus vidas, que me contaran aquello que quisieran, con sus propias palabras y a su manera. Así pues, fui a las secciones locales de los partidos y a las empresas de encuestas para que me ayudaran a seleccionar al azar a la gente con la que hablar.

Para los grupos focales de los pueblos pequeños, no solía haber direcciones. Cuando me dejaba caer por ahí, solían decirme:

—Nos vamos a reunir en la casita que hay arriba, en la colina. Pasa por el pub, por esos campos de narcisos, camina un rato y ya lo verás.

Aparecía por allí alguna gente del pueblo. Puede que también pasaran por allí Clive (el camarero del bar) o lord Hillingham (el caballero de la granja). A veces me limitaba a ir al pub del pueblo y charlar allí con la gente. Los británicos son un poco caprichosos y cada uno es hijo de su padre y de su madre, por lo que suele ser divertido charlar con ellos. Los grupos focales me recordaban a los pueblos que tanto me habían gustado, cuando estaba en la C. B. Mientras la gente hablaba, yo me limitaba a escuchar y a tomar notas.

Cuando recogía todas esas conversaciones iba solo, ya que el partido no estaba demasiado interesado en lo que hacía o dejaba de hacer, pero empecé a comprender un poco el azar de los Liberal Demócratas. No tardé en entender que cada cual tenía su estilo de vida. Eran granjeros de Norfolk, con gorras de cuadros. Hípsters que vivían en Shoreditch y se consideraban artistas. Señoras galesas que vivían en los Mumbles o en Llanfihangel-y-Creuddyn. Parejas homosexuales que vivían en el Soho. Profesores de Cambridge que no se habían peinado desde hacía doce años. Los votantes de los Lib Dem eran una mezcla rara y ecléctica.

Podían parecer todos muy distintos, pero observé que tenían un rasgo en común. Los votantes del partido laborista te dicen: «Soy laborista». Y los conservadores te dirían: «Soy *tory*». Sin embargo, los liberal demócratas no decían casi nunca «soy Lib Dem». Por el contrario, decían: «Yo voto Lib Dem». Puede que fuera un matiz, pero era un matiz importante. Me costó mucho deducir que quizá todo esto tuviese que ver con la historia del partido. El partido no se formó oficialmente, en su encarnación moderna, hasta 1988, cuando se unieron dos partidos más pequeños. Y eso significaba que muchos de sus actuales votantes originalmente venían de familias que habían sido *tories* o laboristas. Eso también implicaba que en algún momento de su vida tuvieron que tomar la decisión activa de cambiar de un viejo partido a un partido nuevo. Para ellos, apoyar a los Lib Dem era un «acto», no una «identidad».

49

Una de las personas que me atrajo a Londres fue Mark Gettleson, que rápidamente se convirtió en uno de mis mejores amigos. Había conocido a Gettleson en Texas, nada menos. Allá por 2007, cuando estaba empezando en el LPC, me enviaron a un acto del Partido Demócrata en Dallas, para que hiciera contactos. Estaba con cientos de personas en una gigantesca sala de baile, maravillándome de ver tantos sombreros Stetson, cuando una voz británica muy seca detrás de mí dijo: «*Túúúú* no eres de aquí». Me volví y vi a un tipo sonriendo como si fuera el gato de Cheshire. Vestía unos pantalones de color verde hierba y una camisa estampada de flores estilo Liberty. Yo, con el pelo teñido de rubio platino, con un clásico flequillo de mediados de los noventa, y él, con su ropa de dandi moderno, nos atrajimos como dos mariposas en una convención de polillas.

Gettleson, hijo de una familia judía de anticuarios de Portobello Road, en Londres, es pijo, excéntrico y deliciosamente anticuado. Además, habla con un tono que recuerda al actor Stephen Fry. En el siglo XVIII, sin duda hubiera sido un dandi que se hubiera paseado por los mejores salones dieciochescos. Hoy en día, es un polímata de primera categoría. En su conversación puede establecer conexiones entre el hip-hop de principios de los años noventa y la guerra franco-prusiana sin que se le mueva un pelo. Aquella noche conectamos. Y, a lo largo de los dos años siguientes, le vi en numerosos actos políticos tanto en Estados Unidos como en Gran Bretaña. Después de que decidiera trasladarme al Reino Unido, empezamos a vernos, a veces en la cripta reformada, situada debajo de una antigua iglesia, que no sé cómo él había convertido en un piso fabuloso, con extravagantes miniaturas antiguas y obras de arte por todas partes, en medio de un caos que funcionaba a pesar de todo.

—A mí el minimalismo no me va, Chris. Yo soy maximalista —decía, mientras yo examinaba su colección.

Me abrí camino en Londres y pronto conseguí un amplio círculo de amigos. Aunque estudiaba Derecho en LSE y trabajaba en el Parlamento, mis amigos eran un puñado de gente de discoteca, bailarines, reinonas, creativos extravagantes y estudiantes de diseño de Central Saint Martins, una de las escuelas más importantes de diseño y moda del mundo, a la que habían asistido graduados como Alexander McQueen, John Galliano y Stella McCartney. Lo que diferenciaba a Gettleson de todos ellos era que, como yo, parecía moverse a la perfección entre todos esos mundos tan distintos. En aquel momento trabajaba para la oficina de Londres de Penn, Schoen y Berland, la conocida empresa demócrata de encuestas electorales, que había fichado una vez para los Clinton. Él era la única persona a la que yo conocía que podía venir conmigo a una recepción formal en el Terrace Pavilion, en el Parlamento, rodeado de ministros del gabinete, y luego acabar conmigo a última hora de la noche engalanado, con maquillaje, brillos y pelucas, bailando el *vogue* entre un desfile de locas en un baile glamuroso en Sink the Pink. Gettleson era magnético, y todos mis amigos lo adora-

ban. Era amable, pero, al mismo tiempo, exuberante. Y reunía
«bollitos» por la noche, como un perro pastor reúne corderi-
tos. Los dejaba completamente hipnotizados utilizando unas
muñecas Barbie y poniendo distintas voces a los personajes,
para explicar por qué había fracasado la política de contempo-
rización de Neville Chamberlain... Y todo eso a las cuatro de
la mañana, en el punto culminante de una estruendosa fiesta.

Gettleson era también una de las pocas personas que com-
prendían lo que yo estaba intentando hacer con los datos. Cierta tarde, cuando me quejaba por las dificultades que estaba teniendo para construir un modelo en torno a la conducta de
voto de los Lib Dem, le dije que pensaba preguntar al respecto
a algunos profesores de Cambridge. Él me puso en contacto con
Brent Clickard, que estaba completando su tesis sobre psicología experimental y podría presentarme a algunos profesores de
allí. Clickard resultó ser mucho más que un simple medio de
entrar en Cambridge. Como Gettleson, era un dandi, esa clase
de tipo que se viste de *tweed* y que siempre lleva un pañuelo
de cachemir muy bien planchado en el bolsillo. Aunque venía de
una rica familia estadounidense del Medio Oeste, hablaba con
un delicioso y afectado acento a caballo entre el británico y el
estadounidense. No sé de dónde lo había sacado, pero parecía
que estuviera representando un papel en *Casablanca*. Había
bailado en el Ballet de Los Ángeles antes de decidir trasladarse
a Inglaterra.

En el curso de varias conversaciones alcohólicas, Clickard
sugirió que investigara más profundamente la personalidad
como factor para la conducta de voto. Específicamente, me señaló el modelo de la personalidad basado en cinco factores, que
representa la personalidad como un conjunto de datos agru-
pados en cinco categorías: apertura, responsabilidad, extraver-
sión, amabilidad y neurosis. Con el tiempo y las pruebas, la
medida de esos cinco rasgos había resultado ser una forma muy
potente de predecir un buen número de aspectos de la vida de
las personas. Si alguien puntuaba muy alto en responsabilidad,
por ejemplo, era más probable que le fuera bien en el colegio.
Si alguien puntuaba muy alto en neurosis, era más probable
que cayera en la depresión. Los artistas y la gente creativa tienden a puntuar muy alto en apertura. Aquellos que son menos

51

abiertos y más responsables tienden a ser republicanos. Todo esto parece muy simple, pero el modelo de los «cinco grandes» puede ser una herramienta inmensamente útil para predecir la conducta de la gente. En el discurso político, se verá que muchas de las frases usadas para describir a los candidatos, las políticas o a los partidos se alinean con la personalidad. Obama hablaba de «cambio», «esperanza» y «progreso»; en otras palabras, una plataforma de apertura a nuevas ideas. Los republicanos, por otra parte, tienden a centrarse en la «estabilidad», la «independencia» y la «tradición», por lo que estamos ante una plataforma de la responsabilidad.

Cierta noche, leyendo en mi piso, me di cuenta de algo: quizá los Lib Dem no tuvieran una base geográfica ni demográfica; tal vez fueran un producto de una «base psicológica». Examiné un estudio piloto y averigüé que los Lib Dem tienden a puntuar mucho más alto en «apertura» y más bajo en «amabilidad» que los votantes laboristas o *tories*. Me di cuenta de que esos Lib Dem tendían a ser, como yo, abiertos, curiosos, excéntricos, tozudos y, a veces, con un punto de mala leche. Así es como un artista del East London, un profesor de Cambridge y un granjero de Norfolk podían ponerse de acuerdo en torno a aquel partido, a pesar de llevar unas vidas muy distintas entre sí: cada cual a su manera.

El modelo de cinco factores fue la clave que desentrañó el código de los Lib Dem. Finalmente, proporcionó la idea central detrás de la cual llegó Cambridge Analytica. El modelo de cinco factores me ayudó a comprender a la gente de una manera nueva. Los encuestadores suelen hablar de grupos monolíticos de votantes: votantes mujeres, votantes de clase trabajadora, votantes homosexuales. Aunque, ciertamente, son factores importantes para la identidad y las experiencias de la gente, no existe lo que se dice una «votante mujer» o un «votante latino» ni ninguna de esas otras etiquetas. Piénsenlo: si cogen al azar a cien mujeres por la calle, ¿serán todas la misma persona? ¿Y si cogen a cien afroamericanos? ¿Son todos iguales acaso? ¿Podemos decir realmente que esas personas son clones, solo por su color de piel o por tener vagina? La experiencia de cada uno es diversa. Cada cual está librando distintas luchas y tiene diferentes sueños.

Explorar los matices de la identidad y la personalidad empezó a ayudarme a comprender por qué, a pesar de que los políticos no dejan de hacer encuestas, parecen tan horrorosamente desconectados. Es porque la mayoría de sus encuestadores están desconectados. Las empresas de encuestas influyen en la idea que tienen los políticos de lo que forma la identidad de los votantes, algo que suele estar horriblemente simplificado o equivocado. La identidad nunca es una sola cosa, sino que tiene muchas facetas. La mayoría de la gente no piensa nunca en sí misma como «votante», ni mucho menos ha elaborado una identidad de cómo se relaciona su visión del mundo con la política de impuestos. Cuando una persona va a comprar a una tienda de alimentación, es muy poco probable que se detenga, deje caer la compra en un momento de iluminación y autoconciencia, y se dé cuenta de repente, en medio de la tienda, de que es «una mujer blanca que vive en una zona residencial, con educación universitaria y en uno de esos llamados estados bisagra». Cuando yo formaba grupos focales, la gente tendía a hablar de cómo se habían criado, de lo que hacían, de sus familias, de la música que les gustaba, de sus animales de compañía y de su personalidad. En definitiva, de ese tipo de cosas de las que se habla en una primera cita. ¿Se pueden imaginar lo terrible que sería una cita a ciegas si solo se les permitiera hablar de asuntos relativos a las elecciones? Pues eso.

53

A finales de 2011, informé al equipo de Nick Clegg de que pensaba que el partido tenía graves problemas. Les conté que los datos explicaban que los votantes del Lib Dem eran ideológicos, muy tozudos y odiaban comprometerse. Sin embargo, el partido se había convertido en la antítesis de aquellos atributos al unirse a un Gobierno de coalición con los *tories*. El partido estaba compuesto de acérrimos seguidores; sin embargo, operaba en un Gobierno nacido precisamente de comprometer sus principios. Y eso era una traición de los ideales de los votantes de los Lib Dem, y, a la larga, conducía a las personas fuera del partido.

Preparé unas cuantas transparencias e hice una presentación para los líderes del Lib Dem en una antigua sala de reuniones con las paredes revestidas de madera, en el Parlamento. Los había convocado para ponerles al día sobre mis averiguaciones. Parecían muy emocionados por conocer todo lo que estaba descubriendo aquella nueva tecnología. Sin embargo, su gozo en un pozo: la presentación fue muy catastrofista y describió con detalle las deficiencias tácticas en la estrategia del partido. Aseguré que tanto los laboristas como los *tories* tenían una cobertura extensa de los datos de la población de votantes: contaban con muchos datos registrados de cada votante, mientras que los Lib Dem solo cubrían el dos por ciento. El informe era muy crítico y embarazoso, por lo que, finalmente, nadie quiso saber nada de mí ni de mi informe. Reconozco que soy un poco brusco y que, a veces, tiendo a cabrear a la gente. Soy un poco como la Marmite, ese extracto de levadura salado de color marrón que los británicos se ponen en las tostadas. La gente, o bien lo adora, o bien lo detesta, pero nadie parece indiferente a él. Baste con decir que los incondicionales del partido no estaban dispuestos a permitir que un canadiense desconocido, que parecía un becario, se pavoneara por allí diciéndoles que lo estaban haciendo todo mal.

El único que me escuchó entre los Lib Dem fue el responsable de la disciplina de partido (*whip*), Alistair Carmichael. Es un escocés de pro, de Islay, la isla que está más al sur de las Hébridas Interiores. Se crio hablando gaélico en el colegio y tiene un cerrado acento de las Highlands mezclado con el de Edimburgo, más «apropiado», que aprendió en sus primeros años como fiscal de la Corona. Es un hombre muy hablador y amigable. Recuerdo que, cuando visitaba su oficina, siempre me invitaba a tomar un chupito de whisky de su mueble bar, que estaba más que bien provisto. Como *whip* del Gobierno, era un intrigante político muy curtido, cuyos modales afables ocultaban en el fondo una profunda comprensión de los mecanismos del poder. Por su puesto de *whip*, había visto y había oído de todo, así que fui a verle para que me aconsejara cómo salir del callejón sin salida en el que se había metido el partido. Siempre sentí que podía hablar con Carmichael, un hombre que no temía decir lo que pensaba y que me respetaba. De hecho, intentó persuadir a la gente del partido para que me hiciera caso. Por desgracia, fracasó.

Todo aquello resultaba tremendamente frustrante. Les estaba enseñando datos, que apoyaba en referencias bibliográficas. Les estaba enseñando «ciencia». Y ellos respondían llamándome pesimista, problemático. Me acusaban de no formar parte del equipo. El colmo llegó cuando alguien filtró mi presentación a la prensa, aparentemente, con la intención de violentarme. Pero les salió mal, porque un periodista escribió un artículo aprobando mis argumentos y observando que los Lib Dem sufrían el «grave problema del folletismo». Añadía que iban muy por detrás de los *tories* y los laboristas en lo relacionado con la recogida de datos y la investigación. Cuando pasas tanto tiempo investigando a los votantes, yendo por ahí y reuniéndote con ellos, llegas a establecer una buena conexión con toda esa gente. Yo tenía la sensación de que mi trabajo no era solo ganar unas elecciones, sino también comprender cómo era realmente la vida de la gente. Debía explicar a quien alcanzaba posiciones de poder cómo era quedar atrapado por la pobreza, la ignorancia o la conformidad.

Dos años más tarde, en 2014, los Liberal Demócratas perdieron trescientos diez escaños en las elecciones municipales, además de once de sus doce escaños en el Parlamento Europeo. El golpe de gracia llegó en mayo de 2015, cuando el partido quedó totalmente desarbolado, al perder cuarenta y nueve de sus cincuenta y siete escaños en el Parlamento. Con solo ocho parlamentarios reelegidos, todo el grupo parlamentario de los Lib Dem habría cabido en una autocaravana Mazda Bongo. Y bien cómodamente.

3

Luchamos contra el terror vestidos de Prada

*E*l barrio de Mayfair, en Londres, es un lugar de excepcional riqueza y poder cuyo legado imperial es inmutable. Caminando por sus antiguas calles, uno puede ver docenas de placas circulares distribuidas por sus edificios, en las que se homenajea a famosos dramaturgos, escritores, políticos y arquitectos que en tiempos habitaron en este lugar. En la esquina sudeste de Mayfair, no lejos del 10 de Downing Street, está la plaza de St. James, alineada con una fila de antiguas casas georgianas. En el extremo norte de esa plaza, se encuentra Chatham House, la ubicación del Real Instituto de Asuntos Internacionales. Al este nos topamos con el cuartel general de la British Petroleum o BP, una de las compañías petroleras más importantes del mundo, así como con Norfolk House, que durante la Segunda Guerra Mundial sirvió como oficina del general estadounidense Dwight Eisenhower, y como Cuartel General Supremo de las Fuerzas Aliadas Expedicionarias. En la plaza también hay varios clubes privados, incluido el Club East India, de la época colonial, así como el Army and Navy Club. En el centro de la plaza te encuentras con un pequeño jardín rodeado de unas verjas de hierro decorativas. Y en el mismísimo centro del parque se alza una estatua ecuestre de Guillermo III mirando hacia los edificios. El jardín central está rodeado de arbustos y parterres con flores. Todo muy bien cuidado. La plaza de St. James es un monumento viviente a la dominación global del colonialismo británico.

Al sur de BP, en el extremo este de la plaza, se alza un edificio de varios pisos que data de 1770. Está hecho de suave arenisca gris, con ladrillos claros y un par de columnas jónicas de piedra que flanquean la entrada. Un buzón rojo del Correo Real destaca fuera. A principios de 2013, era el cuartel general del grupo SCL. Originalmente conocido como Strategic Communication Laboratories, la empresa la lideraba Nigel Oakes, y había existido con diversas formas desde 1990. SCL había obtenido la autorización del Gobierno británico para acceder a información de nivel «secreto». Su consejo de administración incluía a ministros del Gabinete de la era Thatcher y a altos oficiales militares retirados, así como a profesores y políticos extranjeros. La empresa trabajaba sobre todo para militares y llevaba a cabo operaciones «psicológicas» que pretendían influir en diversas partes del mundo. Algunos ejemplos pueden ser la disminución de la fuerza del reclutamiento yihadista en Pakistán, el desarme y la desmovilización de combatientes en Sudán del Sur, y operaciones contra el narcotráfico o la trata de blancas en Latinoamérica.

La primera vez que oí hablar de ellos fue en la primavera de 2013, unos pocos meses después de abandonar a los Liberal Demócratas, cuando un consejero del partido con el que seguía en contacto me habló de cierta posibilidad. Dijo que había pensado en mí porque la empresa estaba buscando a «gente que supiera de datos para un proyecto de investigación de conducta» que implicaba a los militares. Nunca se me había ocurrido trabajar en proyectos de defensa, pero después de dos fracasos con partidos políticos, tanto en Canadá como en Gran Bretaña, estaba deseando probar algo nuevo.

En cuanto entré por la puerta principal, me encontré en un vestíbulo con suelos de mármol blanco y negro, una araña de cristal y molduras de yeso muy ornamentadas en las paredes color crema. La oficina había conservado gran parte de los detalles originales del edificio, con diversas habitaciones dispuestas en torno a una chimenea de mármol. Los suelos estaban cubiertos con una moqueta verde con diminutos detalles circulares rojos y blancos. Me llevaron a una habitación pequeña donde me dijeron que esperase a un hombre que se llamaba Alexander Nix y que era uno de los directores del grupo SCL. Recuerdo que hacía muchísimo calor, como si hubieran puesto la calefacción al máximo, aunque ya estábamos a finales de la primavera. Después me enteré de que era intencionado: era una manera de hacer sufrir a la gente antes de una reunión. Permanecí sentado en aquella habitación-sauna unos diez minutos, hasta que entró un hombre. Llevaba un traje impecablemente confeccionado en Savile Row, encima de una camisa con sus iniciales bordadas. Eso fue en lo primero que me fijé. Tenía los ojos color zafiro, en fuerte contraste con su piel pálida, como de papel.

Era el escenario perfecto para conocer a Alexander Nix, que nació en una familia de clase alta británica y que se educó en Eton, una institución a la que la realeza manda a sus hijos y cuyo uniforme todavía lleva cuello postizo y chaqué. La mayoría de los aristócratas ingleses tienen un aire anticuado. En ese sentido, Nix no decepcionaba. Su acento resultaba tan afectado como cabía esperar. Llevaba unas gafas con montura negra, y su pelo desmadejado, rubio rojizo, tenía un toque *casual* muy deliberado. Me invitó a sentarme entre pilas de papel y cajas, restos de un proyecto recién terminado, según me contó. Pronto iban a trasladarse a una oficina mucho más grande.

No pasó demasiado rato antes de que Nix empezara a contarme los detalles de los negocios de SCL. Me hizo firmar un acuerdo de confidencialidad y luego procedió a decirme que la mayor parte del trabajo de la empresa era para agencias militares y de inteligencia, con proyectos que los propios Gobiernos no podían llevar a cabo directamente.

—Ganamos los corazones y las mentes allí…, ya sabes, donde hace falta. —Señaló una foto enmarcada de un mitin en el que parecía estar en algún país de África.

Le pedí detalles y me enseñó unos cuantos informes. Mientras yo los iba hojeando, me estuvo explicando nuestro análisis de *targeting* de audiencia. Es el primer paso en un proyecto de operaciones de información, me dijo: el análisis y la segmentación. Sin embargo, al hojear los informes, me sorprendió mucho lo básica que era la metodología… y no me corté nada en decírselo.

—Se podría hacer muchísimo mejor —le dije.

Pronto averiguaría que Nix podía perder los nervios en cuanto creía percibir un desafío a su innato sentido de la superioridad. En ese momento, se limitó a tensarse un poco.

58

—Nosotros somos los mejores, haciendo esto.

—No lo dudo —le respondí—, pero se podría hacer un trabajo de *targeting* muchísimo mejor. Parece que el ejército esté literalmente tirando folletos desde un avión. Si tienen misiles guiados por láser, ¿por qué hacen esto con la propaganda?

Había sido una respuesta muy agresiva, sobre todo en una posible entrevista de trabajo. Nix se quedó desconcertado. «El que habla aquí soy yo», parecía pensar. La conversación terminó abruptamente. Al salir, pensé: «Qué enorme pérdida de tiempo».

Pero no, no lo fue. Nix me llamó poco después para preguntarme si quería hablar un poco más del tema, explicar qué era lo que pensaba que estaba haciendo mal el SCL y cómo se podría arreglar.

El mundo de la guerra psicológica del cual formaba parte SCL llevaba en funcionamiento tanto tiempo como llevaban los humanos haciendo la guerra. En el siglo VI a. C., los persas aqueménidas, sabiendo que los egipcios adoraban al dios gato Bastet, ponían imágenes de gatos en sus escudos para que los egipcios se mostraran reacios a atacarles en combate. En lugar de destruir y saquear ciudades enemigas sin más, Alejandro Magno usaba tácticas positivas psicológicas, dejando tropas atrás para que extendieran la cultura griega, y asimilaran a los derrotados en su vasto imperio. Durante la Edad Media, Tamerlán y Gengis Kan usaron el terror como arma psicológica: decapitaban a sus enemigos y exhibían aquellas cabezas cortadas clavadas en picas. Y en Rusia, Iván el Terrible amedrentaba a las masas para que fueran sumisas poniendo enormes sartenes en la Plaza Roja y friendo vivos en ellas a sus enemigos. Durante la Segunda Guerra Mundial, los británicos perfeccionaron el arte de engañar al enemigo fingiendo invasiones, usando tanques de atrezo e incluso colocando falsos planes de batalla en un cadáver vestido de soldado; aquella maniobra se bautizó con el fantástico nombre de Operación Carne Picada. El uso de información (y de desinformación) bien diseñado es una de las formas más efectivas de conseguir ventajas tácticas en el campo de batalla.

59

Al diseñar un arma informativa, resulta muy útil pensar en los aspectos básicos de cualquier sistema de armamento: la carga útil, el sistema de guía y la selección del objetivo. Para un misil, la carga es un explosivo; el sistema de guía forma parte de un fuselaje propulsado por un cohete; y el sistema de selección de objetivo es un satélite o un láser guiado por calor. En las armas de la información se encuentran los mismos componentes. Pero hay una diferencia clave: la fuerza que se usa es «no cinética». En otras palabras, no haces explotar nada. En el combate informativo, la carga suele ser un relato, un rumor desplegado para introducir una narración general o cultural falsa destinada a pacificar un pueblo. Y mientras los militares invierten en química para elaborar una bomba, también intentan investigar qué tipo de narraciones causará el mayor impacto.

Históricamente, los líderes de Estados Unidos han infravalorado las operaciones de información, debido a su enorme ventaja en misiles, tanques, bombas, barcos y armas. Sin embargo, Estados Unidos ha llevado a cabo algunas operaciones de información, sobre todo de la variedad anticuada del lanzamiento de folletos. En la guerra de Corea, las tropas de Estados Unidos usaban altavoces para gritar propaganda, mientras los aviones echaban folletos al otro lado de la línea enemiga. Durante la guerra de Vietnam, batallones especializados en guerra psicológica planearon unos bombardeos de propaganda similares, cuyo objetivo era ganarse tantos «corazones y mentes» como pudieran. Sin embargo, respaldado por un presupuesto de defensa sin igual, el ejército estadounidense se ha convertido en un grupo de chicos con juguetes, donde la amplificación de la fuerza es física y cinética.

Tanques y armas antibúnker resultan inútiles contra la propaganda viral y la radicalización propulsada por las páginas web. El ISIS no se limita a lanzar misiles, sino que también lanza narraciones. Rusia compensa su envejecido equipo militar con «aproximaciones híbridas» de ataques, empezando por la manipulación ideológica de las poblaciones focalizadas. Los grupos terroristas usan las redes sociales para reclutar nuevos miembros, que utilizan cañones y bombas con los que conseguir sus objetivos. Esas amenazas no son menos peligrosas por ser no convencionales, y las potencias occidentales han luchado para responder. No se puede disparar un misil por Internet, y la cultura militar tradicional estadounidense, dominada por hombres heteros blancos a quienes les gusta dar y recibir órdenes, es hostil al tipo de recluta no conformista que podría introducir unos contraataques más matizados y mejorados por la tecnología.

La Agencia de Proyectos de Investigación Avanzados de Defensa de Estados Unidos (DARPA por sus siglas en inglés) ha intentado hacerse cargo de esas nuevas realidades de terror y conflicto. Entre los objetivos establecidos por pasados programas operados por la DARPA, con nombres como «Redes narrativas» y «Medios sociales en comunicaciones estratégicas», estaban los de «rastrear ideas y conceptos, y analizar modelos y narrativas culturales», así como «desarrollar herramientas analíticas cuantitativas para estudiar las narraciones y sus efectos en la conducta humana, en contextos de seguridad». Los militares estadounidenses también tenían un programa llamado «Modelado de conducta humana social y cultural», cuyo objetivo era crear «herramientas para el análisis y la previsión sociocultural para los usuarios en el terreno». En otras palabras, la finalidad de muchos de esos programas es conseguir «una asimetría informativa total» contra las amenazas, tener tantos datos como para ser capaces de abrumar completamente y dominar la información del espacio que rodea a nuestros objetivos. Ese era el lucrativo nicho al que Nix había echado el ojo para conseguir nuevos contratos para SCL.

61

En un principio, Nix me ofreció un contrato de tres meses para hacer, básicamente, lo que yo quisiera.

—Ni siquiera voy a crear una descripción del puesto —me dijo—. Porque, francamente, no sé qué poner.

Después de todos los sufrimientos padecidos tratando con el LPC y los Lib Dem, resultaba increíblemente estimulante que me dejaran total libertad. Así pues, en junio de 2013, empecé a trabajar con SCL. Como la mayoría de la gente, nunca había prestado demasiada atención a la estrategia militar, salvo cuando, alguna noche, me entretenía viendo programas del Canal Historia. Con una curva de aprendizaje tan desalentadora, necesitaba ponerme a tono rápidamente con los proyectos que la empresa estaba gestionando. ¿El problema? Nadie respondía a mis preguntas. De hecho, mis nuevos colegas cerraban sus ordenadores portátiles a toda velocidad.

—¿Para qué quieres saber eso? —me decían.

O bien:

—Tengo que preguntar si puedo contarte eso o no.

El secreto iba a hacer muy difícil que consiguiera hacer lo que se suponía que debía hacer. Cuando me quejé de ello a Nix, él puso los ojos en blanco y simplemente me tendió las llaves de un armario que tenía en su despacho. Dentro encontré expedientes de viejos informes.

Los documentos describían proyectos que la SCL había emprendido para antiguos clientes, que incluían el Ministerio de Defensa británico y el Gobierno de Estados Unidos. Habían trabajado en Europa del Este para la OTAN, en iniciativas de propaganda antirrusa. Uno de los casos era un programa contra el narcotráfico en un país latinoamericano, donde un cliente militar propagaba desinformación para predisponer a los granjeros de coca locales contra los señores de la droga. Otros detallaban programas de lo que se llaman operaciones psicológicas (la PSYOPS) en México y Kenia. Como Nix había dicho antes, eran proyectos que las agencias del Gobierno no querían llevar a cabo oficialmente ellas mismas. Más bien lo que querían era pagar a contratistas para que entraran en la región como «empresas de investigación de mercado» o bajo algún tipo de cobertura de negocios falsos.

Un informe que atrajo mi atención describía un proyecto del Ministerio de Defensa para usar operaciones de información con el objetivo de influir sobre diferentes grupos en Pakistán. El informe captaba información sobre distintos líderes y personas influyentes regionales. Asimismo hacía sugerencias respecto de puntos de contacto culturales y posibles motivadores para cada audiencia enfocada. Sin embargo, la metodología tenía muchas carencias. El SCL había intentado hacer encuestas en regiones que usaban empadronadores vivos, pero los mapas de las zonas rurales que habían usado estaban incompletos, y las tasas de respuesta eran bajas, por parte de unas personas que no se fiaban de esos recién llegados que les pedían su opinión. Esto derivaba en datos demasiado incompletos o que estaban demasiado sesgados como para resultar fiables. El Ministerio de Defensa había pagado cantidades desorbitadas de dinero por aquello, cuando, en realidad, podrían haber obtenido una información mucho mejor simplemente contratando a algunas personas de la localidad para que fueran a los pueblos e hicieran preguntas.

El segundo problema era la forma que los militares habían escogido para diseminar esa propaganda. En algunos proyectos habían preparado folletos y luego los habían repartido por toda una región. ¿Más folletos? El ejército británico era igual que los Lib Dem... ¿Y por qué, exactamente, cuando estaban expandiendo redes de telefonía móvil por todo el país? En realidad, era interesante ver lo conectados que estaban esos países, incluso en medio de un conflicto. Regiones sin teléfonos terrestres o emisoras de televisión estaban construyendo torres de telefonía móvil. No entendía por qué las potencias occidentales ignoraban tal desarrollo.

Y más aún: yo quería ayudar a Nix a comprender que una elaborada capa de análisis psicológico es una completa pérdida de tiempo si lo único que vas a hacer es lanzar tu información por los aires. Los proyectos de la SCL serían mucho más efectivos si se centraban en obtener unos datos más precisos, en construir algoritmos (dirigiéndose a personas específicas a partir de esos algoritmos) y en usar distintas clases de medios, y no solo los folletos y la radio. Nix me escuchó atentamente, dándose una serie de golpecitos en la boca con los dedos, unidos por las yemas. Parecía darle vueltas a mis palabras.

Asimismo, empecé a darme cuenta de por qué a los militares británicos y estadounidenses se les daba tan mal ganarse los corazones y las mentes de la gente. Esta información cultural y acerca de la actitud de la población se recogió en silos, a menudo en proyectos dirigidos de forma secundaria por contratistas que no estaban integrados en una estrategia militar hasta después de establecer los objetivos primarios... En otras palabras, la cultura y las experiencias de las poblaciones locales eran algo secundario para los planificadores. Lo que prevalecía era el personal y el equipo. Y eso tenía que cambiar.

63

Υ

Mientras yo consideraba lo que DARPA y su equivalente británico, el Laboratorio de Tecnología y Ciencia de Defensa (DSTL), intentaban desarrollar con su nueva red social y sus programas de investigación digital, mi mente vagaba hacia un lugar inesperado, pero familiar para mí: la moda. Estos dos campos no están tan separados como podría pensarse. Cuando una sociedad cae en el extremismo, la moda hace lo mismo. Pensemos en los maoístas, los nazis, la gente del Ku Klux Klan, los yihadistas… ¿Qué tienen todos ellos en común? La imagen. El extremismo empieza por el aspecto y cómo se siente esa gente en la sociedad. A veces, se crean uniformes, literalmente: guerreras de color caqui, gorras con estrellas rojas, brazaletes rojos, capuchas blancas puntiagudas, camisas tipo polo y antorchas tikis, gorras de «*Make America Great Again*». Esos uniformes, a su vez, pasan a formar parte de la identidad de quien los lleva. De algún modo, transforma el pensamiento de «en esto creo» y lo convierte en «esto es lo que soy». Los movimientos extremistas se agarran a la estética porque, en gran medida, el extremismo consiste en cambiar la estética de la sociedad. A menudo, muchas de las cosas que prometen no se basan en ninguna política tangible, sino más bien en un nuevo aspecto y una nueva sensación de un lugar o cultura.

Cuando tenía dieciséis años, cierto día me teñí el pelo de morado oscuro. No tenía motivo alguno para elegir ese color, aparte del hecho de que atraía la vista y me gustaba. Eso me llevó al despacho del director por violar el código de vestimenta del colegio. Lejos de preocuparme o de que aquello me intimidara, me sentí más que a gusto. Por fin hablaba con el director de algo que no fueran las plazas para personas con discapacidad. Me dijo que tenía que volverme a teñir el pelo de un color «normal». Me negué. El director no se mostró nada contento. De hecho, la tensión por el color de mi pelo siguió hasta que acabé la escuela. Cuando todavía usaba silla de ruedas, pasaba mucho tiempo pensando en cómo adaptarme: cómo pasar por las puertas, cómo encajar entre mis iguales, cómo encontrar ropa que me quedase bien. Los ordenadores eran una de mis

pasiones. La moda era otra, por más de un motivo. En parte
se trataba de la sensación que producía, pero también era por
que se me viera. Sentado en la silla de ruedas, a la altura de la
cintura de los demás, viendo los botones, los cortes, las arrugas,
los bultos y los pliegues de la ropa de mis compañeros de clase,
me sentía invisible para ellos. Sin embargo, con el pelo morado,
se me veía. Así pues, cuando el director me había exigido que
volviera a ponerme el pelo «normal», me estaba ordenando
que me volviera de nuevo invisible. Entonces comprendí lo potente y revelador que podía ser un «aspecto».

Mientras trabajaba con el modelo de cinco factores de personalidad para los Lib Dem, empecé a pensar más profundamente en la personalidad como constructo. Me di cuenta de
que la política y la moda se construían sobre los mismos cimientos, pues ambos se basaban en constructos matizados de
cómo se ve la gente a sí misma en relación con los demás. La
moda es una ventana ideal hacia la personalidad, del mismo
modo que elegir qué llevar (o no) es una decisión que todos
tomamos diariamente. En todas las culturas, la gente elige
cómo adornar sus cuerpos, desde lo vulgar hasta lo más extravagante. Todos nos preocupamos por aquello que llevamos,
incluso ese anciano heterosexual de Minnesota que jamás lleva nada que no sea una camiseta gris y unos vaqueros. Dice
que no le importa nada la ropa que lleva… hasta que le ofreces
un kimono o un dashiki.

Recuerdo claramente la última reunión que mantuve con
mi tutor en el LSE, cuando me preguntó cuál iba a ser mi siguiente paso. Sin duda esperaba que le dijera que iba a continuar en la política, o que iba a ingresar en un bufete de abogados muy pijo. Por el contrario, le dije que iba a ir a la escuela
de moda. Silencio. Levantó las cejas claramente decepcionado.
Incluso negó con la cabeza de forma inconsciente. ¿La moda?
¿O sea, ropa? ¿Realmente quieres estudiar la ropa? Sin embargo, en el fondo, creo que la ropa y la política tratan de ciclos de
cultura y de identidad. Esencialmente, son dos manifestaciones
del mismo fenómeno: algo que se volvió fundamental para los
que creamos Cambridge Analytica.

La moda siempre ha tenido un gran papel en mi vida. En
realidad, puedo decir que fue lo que hizo que me sintiera más

65

cómodo conmigo mismo. Cuando salí de la escuela y me instalé en Montreal, cada vez usaba menos la silla de ruedas, pero seguía teniendo la sensación de que no era atractivo o deseable. Vagando por ahí cierto fin de semana, entré en una librería de segunda mano y descubrí un ejemplar muy castigado de *Dazed & Confused* de nueve años atrás entre una pila de revistas antiguas. Era un número de 1998 cuyo titular era «FASHION ABLE?». Y en él aparecía una modelo con las piernas ortopédicas. La edición corría a cargo de Alexander McQueen. Dentro de la revista, había unas fotos maravillosas de cuerpos distintos, pero también bellos. Después de hojear aquellas páginas, empecé a experimentar con la ropa y a salir más. Si se lo permites, Montreal es un sitio que te cambia. Me atrajeron los bares de *drag-queens* y me admiró una forma de vestir que puede ser glamurosa y suntuosa, que parece burlarse al mismo tiempo de las nociones convencionales de belleza, cuerpo y género dándoles la vuelta. Los *drags* cambiaron mi forma de pensar. Me enseñaron que no se trata solo de desafiar las normas sociales, sino de reírse de ellas. En el fondo, es cuestión de ser quien quieres ser, tal como lo sientes tú mismo.

En mis primeros años en Londres, muchos de mis amigos eran estudiantes de moda en la Central Saint Martins, una de las facultades que componen la Universidad de las Artes de Londres. Empecé a estudiar en la UAL y acabé trabajando bajo la supervisión de Carolyn Mair, que tenía conocimientos de psicología cognitiva y aprendizaje automatizado. La doctora Mair no era la típica profesora de moda, pero la conexión funcionaba bien, quizá porque yo tampoco era el típico estudiante de esta disciplina. Cuando le expliqué que quería empezar a investigar sobre «modelos» de moda de otro tipo (redes neurales, visión por ordenador y autocodificadores), ella convenció al comité de posgrado de la universidad de que me permitieran iniciar un doctorado en aprendizaje automatizado en lugar de diseño. Fue en torno a esa época cuando empecé también mi nuevo trabajo en el grupo SCL, de modo que mis días transcurrían entre la moda y la guerra cibernética. Estaba decidido a sumergirme en mi investigación académica sobre tendencias culturales; así pues, le dije a Nix que no quería trabajar para SCL a tiempo completo, y que si SCL me quería, tendrían que aceptar que yo continuara mi doctorado en paralelo a sus proyectos. Nix estuvo de acuerdo con el arreglo y, finalmente, SCL accedió a cubrir mis gastos de matrícula, cosa que fue una auténtica bendición para mí, ya que, como estudiante internacional, tenía que pagar la tasa más alta de matrícula.

Esos dos dominios se adaptaban bien entre sí, ya que entender la cultura puede servirte para comprender la dinámica de los movimientos extremistas, más que observar simplemente las ideologías que profesan. En SCL veíamos gran cantidad de vídeos de propaganda radical yihadista, y observamos que, más allá de la violencia de los vídeos que llegaban a las noticias, había una estética muy rica y bien articulada en su estilo de contenido. Aparecían coches caros. Había música. Había un estilo masculino definido entre sus héroes idealizados, y algunos de los vídeos parecían casi de programas de *reality* de la televisión. La ironía es que intentaban situar su ideología atrasada como algo moderno o futurista, de una forma que recordaba la promoción de un fascismo del mañana que habían hecho los futuristas italianos, diciendo que era la puerta más expeditiva hacia la modernidad. Esas películas estaban propagando un culto a la violencia y al odio realmente grotesco, pero, aparte de eso, también formaban parte de su cultura. Su estilo era autoindulgente e ingenuamente romántico, bordeando lo *kitsch*. Incluso los terroristas tienen una cultura pop.

En torno a esa época, en septiembre de 2013, recuerdo claramente haber pensado: ¿no es fabuloso esto? Trabajo en algo cultural, pero no para una campaña en concreto, sino que voy a trabajar en algo cultural para la defensa de nuestra democracia. Los militares, sencillamente, usaban unos términos distintos: «atribución de influencia modelada», o «perfiles de focalización observados actuando en concierto». Pero en moda se llamaba «tendencia», sin más. Vestir en concierto. Hacer *hashtags* en concierto. Escuchar en concierto. Ir a un concierto en concierto. El *zeitgeist* cultural mismo es solo «gente actuando en concierto». Y todo ese tipo de tendencias, seguro, se podían discernir en los datos. A través de la observación *online* y los perfiles biográficos, queríamos intentar pronosticar los ciclos vitales adoptados por esos movimientos, sus usuarios pioneros, sus tasas de difusión, sus picos.

67

En mis primeras semanas en SCL, empecé a buscar cómo digitalizar y transformar las tácticas tradicionales de las operaciones de información. Eso era lo que más interesaba a la empresa, por aquel entonces, ya que se daban cuenta de que había un hueco de capacidad crítica en muchos ejércitos de la OTAN que se podía rellenar (y del que podían aprovecharse) si desarrollaban nuevas formas de mezclar propaganda y tecnología publicitaria. Esto implicaba la exploración de la investigación que podíamos hacer para delimitar ese nuevo dominio digital, como adquirir nuevas fuentes de información de sesiones de clics y mejorar el *targeting* de narrativas en sus receptores previstos, a través de la creación de perfiles y de aprendizaje automatizado. Hay obvias complicaciones a la hora de instrumentalizar la información. Las armas y las bombas matan a las personas, sean quienes sean estas, ya que las propiedades de la física son globales. Pero un arma de información debe ser adaptada teniendo en cuenta múltiples factores: lengua, cultura, situación, historia, diversidad de la población… Si estás construyendo un arma no-cinética diseñada para un «perspecticidio» a escala (la deconstrucción y manipulación activa de la percepción popular), primero tienes que comprender qué es lo que motiva a la gente profundamente.

Las insurgencias, por naturaleza, son asimétricas, en el sentido de que pocas personas pueden causar grandes efectos. Así pues, catalizar una insurgencia dentro de una organización beligerante requiere primero concentrar los recursos en unos pocos grupos clave de público objetivo. Esto se optimiza mediante una buena elaboración de perfiles e identificando a los tipos de personas que son susceptibles de nuevas formas de pensar y que están bien conectadas, de modo que pueden inyectar nuestra contranarrativa en su red social.

La forma más efectiva de perspecticidio es la que cambia primero el concepto del yo. En este sentido, el manipulador intenta «robar» el concepto del yo de su público objetivo, reemplazándolo con el suyo propio. Normalmente, esto suele empezar intentando silenciar la narrativa del oponente, y luego dominando el entorno informativo del objetivo. A menudo, esto implica romper gradualmente lo que se suele llamar «factores de resiliencia psicológica» a lo largo de meses. Hay programas diseñados para crear percepciones poco realistas en el público objetivo, que tienen como resultado la confusión y dañan la eficiencia personal. Se alienta al objetivo a mostrarse catastrofista con respecto a actos de poca importancia o imaginarios; por su parte, las contranarrativas intentan eliminar el sentido, creando una impresión de actos confusos o sin sentido. Las contranarrativas también intentan fomentar la desconfianza para evitar una comunicación con otros que pudiera obstaculizar la evolución del objetivo. Es mucho más duro seguir siendo leal a una jerarquía o grupo existente cuando empiezas a pensar que te están usando de una manera injusta, o cuando los acontecimientos parecen sin sentido o carecen de objetivo. Te vuelves menos propenso a aceptar los contratiempos, a correr riesgos o a acatar las órdenes.

Sin embargo, no basta con degradar la moral sin más. El objetivo final es provocar emociones negativas y procesos de pensamiento asociados con conductas impulsivas, erráticas o compulsivas. Esto mueve al objetivo hacia una resistencia moderada o pasiva en principio (por ejemplo, una productividad menor, correr menos riesgos, propagar rumores, etc.) y luego a una serie de conductas más disruptivas (enfrentamiento, insubordinación, motín, etc.). Este enfoque se ha adoptado en Sudamérica, por ejemplo, para provocar desunión entre miembros de operaciones de narcóticos, aumentando así la probabilidad de filtraciones de información, defecciones o conflictos internos que erosionen la cadena de suministros. Los objetivos más susceptibles suelen ser aquellos que exhiben rasgos neuróticos o narcisistas, ya que tienden a ser menos resilientes psicológicamente respecto a las narrativas con estrés. Se debe a que la neurosis puede hacer a una persona más propensa a las ideaciones paranoides, ya que tienden a experimentar más ansiedad e impulsividad, y a confiar más en la intuición que en el pensamiento deliberativo. La gente que tiene una puntuación alta en la escala del narcisismo es más susceptible, porque son más propensos a los sentimientos de envidia y de legitimidad, que son fuertes motivadores de ruptura de las reglas y conducta desafiante frente a la jerarquía.

Eso significa que es más probable que esos objetivos desarrollen exageradas sospechas de acoso, persecución, victimismo o tratamiento injusto. Es lo primero que hay que hacer, lo más fácil, para iniciar la subversión de una organización, a gran escala. Más tarde, ese aprendizaje serviría como uno de los cimientos del trabajo de Cambridge Analytica catalizando la insurgencia *alt-right* en Estados Unidos.

Que quede bien claro: esas operaciones no son una especie de terapia de orientación, sino que son un ataque psicológico. Es importante recordar que, en un contexto militar, la agencia personal o el consentimiento del objetivo no preocupan en absoluto. El objetivo es el enemigo. A menudo, los militares disponen de dos opciones: o bien enviar un dron para incinerar al enemigo, o bien entorpecer la unión del enemigo hasta tal punto que empiecen a pelearse entre ellos o se vuelvan descuidados y cometan unos errores que se puedan explotar. Si eres un comandante militar o un oficial de inteligencia, la manipulación psicológica es la posibilidad más «ligera».

Con el advenimiento de las redes sociales, de repente las agencias militares y de seguridad han tenido acceso a las mentes y las vidas de guardias, oficinistas, novias y mensajeros de organizaciones criminales y terroristas de todo el mundo. Lo que ofrecían las redes sociales era un rastro de información personal detallada que previamente habría costado meses de cuidadosa observación. De hecho, los objetivos estaban creando sus propios expedientes, y los llenaban de datos que aceleraban la evaluación psicológica de su disposición. De este modo, se empezó a producir una gran cantidad de investigación en la elaboración de perfiles psicológicos, que se podía automatizar con algoritmos de aprendizaje automático. Tales algoritmos permitirían a las agencias ampliar su red a través de la automatización y alcanzar la escala del antiguo lanzamiento de folletos, pero con la precisión de mensajes focalizados. En 2011, la DARPA empezó a financiar la investigación sobre la elaboración de perfiles psicológicos de los usuarios de las redes sociales, la difusión de los mensajes antigubernamentales e incluso el engaño *online*. Ingenieros de Facebook, Yahoo e IBM participaron en proyectos de investigación financiados por la DARPA, para evaluar cómo se consume y se difunde la información. Tanto el Gobierno ruso como el Gobierno chino también lanzaron sus propios programas de investigación de redes sociales.

Mi primer día de trabajo en SCL, Nix me preguntó si había oído hablar de una empresa llamada Palantir. Él la conocía a través de una becaria de SCL con muy buenos contactos, Sophie Schmidt, hija de Eric Schmidt, multimillonario que posteriormente sería presidente ejecutivo de Google. Unos pocos meses antes, mientras acababa su periodo de becaria, presentó a Alexander a algunos de los ejecutivos de Palantir. Cofundada por Peter Thiel, un conocido capitalista de riesgo de Silicon Valley que ahora era director independiente de Facebook, Palantir era una enorme empresa de capitales de riesgo que llevaba a cabo operaciones de información para la CIA, la Agencia Nacional de Seguridad, cuya misión es analizar señales de inteligencia y datos para objetivos de seguridad nacional, y el Cuartel General de Comunicaciones del Gobierno (GCHQ), el homólogo británico de la NSA. Nix estaba obsesionado. Quería que SCL hiciera lo que estaba haciendo Palantir.

Durante mis primeros meses trabajé en pequeños proyectos piloto en diversos países con Brent Clickard, psicólogo afincado en Cambridge, y un amigo suyo llamado Tadas Jucikas. Conocí a Jucikas en el Real Automóvil Club, un establecimiento privado, solo para miembros, con bares, pistas de *squash* y salas de billar, donde van los privilegiados a socializar y hacer negocios. El club se fundó en 1897, cuando conducir un coche era un *hobby* exorbitantemente caro, y ha conservado un aire de lujosa elegancia. Cuando atravesé la columnata y entré al edificio del club, vi a Jucikas de pie en el vestíbulo junto a un antiguo coche de carreras de un rojo vivo, con los ojos ocultos detrás de unas gafas de sol con montura de carey. Llevaba una chaqueta de espiguilla muy bien cortada con un pulcro pañuelo de bolsillo. Todo muy exagerado, pero a mí me gustó.

Me acompañó al interior del club, donde nos tomamos un par de *boulevardiers* y luego nos trasladamos a la terraza para fumar unos puros. Jucikas se crio en la Lituania rural. De niño, vio pasar los tanques soviéticos por su ciudad. Obviamente, era brillante. Cuando nos sentamos en aquella terraza, saboreando nuestros puros y hablando de inteligencia artificial y tuberías de datos, Jucikas abrió una cartera y sacó un diagrama que había hecho. Clickard le había hablado del alcance de algunos de los proyectos, de modo que Jucikas había planificado una tubería para asimilar, limpiar, procesar y desplegar datos desde perfiles *online*. Había hecho la investigación para su tesis doctoral sobre modelización y predicción de conducta de las lombrices *C. elegans* y decía que, sencillamente, cambió los gusanos por personas. Jucikas proponía extraer una amplia cantidad de datos construyendo herramientas automatizadas de recogida de datos, usando imputaciones algorítmicas para consolidar distintas fuentes de datos en una sola identidad unificada para cada individuo, y luego empleando redes neurales de aprendizaje profundo para predecir las conductas que deseáramos. Seguiríamos necesitando un equipo de psicólogos, decía, para crear las narrativas que se necesitaban para cambiar conductas, pero su tubería servía como primer esbozo del sistema de focalización. Pero lo que me gustó más fue el código de colores que hacía que pareciera el mapa del metro de Londres. Él siguió con sus explicaciones y quedó bien claro que era perfecto para el trabajo.

Y así fue como Clickard, Jucikas y yo empezamos a trabajar juntos. Por otro lado, finalmente persuadí a Mark Gettleson para que se uniera a nosotros también. De repente, estaba rodeado por un equipo de individuos impecablemente vestidos, increíblemente listos y totalmente estrafalarios. Y Nix era el cabecilla, el vendedor sonriente y frío que no comprendía nada de lo que estábamos haciendo, pero que empezó a venderlo sin perder tiempo a cualquiera que pensara que lo podía pagar. Él llevaba la oficina entre proclamas altisonantes y groseras bromas sexuales.

En SCL, la atmósfera era la de «todo vale», perfectamente cristalizada en un momento que llegó un par de meses después de que empezásemos. Yo suelo vestir siempre con camisetas y sudaderas, pero una tarde fui a la oficina después de un acto de la London Fashion Week con una chaqueta de Prada de un color granate intenso y pantalones de cinturilla alta a juego, así como unas botas Doctor Martens color crema que llevaban impresas calaveras y rosas, al estilo de los tatuajes temporales. Nix me echó un vistazo y dijo:

—Chris, ¿qué cojones llevas puesto?

—Combatimos el terror vestidos de Prada —respondió Brent.

Conseguir los datos necesarios para construir el sistema de focalización previsto por Jucika no sería fácil, pero era posible gracias a una casualidad histórica en determinados lugares del mundo en desarrollo. Aunque en esos sitios se daba un subdesarrollo sustancial de infraestructuras tradicionales de telecomunicaciones, procedente en gran medida de la corrupción y la desidia heredadas de las Administraciones coloniales, algunos de los países más pobres del mundo se habían saltado generaciones de tecnología, y habían conseguido avances impresionantes en las redes móviles.

En Kenia, por ejemplo, las leyes y las costumbres locales hacían que fuera difícil para algunas personas tener una cuenta bancaria; por consiguiente, se estableció un sistema en el cual los kenianos usaban dinero en metálico para comprar créditos para el teléfono móvil, que podían intercambiarse como una especie de moneda digital. De hecho, averiguamos que esa gente, en muchas naciones pobres, desconfiaba de los bancos, tras haber sufrido muchas crisis económicas, hiperinflación y derrumbes bancarios. Y usaban el mismo método alternativo, por móvil. Ese escenario implicaba que todo el mundo necesitaba tener un móvil, y que este debía funcionar bien. Así pues, en países que en otros aspectos están muy empobrecidos, se había hecho una rápida inversión en una infraestructura de móviles relativamente decente.

Una consecuencia imprevista de tener a muchos ciudadanos conectados a través de las redes de teléfonos móviles era que todo el mundo podía ser localizado, rastreado y registrado, y que uno se podía comunicar con él. Las redes yihadistas como ISIS, AQAP y Boko Haram ya se habían dado cuenta de ello, aprovechándose del fácil acceso a las mentes para sus futuras conquistas. Y esto ponía patas arriba todas las normas de la guerra.

A continuación, necesitábamos estudiar un caso, encontrar una ubicación que poder escalar nacional y estatalmente, para demostrar a los posibles clientes lo que éramos capaces de ha-

73

cer. Trinidad y Tobago, con 1,3 millones de personas, encajaba perfectamente en el modelo. Era una isla nación, autocontenida y, sin embargo, con diversas culturas. Había allí una población afrocaribeña, otra indocaribeña y unos cuantos blancos, lo que hacía que hubiera una tensión cultural interesante de explorar. Era un laboratorio ideal donde llevar a cabo nuestros experimentos a escala.

El Ministerio de Seguridad Nacional de Trinidad quería saber si era posible usar los datos para identificar a los trinitenses que era más probable que cometieran delitos..., y aparte de eso, si era posible predecir cuándo y cómo lo harían. El SCL tenía un largo historial de operaciones a través de varias micronaciones del Caribe. Después de ayudar a determinados políticos a hacerse con el poder, la empresa solía recuperar su inversión en forma de contratos con el Gobierno. En SCL empezamos a referirnos a esto como el proyecto Minority Report, por la historia de Philip K. Dick (adaptada para el cine por Steven Spielberg) en la cual una división predelito futurista arresta a la gente antes de que hayan cometido ningún delito. Pero lo cierto es que el Gobierno de Trinidad no estaba interesado solamente en reducir la criminalidad. Sabían que si construían una herramienta para predecir la conducta, podrían usarla en las elecciones. No se limitaban a poner en el punto de mira a los futuros criminales, sino que también querían apuntar directamente a futuros partidarios políticos.

El equipo anticipaba vastas franjas de datos, porque algunos contactos importantes del Gobierno de Trinidad ofrecían acceso a SCL a un censo sin alterar, desanonimizado. En el mundo en desarrollo, la privacidad es una precaución que suele reservarse para los ricos. Esencialmente, el Gobierno de Trinidad estaba violando la privacidad de todos sus ciudadanos, de una sola tacada.

Obviamente, los datos en bruto del censo serían útiles para el proyecto, pero no era un recurso que tuviéramos disponible en los países desarrollados. El SCL necesitaba explorar el uso de Internet para recoger datos relevantes, para crear una herramienta que fuera aplicable en forma cruzada, tanto cultural como nacionalmente. Así pues, el siguiente paso del SCL fue enviar gente sobre el terreno a empresas de telecomunicaciones caribeñas. El objetivo era preguntar si el SCL podía conectarse a su flujo de datos instantáneamente. Para mi sorpresa, era posible.

Trabajando con un grupo de contratistas, SCL pudo abrir una espita en el flujo de telecomunicaciones, elegir una dirección IP y luego sentarse y ver lo que una persona de Trinidad estaba buscando en Internet en aquel preciso momento. No fue ninguna sorpresa comprobar que había mucho porno. La gente buscaba todo lo imaginable, incluido el «Trini Porn», algo culturalmente específico. Recuerdo estar mirando el ordenador una noche y ver a alguien que pasaba de las recetas de plátano macho al porno, mientras Nix se reía de aquellos gustos. Era una risa repugnantemente alocada, casi infantil. Miró la dirección IP y luego abrió el satélite del Google Maps para ver en qué barrio vivía aquel tipo.

Mientras Nix miraba la pantalla, yo empecé a observarle a él, encantado con poder ridiculizar y explotar a otros. Era desagradable. Era el clásico Nix, o «Bertie», como le llamaban sus pomposos iguales. Como muchos antiguos alumnos de Eton, se le daban muy bien las bromas, el flirteo y el entretenimiento. Los directores del SCL le asignaron para dirigir el negocio de manipular las elecciones en países olvidados de África, el Caribe y el sur de Asia. Rodeado de ministros del Gabinete de esas micronaciones, Nix estaba completamente en su salsa. Interpretando el papel de caballero inglés, daba acceso a esos políticos a cualquier cosa que quisieran en la antigua capital imperial de Londres: los clubes prestigiosos frecuentados por la realeza y por primeros ministros, invitaciones a fiestas exclusivas o, si lo deseaban, la compañía de mujeres elegantes y de mente abierta.

Nix explotaba los fetiches coloniales y las inseguridades de los hombres que gobernaban las naciones del imperio. En cuanto se ganaba su confianza, hacía tratos entre ministros que buscaban validación y mujeres, y con hombres de negocios que buscaban explotar oportunidades de negocios corruptos y viajar sin que nadie les observara. La soberanía, se dio cuenta Nix, era un artículo extremadamente valioso. Incluso la isla-nación más pequeña y oscura podía ofrecer dos cosas de un valor excepcional: pasaportes e inmunidad fiscal.

75

Él había heredado decenas de millones de libras y no tenía que trabajar. Podía haber dedicado su vida a empresas nobles, o simplemente al ocio, y así gastarse su fondo fiduciario. Sin embargo, por el contrario, eligió SCL. Nix no podía evitarlo: le embriagaba el poder. Nacido demasiado tarde para jugar a amo colonial en el antiguo Imperio británico, trataba SCL como su equivalente moderno. Como Nix dijo en cierta ocasión en una de nuestras reuniones, le gustaba «jugar a hombre blanco». «Solo son negros», dijo una vez a un colega en un correo, refiriéndose a los políticos negros de Barbados.

Sencillamente, nosotros nos dedicábamos a espiar a los líderes trinitenses. Resultaba muy raro e irreal observar lo que miraba la gente en aquella isla diminuta y lejana. Parecía que estuviéramos entreteniéndonos con algún videojuego, no que estuviéramos inmiscuyéndonos en las vidas privadas de personas reales. Incluso hoy en día, cuando lo recuerdo, Trinidad me parece más un sueño que algo que hiciésemos realmente.

Pero sí: lo hicimos. Con el proyecto Trinidad, por primera vez tuve la sensación de que me absorbía algo que era groseramente antiético. Y, francamente, aquello me hizo entrar en un estado de negación. Mientras contemplaba aquellas vidas en directo, me negué a pensar en mí mismo como en alguien que estaba espiando la vida de gente que no tenía ni idea de que su privacidad estaba haciendo que una siniestra audiencia se divirtiera al otro lado del mundo.

El proyecto Trinidad fue mi primera experiencia en esa nueva oleada de colonialismo, esta vez digital. Llegamos sin anunciarnos, con nuestra superior tecnología y nuestra indiferencia moral. Y, desde luego, no éramos mejores que los ejércitos de su majestad. Eso sí, había una diferencia con los conquistadores de antaño: ahora éramos completamente invisibles.

Ya en los primeros meses de trabajar con Nix, había quedado claro que él no tenía ética de negocios…, ni ética personal, en realidad. Parecía dispuesto a llegar a donde fuera necesario para conseguir un proyecto, y se pavoneaba por la oficina alardeando de un trato u otro. Lo describía todo en términos de conquistas sexuales: en las fases iniciales de las negociaciones, los dos lados «se tocaban el uno al otro», o bien «se metían un dedo». Cuando se cerraba un trato, exclamaba: «¡Ahora sí que estamos follando!».

En agosto de 2013, no mucho después de la matanza de Rabaa, representantes del Gobierno egipcio vinieron a Londres para celebrar reuniones. Fue uno de los primeros movimientos en los que las redes sociales y la mensajería instantánea en las aplicaciones de los móviles desempeñaron un papel significativo en la movilización. Los egipcios a los que conocimos estaban muy interesados en usar nuestros programas de información para combatir a los que llamaban «extremistas políticos». Se hablaba de diversas posibilidades para crear confusión en el movimiento: iniciar rumores y propagarlos a través de la mensajería de los móviles, o irritar a la multitud con cómplices infiltrados y arrestar a los manifestantes. No era el tipo de proyecto que había esperado que emprendiera SCL. Moralmente, lo que nos pedían no me parecía aceptable. Pude ver lo subjetivo que era eso de ser contrario al extremismo. Me parecía muy hipócrita que, por una parte, se frustrara a los grupos yihadistas en lugares como Pakistán, y que, por otra, en Egipto se ayudara a un régimen autocrático respaldado por los islamistas a crear su propia tiranía. Pero a Nix no le importaba. Los negocios eran los negocios. Su único objetivo era cerrar el trato.

Para mí y para el creciente equipo de psicólogos y científicos de datos en SCL, el principal desafío estaba en la esencia misma del extremismo. ¿Qué significa ser un extremista? ¿Qué es exactamente el extremismo, y cómo se puede moldear? Era algo subjetivo. Además, estaba claro que el Gobierno egipcio tenía una idea y que, en cambio, nosotros teníamos otra. No obstante, si quieres ser capaz de cuantificar y predecir un rasgo, tienes que poder crear una definición de tal rasgo. Le dimos muchas vueltas y discutimos la cuestión en términos teóricos, pero la realidad dejaba bien clara una cosa: «Extremismo es lo que tú quieres que sea». Finalmente, SCL no se ocupó de ese proyecto, así que simplemente dejé a un lado mis preocupaciones y seguí trabajando.

Empecé a evitar a Nix en la oficina, como hacía todo el mundo. Su comportamiento era repulsivo. Su intento de acogerme bajo sus alas y de hacerme a su imagen y semejanza fue un estrepitoso fracaso. Para empezar, procedíamos de entornos demasiado diferentes. En realidad, aunque la arrogancia y el esnobismo de Nix no me hubieran parecido horribles, nunca habría podido disfrazarme de «respetable» viejo etoniano. Además, su constante autoritarismo (cómo había que vestirse, hablar, etc.) no hacía otra cosa que cohibirme más y más. Prácticamente, lo único que nos unía era que a ambos nos gustaba el buen whisky, pero, en general, siempre intentaba mantener las distancias con él.

Los proyectos que más me entusiasmaban eran aquellos que podían hacer algún bien al mundo, como los programas de desradicalización que los militares, afectuosamente, llamaban YUM («*young unmarried males*», o sea, jóvenes solteros), en Oriente Medio y erradicar la conducta yihadista. De este modo, me convencí de que había buenas razones para permanecer allí. Me decía que era cierto que Nix era un villano, pero también había muchas buenas personas trabajando para SCL. Así pues, decidí mantener la cabeza gacha y seguir trabajando.

A finales de 2013, me pidieron que asistiera a una reunión con un posible cliente de un país africano. Según me contaron, se trataba de un proyecto político que implicaba la focalización de votantes antes de unas elecciones cercanas. Yo no sabía mucho del país, pero supuse que podíamos captar los datos suficientes a través de las redes de teléfonos móviles o fuentes públicas. Acepté: sí, claro, por supuesto. Nos reunimos con el cliente, que resultó ser el ministro de Sanidad del país en cuestión, en un caro restaurante londinense.

Al principio, la conversación iba más o menos como había esperado. Hablamos de los servicios que necesitaba el cliente y de cómo podía proporcionárselos SCL. Más tarde, comenzamos a hablar sobre cómo se podía financiar el proyecto. La empresa hizo una propuesta: el cliente podía financiarse con un proyecto multimillonario ya existente para el Ministerio de Sanidad del país; SCL se añadiría discretamente como subcontratista, usando el presupuesto de ese proyecto para llevar a cabo una investigación política. Luego, otro miembro del personal envió un correo en el que decía: «El componente sanitario de una encuesta más amplia actuará como preludio a una campaña electoral». Además, observaba: «El componente político también se ha aprobado». El correo seguía explicando que la encuesta del Ministerio de Sanidad incluiría cuestiones sobre la conducta de voto y apoyo a la Administración presente. Por supuesto, usar los fondos de los contribuyentes del Ministerio de Sanidad para una campaña política es algo que está fuera de la ley.

No dije nada durante la reunión, pero después fui a ver a Alexander.

—Esto no puede ser legal —le dije.

—No puedes esperar nada legal con esa gente. Es África —me respondió.

A Nix se le daba muy bien conseguir que la gente dudase de sí misma. Y lo cierto es que todo el tiempo que pasé en SCL, caí en su trampa. Otras veces resultaba menos convincente. Una vez me llevó a la azotea, que quedaba muy por encima de nuestros despachos, en New Bond Steet. Quería mantener una conversación «de hombre a hombre» conmigo. En ella me ofreció un caballo si le ayudaba a conseguir un proyecto. Al parecer, tenía muchos caballos. Sin embargo, le dije que yo no quería ningún caballo.

—Ah, vale —dijo—. Pues entonces para ti un poni.

Después de hablar con él, no sabía cómo debía sentirme, si ofendido por lo que él decía o avergonzado de mi ingenuidad.

No podía creer que el proyecto africano saliera como habíamos planeado, pero sí, así fue. SCL creó una propuesta de subcontrata, y la envió para su aprobación al ministro de Sanidad. A lo largo de un periodo de muchos meses, mientras se iban llevando a cabo los proyectos relacionados con la salud, parte del dinero («millones» de dólares) no fue en realidad a programas del Ministerio de Sanidad. Se repartieron entre la campaña política del ministro y SCL. La parte de SCL llegaba de la embajada del país en valijas diplomáticas, para poder sortear cualquier inspección fronteriza o declaración. Yo salí del proyecto muy pronto, pues me parecía que era moral y legalmente inaceptable.

Cuanto más me adentraba en los proyectos de SCL, más parecía nublar mi juicio el ambiente que se vivía en la oficina. Poco a poco, fui aclimatándome a la corrupción y a su indiferencia moral. Todo el mundo estaba muy emocionado por los descubrimientos que hacíamos, pero ¿hasta dónde estábamos dispuestos a llegar en nombre de aquel nuevo campo de investigación? ¿Habría un punto en el que alguien diría finalmente: «ya basta»? No lo sabía y, en realidad, no quería pensar en ello. Y entonces fue cuando Nix me dijo en un correo: «Me gustaría que vieras a Steve, de Estados Unidos».

4

Steve, de Estados Unidos

*D*ebí de quedarme dormido un momento, porque el anuncio del conductor me sobresaltó: «¡Próxima parada, Cambridge!». Fue en octubre de 2013. Aquella mañana me había levantado a las cinco para coger el tren de cuarenta minutos más tarde en la estación Victoria de Londres. Nix me había reservado un billete en el convoy que salía más temprano para ahorrarse cinco libras. Salté de mi asiento y sin querer le di un golpe a la anciana que estaba a mi lado. Ella me miró enfadada, agarrando su bolso, como hacen las inglesas. Salí corriendo, miré hacia atrás para disculparme y entonces tropecé. «¡Cuidado con el escalón!» Demasiado tarde.

Me incorporé y me di cuenta de que no sé cómo había perdido la cartera. Atemorizado, vi alejarse el tren lentamente y salir de la estación. Uf… Sin dinero ni tarjetas, llamé a Nix y le pedí que me reservara un taxi pagado por anticipado.

—Ve andando —me dijo él—. Haber tenido más cuidado.

Estaba demasiado cansado para discutir. Además, quedaba claro que él se había enfadado, así que hice lo que me decía: fui andando, saliendo de la estación entre la niebla y la llovizna de aquella mañana de principios de octubre. Cambridge estaba apenas empezando a despertarse en aquel momento.

Con varias horas por delante antes de mi cita, vagué por Parker's Piece, una pequeña zona verde comunitaria, mientras los estudiantes atletas empezaban sus prácticas matutinas; como telón de fondo, la aguja de una iglesia que asomaba entre los árboles. Desde allí, anduve por las serpenteantes y empedradas calles medievales, pasé por delante de pequeñas tiendas y los muros imponentes de la segunda universidad más antigua de Inglaterra, que se remonta al año 1209. Después continué por Thompson's Lane, junto al río Cam, y llegué al pequeño pero obviamente carísimo hotel Varsity.

Al trabajar con un contratista militar, yo conocía a todo tipo de personajes extraños, la mayoría de los cuales exigían que se les tratara con una «discreción absoluta». Así pues, no era extraño que no conociera la identidad de la persona con la que me iba a entrevistar. El día antes, Nix se había acercado a mi despacho, ligeramente agitado. Puso las manos encima de mi escritorio y se inclinó sobre mi cara.

—Tienes que ver a una persona en Cambridge —dijo—. No puedo meterme dentro de su cabeza, pero creo que tú sí que podrás.

Le pregunté con quién tenía que reunirme.

—Ya te enviaré los detalles más tarde por correo.

Las instrucciones que recibí de Nix, que no ayudaban nada, decían solo que tenía que ver a «Steve, de Estados Unidos». Sin más detalle. Solo que me pedía que le «llevara datos».

Estuve sentado solo en el vestíbulo del hotel una hora antes de enviar un mensaje a Nix pidiéndole el número de Steve. Él leyó el texto, pero no respondió. Al cabo de otros quince minutos, un personaje brusco se acercó y me miró.

—¿Tú eres el tío? —me preguntó.

—Sí, soy yo —le respondí.

Basándome en los clientes que solía tener SCL, esperaba a alguien del Gobierno o de una agencia. Por el contrario, me encontraba ante un hombre desastrado, que llevaba dos camisas con cuello, como si se hubiese olvidado de quitarse una antes de ponerse la otra. Iba sin afeitar, tenía el pelo grasiento y andaba con la clásica capa de suciedad que te cubre después de un vuelo transatlántico. En sus ojos se veían motas de un rojo brillante que hacían juego con la rosácea que le manchaba la piel. En conjunto, puedo decir que te hacía pensar en una mezcla de vendedor de coches de segunda mano y un loco. Parecía cansado o aturdido. Pensé que sería cosa del desfase horario.

El ascensor era de esos clásicos ingleses que apenas tienen sitio para dos, por lo que tuve que hacer ímprobos esfuerzos por no tocarle. Yo vestía de un monocromático Dries Van Noten, con unos pantalones azul oscuro y una chaqueta-camisa a juego que daban la sensación de un mono estilo Mao cortado oblicuamente.

—No eres lo que había imaginado… —me dijo medio en broma.

«Tú tampoco es que seas una maravilla, tío», pensé yo.

Se alojaba en una *suite* en el piso superior. Excepto el llamativo papel pintado en una sola de las paredes, la decoración era minimalista y moderna, en fuerte contraste con la vista panorámica de la ciudad medieval que podías contemplar más abajo. Me pareció raro no ver su equipaje por ninguna parte, pero no valía la pena preocuparse por eso. Luego dudé. «Espera, estoy solo en un hotel pijo con un viejo…». Miré la cama gigantesca y luego vi una pequeña botella de crema de manos en la mesita, al lado. «Joder, joder, joder…, ¿me está usando Nix como cebo?»

Me agarré a mi bolso, esperando que el portátil que llevaba dentro fuese lo bastante pesado para darle un buen golpe. En aquel momento, Steve Bannon se acercó al gran sofá que había junto a la cama y me ofreció asiento. Para mi gran alivio, cogió una silla para él y me preguntó si quería agua. Al sentarse, su estómago se derramó por encima de su cintura.

—Nix me ha contado que estás haciendo investigación sobre cambios culturales —me dijo—. Háblame de eso.

Le hablé de que usábamos ordenadores para cuantificar las tendencias culturales y predecir cómo evolucionarían en lugares con riesgo de propiciar conductas extremistas.

—Intentamos vislumbrar el destino de las culturas —dije, intentando resumir décadas de trabajo de teoría computacional y social.

Bannon puso los ojos en blanco.

—Sí, vale, vale. Puedes ahorrarte la paja y decirme qué es lo que hacéis «de verdad».

Hablamos durante cuatro horas, no solo de política, sino también de moda y de cultura, de Foucault, de Judith Butler, feminista de la tercera ola, así como de la naturaleza del yo fracturado. En la superficie, Bannon parecía totalmente predecible (un viejo blanco y heterosexual más), pero hablaba como si estuviera bien informado, cosa que no había esperado en absoluto. De hecho, enseguida me pareció que molaba. Cuando empezamos a intercambiar ideas sobre la forma de medir la cultura, le ofrecí enseñarle algunos de nuestros datos. Abrí un archivo de Tableau y saqué un mapa de Trinidad. Apreté un botón y una capa de puntos color amarillo neón empezó a poblar el mapa.

—Estas son personas reales, por cierto —dije—. Son aquellas de las que tenemos datos demográficos…, género, edad, etnia.

Volví a hacer clic y aparecieron más puntos.

—Y ahora añadimos una huella *online*…, como la exploración en Internet.

Volví a hacer clic.

—Y aquí tenemos los registros con información censal…, y ahora los perfiles de las redes sociales —añadí, y continué sumando capas.

Él se inclinó a mirar. El mapa se iba iluminando cada vez más, con pequeños agrupamientos de puntos que crecían hacia fuera hasta que, tras el clic final, el mapa resplandecía con multitud de colores. Me preguntó quién había pagado para conseguir aquello, pero le contesté que no le podía proporcionar esa información. Cuando empecé a esbozar los tipos de investigación sobre las redes sociales que estaba financiando la DARPA, me preguntó si se podía llevar a cabo algo similar en Estados Unidos.

—No veo por qué no —respondí.

Steve Bannon había nacido en Virginia a principios de los años cincuenta, en una familia católica irlandesa de clase trabajadora. Fue a un instituto católico militar y obtuvo una licenciatura en desarrollo urbano en la Virginia Tech; después sirvió en la marina como oficial de guerra de superficie y obtuvo un puesto en el Pentágono redactando informes sobre el estatus de la flota de la Marina de Estados Unidos en todo el mundo. En los ochenta su vida adquirió un perfil más académico: un máster en 1983 de estudios de seguridad nacional de la Universidad de Georgetown, y un MBA en 1985 de la Harvard Business School. Después de una incursión en la banca de inversiones, pasó a hacer películas en Hollywood como productor ejecutivo, director y guionista. Trabajó en más de treinta películas, incluido un documental sobre Ronald Reagan. En 2005, Bannon entró a trabajar en Internet Gaming Entertainment (IGE), con base en Hong Kong, y al año siguiente hizo una inversión en ella de sesenta millones de dólares, la mitad de los cuales venían de su antiguo empleador, Goldman Sachs. Finalmente, la empresa se rebautizó como Affinity Media Holdings, y Bannon siguió ayudando a llevarla hasta 2012, cuando se unió a Breitbart. A continuación, Bannon cofundó el Instituto de Contabilidad gubernamental, que acabó publicando el libro *Clinton Clash*, de Peter Schweizer, el editor de Breitbart News.

En 2005, el comentarista de derechas Andrew Breitbart puso en marcha Breitbart.com, un agregador de noticias *online*, y en 2007 empezaron a publicar contenido original, como Breitbart News. La web daba cobertura a la personal filosofía de Breitbart, que se había llegado a conocer como Doctrina Breitbart: la política procede de la cultura, y si los conservadores querían tener éxito y reprimir las ideas progresistas en Estados Unidos, tendrían que desafiar primero a la cultura. Y así fue como se fundó Breitbart, no solo para ser una plataforma de noticias, sino también como una herramienta para invertir el flujo de la cultura estadounidense.

Cuando Andrew Breitbart (que había presentado a los Mercer a Bannon) murió repentinamente, en 2012, Bannon ocupó su lugar como editor jefe y asumió su filosofía. En el momento de nuestra primera reunión era presidente ejecutivo de Breitbart, y había llegado a Cambridge en busca de jóvenes conservadores y candidatos prometedores para nutrir el personal de su nueva oficina de Londres. Su intención, como más tarde vimos con el Brexit, era que Gran Bretaña sirviera como importante significante cultural para los estadounidenses. Gánate a los británicos y después caerá Estados Unidos, me dijo Bannon una vez, ya que la mitología de Hollywood había creado una imagen de Gran Bretaña como país de gente educada, racional y con clase. Sin embargo, tenía un problema. A pesar de todo el revuelo que creó la web, acabó encasillada como lugar exclusivo para jóvenes blancos heterosexuales que no conseguían acostarse con nadie. El Gamergate fue una de las instancias más públicas de su guerra cultural: cuando varias mujeres intentaron sacar a la luz la grosera misoginia de la industria de los juegos, fueron acosadas, se revelaron sus datos y se les enviaron numerosas amenazas de muerte, en una masiva campaña contra los «progresistas» que querían imponer su «ideología feminista» en la cultura de los juegos.

El Gamergate no lo instigó Breitbart, pero fue una señal para Bannon, que vio que esos hombres blancos solitarios y furiosos se podían movilizar increíblemente cuando creían que su modo de vida estaba amenazado. Bannon se dio cuenta del poder que tenía cultivar la misoginia de un montón de cachondos vírgenes. Su ira nihilista, sus referencias a los «levantamientos de *betas*» hervían a fuego lento en los rincones escondidos de Internet. Pero cultivar un ejército de *«incels»* (célibes involuntarios) no bastaría para el movimiento con el que fantaseaban. Necesitaba encontrar un nuevo enfoque.

Este fue uno de los momentos más extraños de la serie de Cambridge Analytica: la improvisada conversación en un avión que cambió la historia. Varios meses antes de que conociera a Bannon, dos consultores republicanos, Mark Block y Linda Hansen, estaban sentados junto a un oficial militar que había trabajado como subcontratista para una empresa que utilizó la «guerra cibernética» en las elecciones. Block se quedó dormido durante el vuelo, pero Hansen y su compañero de asiento empezaron a hablar. Él le habló a ella de los proyectos de guerra de información de SCL. Cuando el avión aterrizó, Hansen le dijo a Block que tenían que contactar con Nix. Block, que había sido jefe de campaña de Herman Cain, estaba muy bien conectado con los elementos marginales de los círculos republicanos. Conocía a Bannon y comprendió inmediatamente que SCL sería muy interesante para él. De modo que Block conectó a Bannon con Nix, y yo aparecí en aquella *suite* de hotel y me reuní con el hombre que más tarde llevaría a cabo una manipulación masiva de la psique estadounidense.

En el momento en que yo entraba por las puertas del hotel Varsity, Nix ya se había reunido con Bannon varias veces en Nueva York. Pero cuando Nix intentó explicar nuestros proyectos, se encontró con un problema: en realidad, no entendía en qué estábamos trabajando. Estaba en un territorio muy poco familiar con Bannon, que se preocupaba más por los detalles de la investigación que por el pedigrí de los investigadores. En el interior de SCL, los otros directores habían relegado a Nix a tratar con los clientes «menos serios». Nix se volvió más activo en la empresa después de morir su padre, que era un gran accionista, en 2007. Se había graduado con notas medianas en Historia del Arte en la Universidad de Mánchester, pero prefería las diversas empresas de amigos ricos y familiares a galerías o bibliotecas.

Bannon no era un cliente típico para Nix, que estaba mucho más acostumbrado a tratar con ministros u hombres de negocios de las naciones en desarrollo del antiguo Imperio británico. Bannon no necesitaba un segundo pasaporte de una nación tropical. No buscaba un juego de disfraces colonial en Londres, y no le preocupaba la pronunciación de Nix ni el corte de su traje a medida. Bannon quería cosas «reales». Era profundamente desconcertante para un hombre acostumbrado a seducir a ministros con mujeres ucranianas poco vestidas y bromas etílicas etonianas.

En un principio, Nix sugirió a Bannon que se reunieran en algún lugar de Pall Mall, de Londres, una calle con grandes edificios de piedra. Un par de manzanas al norte de Buckingham Palace, Pall Mall empieza en la plaza Trafalgar y acaba en el palacio de St. James, la residencia del siglo XVI de varios miembros de la familia real. En la zona hay algunos de los exclusivos clubes privados para caballeros, donde lo habitual es la corbata negra y donde Nix socializaba con sus pares, tomando bebidas en un entorno opulento. Nix se había imaginado una cena muy sofisticada en un comedor privado del club Carlton, planeando meticulosamente el menú y los camareros, y le rechazaron en el último momento.

Aun así, Nix sabía que todo el mundo, incluido Bannon, sufre los anhelos de un yo secreto frustrado. Se dio cuenta de que aquel estadounidense estaba paseando por las antiguas universidades de Inglaterra para representar un papel: cuando Bannon se miraba en el espejo, veía a un filósofo. Para convencerle, Nix necesitaría ayudarle a conseguir su fantasía de convertirse en un pensador de altos vuelos. Y, por tanto, mi enfoque «académico» era justo lo que necesitaba para seducir a Bannon y que entrase en el juego.

Hoy en día, Bannon es famoso, pero cuando estábamos allí sentados, en aquella habitación de hotel, en el otoño de 2013, yo no sabía prácticamente nada de «Steve, de Estados Unidos». Aun así, enseguida me di cuenta de que éramos espíritus afines. Habíamos acabado en política, pero nuestra pasión compartida era la cultura; él tenía ambiciones en el mundo del cine; yo, en el de la moda. A él le parecía bien mi interés por deconstruir las tendencias. Además, estaba de acuerdo en que muchas de nuestras normas sociales podrían reducirse a la estética. Por otro lado, ambos veíamos lo que estaba bullendo en los espacios de la tecnología y en el mundo *online*. Él hablaba de *gamers*, de memes, de MMORPG (juegos *online* como *World of Warcraft,* con enormes números de jugadores). Usó la palabra *pwned* en una frase, que es una expresión de los *gamers* que implica la dominación o humillación de un rival. Conectamos en las cosas que nos hacían raros. Y mientras estábamos allí sentados hablando, me encontré cada vez más cómodo con él. No era un escritorzuelo político, sino un compañero *nerd* que podía hablar con libertad.

Cuando Bannon me dijo que estaba interesado en cambiar la cultura, yo le pregunté cómo definía cultura. Se hizo una larga pausa. Le dije que si no se puede definir algo, no se puede medir. Y si no se puede medir, no puedes saber si está cambiando o no.

En lugar de ahondar en la teoría, puse a Bannon un ejemplo groseramente simplificado de lo que es la cultura, usando estereotipos culturales. Los italianos tienen la reputación de ser más apasionados y extrovertidos que otras personas. (Salí con uno, así que puedo atestiguar que hay algo de verdad en ello). Y aunque es obvio que no todos los italianos son chillones y no todos desbordan de pasión, si visitas Italia, probablemente encontrarás más gente extrovertida que si vas, por ejemplo, a Alemania o Singapur. Se puede pensar «norma»… El pico en una curva en forma de campana que haga referencia a la extroversión o a la estridencia. Y quizás Italia suba un poco más en la escala que otros países.

Cuando describimos las culturas, usamos el lenguaje y el vocabulario de la personalidad. Empleamos las mismas palabras tanto para describir a los «pueblos» como a las «personas». Por una parte, no podemos estereotiparlo todo individualmente, porque cada persona es distinta. Pero, por otro lado, podemos decir que, en un sentido amplio, la cultura italiana se puede caracterizar por ser un poco más ruidosa que muchas otras.

Si podemos medir o inferir ciertos rasgos en los individuos usando datos personales, y luego emplear esos mismos rasgos para describir una cultura, podemos trazar una distribución y crear una medición aproximada de esa cultura. Ese marco hacía posible que propusiéramos usar los datos personales encontrados en las redes sociales, en las secuencias de clics o en vendedores de datos para identificar, por ejemplo, quiénes son los italianos más extrovertidos, a través de sus modelos de conducta como consumidores y usuarios. En ese sentido, si uno quiere cambiar la cultura para hacerla ligeramente menos extrovertida, esos datos nos darán una lista de italianos con nombres reales, ordenados por sus grados de extroversión, a quienes podemos seguir y en quienes podemos centrarnos a lo largo del tiempo para intentar socavar su extroversión. En otras palabras, los cambios culturales se pueden concebir como un empujoncito a la curva de distribución de la cultura hacia arriba o hacia abajo. Lo que los datos nos permitían hacer era desagregar la cultura en individuos, que se convertían en unidades movibles de esa sociedad.

A Bannon le gustaba hablar. Sin embargo, cuando yo trataba un tema que le interesaba, se quedaba callado e incluso se mostraba deferente. Pero también estaba ansioso de volver a las aplicaciones. Para comprender cómo se podría convertir todo aquello en una campaña práctica, hay que pensar en la salud pública. Cuando una enfermedad contagiosa amenaza a una población, se inmunizan primero determinados vectores, normalmente bebés y ancianos, ya que son los más susceptibles a la infección. Luego, enfermeras y médicos, profesores y conductores de autobús, ya que es más probable que transmitan el contagio por sus interacciones sociales, aunque no sucumban ellos mismos a la enfermedad. El mismo tipo de estrategia podría ayudar a cambiar la cultura. Para lograr que una población sea más resistente al extremismo, por ejemplo, primero hay que identificar qué personas son susceptibles a unos mensajes instrumentalizados, determinar los rasgos que los hacen más vulnerables al contagio narrativo, y más tarde centrarse en ellos con una contranarrativa inoculadora en un esfuerzo por cambiar su conducta. En teoría, por supuesto, la misma estrategia se podría utilizar al revés, para alentar el extremismo... Sin embargo, yo jamás había pensado en semejante cosa.

El objetivo de *hackear* es encontrar un punto débil en un sistema y luego explotar esa vulnerabilidad. En la guerra psicológica, los puntos débiles son fallos en la manera de pensar de la gente. Si intentas influir en la mente de una persona, necesitas identificar los «sesgos cognitivos» y luego explotarlos. Si te acercas a alguien cualquiera por la calle y le preguntas: «¿Eres feliz?», existen muchas posibilidades de que te diga que sí. Sin embargo, si te acercas a esa misma persona y le preguntas primero: «¿Has subido de peso en los últimos años?», o bien «¿Las personas con las que ibas al instituto han tenido el mismo éxito que tú?», y luego les preguntas «¿Eres feliz?», esa misma persona estará menos inclinada a responder que sí. Nada en su situación o su historia personal habrá cambiado en realidad. Pero su «percepción» de su vida sí que lo habrá hecho. ¿Por qué? Porque una parte de información en su mente pesará más que otras.

Lo que manipulábamos como encuestadores era cómo sopesaba el sujeto toda esa información, cosa que a su vez afectaba a su juicio de esa información. Nosotros sesgamos su modelo mental de lo que era su vida. ¿Qué respuesta es más cierta, entonces? ¿Es feliz o no es feliz? La respuesta depende de qué información se coloca en la parte delantera de su mente. En psicología, a esto se le llama «primado». Y así es, en esencia, como se instrumentalizan los datos: se calcula qué fragmento de información destacada se coloca delante, cosa que afecta a cómo siente una persona, en qué cree y cómo se comporta.

A menos que sus padres sean vulcanos en secreto, nadie en este mundo es un pensador puro y racional. A todos nos afectan los sesgos cognitivos, esto es, los errores comunes de nuestro pensamiento y que generan interpretaciones imperfectas y subjetivas de información. Es completamente normal que las personas procesen la información sesgadamente (de hecho, todo el mundo lo hace). A menudo, en la vida diaria, esos sesgos son inofensivos. No son casuales en cada persona. Más bien son errores sistemáticos, es decir, que crean modelos en formas comunes de pensamiento irracional. De hecho, en el campo de la psicología, se han identificado miles de sesgos cognitivos. Algunos de ellos son tan comunes y aparentemente intuitivos que para la persona en concreto puede resultar muy difícil reconocer que está actuando irracionalmente.

Por ejemplo, los psicólogos Amos Tversky y Daniel Kahneman llevaron a cabo un estudio que hacía a los participantes una pregunta muy sencilla: «Suponga que elige usted una palabra al azar en un texto en inglés. ¿Es más probable que la palabra empiece con k, o que k sea la tercera letra?». La mayoría de la gente respondía lo primero, que son más probables las palabras que empiezan con k, como, por ejemplo, *kitchen*, *kite* o *kilometer*. Sin embargo lo cierto es todo lo contrario; en realidad, es dos veces más probable en un texto normal en inglés encontrar palabras cuya tercera letra sea la k, como *ask*, *like*, *make*, *joke*, *take*... Hicieron pruebas similares para cinco letras (*k, l, n, r o v*). Para la gente, es más fácil pensar en las palabras según su primera letra, porque nos han enseñado a organizar o alfabetizarlas según su primera letra. Sin embargo, la gente confunde esa facilidad de recordar con la frecuencia o la probabilidad, aunque esté bien lejos de la verdad. Ese sesgo cognitivo se llama la «disponibilidad heurística», y es justamente uno de los muchos sesgos que afectan a nuestro pensamiento. Debido a ese sesgo, por ejemplo, la gente que ve más noticias de asesinatos violentos en las noticias tiende a pensar que la sociedad se está volviendo más violenta, cuando, de hecho, las tasas de asesinatos en todo el mundo llevan declinando el último cuarto de siglo.

Yo había estado analizando todas estas ideas basándome en mis experiencias en política, luego en moda, y más tarde en la guerra informativa. El extremismo político, por ejemplo, es una actividad cultural con paralelismos en la moda: ambas se basan en cómo prolifera la información cultural a través de los nodos de una red. El auge del yihadismo y la popularidad de los Crocs pueden pensarse como producto de flujos de información. Cuan-

91

do empecé mi investigación en información cultural para el trabajo de contra extremismo de SCL, utilicé conceptos, enfoques y herramientas similares a aquellos que estaba explorando en previsiones de moda: adopción de ciclos, tasas de difusión, homofilia en red, etc. Ambos trabajos intentaban anticipar cómo el público internalizaría y luego difundiría la información cultural, ya fuese en relación con el culto a la muerte o, simplemente, con la elección del guardarropa.

Bannon captó todo esto de inmediato. Incluso llegó a decirme que creía, como yo, que la política y la moda son esencialmente productos del mismo fenómeno. Era obvio que trataba la recogida de información de una forma muy amplia y profunda. Sin duda, una característica poco común en la gente que está metida en política. Y eso es lo que lo hace tan poderoso. Como supe después, Bannon lee sobre feminismo interseccional o acerca de la fluidez de la identidad, pero no porque esté abierto a tales ideas, sino porque quiere invertirlas…, identificar lo que la gente se adscribe a sí misma y luego instrumentalizarlo. Lo que no sabía aquel día era que Bannon quería provocar una guerra cultural. Así pues, había acudido a la gente especializada en armas informativas para que le ayudaran a construir su arsenal.

Bannon y yo estábamos claramente en la misma longitud de onda. Aquel día, la conversación fluyó con tal naturalidad que me sentí como si estuviéramos flirteando. Obviamente, no era así: habría sido muy burdo. Sin embargo, intelectualmente formábamos buena pareja. Salí de aquella reunión con la moral muy alta. Me sentí validado por alguien que se había tomado el tiempo de escucharme. Cuando le conocí, me pareció un hombre muy razonable, incluso agradable. Le gustaba aprender nuevas ideas y se emocionaba con sus posibilidades. Pero lo que más me sorprendió es que aquel tipo fuera un experto cultural y un *nerd* tecnológico. Me di cuenta de que tenía una veta «libertaria», pero la verdad es que no hablamos mucho de política.

Entonces recordé que había perdido la cartera. Llamé a Nix para decirle cómo había ido todo y que necesitaba otro billete de tren.

—Chris, estoy ocupado, arréglatelas tú solito.

ϒ

El interés de Bannon por nuestro trabajo no era puramente académico, sino que tenía grandes ideas para SCL. Le habló a Nix de un importante financiero de derechas a quien se podía convencer para que hiciese una inversión en la empresa. Para ser un millonario, Robert Mercer era extraño. Se había sacado un doctorado en informática a principios de los setenta, y luego se convirtió en un mecanismo más en la rueda de IBM, durante veintitantos años. En 1993 se unió a un fondo de cobertura llamado Renaissance Technologies, donde usó la ciencia de datos y los algoritmos para conformar sus inversiones... Así ganó una enorme cantidad de dinero. Mercer no era uno de esos tipos que se dedican al trapicheo y compran y venden negocios frenéticamente. Era un ingeniero más que introvertido que aplicaba sus habilidades técnicas muy específicamente al arte y a la ciencia de hacer dinero.

A lo largo de los años, Mercer había donado millones de dólares a campañas conservadoras. También había creado la Fundación Familia Mercer, que llevaba su hija, de treinta y nueve años, Rebekah, y que originalmente apoyaba la investigación y a organizaciones benéficas; sin embargo, también había empezado a hacer donaciones a grupos benéficos implicados políticamente. Su riqueza y su influencia le colocaban entre los hermanos Koch y Sheldon Adelson en el panteón de los donantes republicanos. La noticia de que Mercer podría estar dispuesto a invertir en SCL hizo salivar a Nix. Su perfil era de los que agitan al sector financiero. Renaissance era uno de los fondos de cobertura de mejor rendimiento en toda la industria, y Mercer había construido la firma evitando los entornos financieros tradicionales. Por el contrario, él había contratado a físicos, matemáticos y científicos para que crearan los algoritmos de su empresa. Sin embargo, Mercer, al parecer, quería que nosotros intentásemos una versión aún más ambiciosa de la disrupción provechosa. Haciendo perfiles de todos los ciudadanos de un país, atribuyéndoles sus personalidades y sus conductas únicas, y colocando esos perfiles en una simulación informática de esa sociedad (creada dentro de un ordenador) construiríamos el primer prototipo de sociedad artificial. Si podíamos jugar con

93

una economía o una cultura en una simulación de agentes artificiales con los mismos rasgos que las «personas reales» a las que representaban, seguramente crearíamos la herramienta de inteligencia de mercado más poderosa jamás imaginada. Además, si añadíamos señales culturales cuantificadas, rayaríamos ya con una nueva zona de algo afín a las «finanzas culturales». Pensábamos que, si lo hacíamos bien, podríamos realizar simulaciones de distintos futuros de sociedades enteras. Nada de cortocircuitar empresas; había que pensar en la economía en su conjunto.

Resultó que lo que Mercer tenía en mente iba más allá de la economía, pero en aquel momento estábamos centrados en demostrar lo que SCL era capaz de hacer. Después de deliberar un poco, Bannon decidió que debíamos hacer una prueba de concepto en Virginia, que parecía un buen microcosmos de Estados Unidos. Es un poco norteña y un poco sureña. Tiene montañas y zonas costeras, ciudades militares, barrios residenciales ricos en la capital, zonas rurales y granjas, y una muestra representativa de ricos y pobres, negros y blancos. El experimento de Virginia marcaría la primera vez que jugásemos con datos de Estados Unidos. Como ya había hecho con el LPC y los Lib Dem, empezamos con una investigación cualitativa, a base de conversaciones desestructuradas y abiertas con gente local. Nadie del equipo de SCL era estadounidense. En realidad, no sabíamos nada de Virginia (a mí me era tan ajena como Ghana). Obviamente, lo primero era visitar el estado y hablar con la gente, enterarnos de cómo percibían el mundo y qué les importaba. No podíamos generar preguntas hasta habernos presentado, a su manera y en su entorno. En cuanto supiéramos un poco más sobre lo que preocupaba a los habitantes de Virginia y acerca de cómo se tomaban las cosas, podríamos estructurar unas preguntas específicas para una investigación cuantitativa. La política y la cultura están tan entremezcladas que normalmente no se puede estudiar la una sin la otra.

Así pues, junto con Mark Gettleson, Brent Clickard y unos pocos más, volé a Estados Unidos y llegué a Virginia en octubre de 2013, poco antes de unas elecciones estatales. Una de las cosas que oímos en los grupos focales era que había una gran preocupación por el candidato republicano para gobernador, el antiguo fiscal general del estado Ken Cuccinelli. Era un tipo muy de derechas que defendía iniciativas para hacer retroceder los derechos de los homosexuales y luchar contra las protecciones medioambientales. El Partido Republicano de Virginia tiene un enorme bloque de votantes cristianos evangélicos, y Cuccinelli los necesitaba, si quería ganar. Pero como descubrimos en nuestra investigación, perseguía con tanto celo sus votos que se pasó de la raya.

Una de las iniciativas de Cuccinelli era pedirle al tribunal federal que revisara su fallo sobre la ley de «Crímenes contra la Naturaleza». Aprobada originalmente en 1950 y revocada en 2013 por el Cuarto Tribunal de Circuito de Apelaciones (a la luz de una decisión de 2003 del Tribunal Supremo de descriminalizar la actividad sexual entre adultos consentidores), el estatuto técnicamente prohibía el sexo oral y el sexo anal. Cuccinelli argumentaba que se necesitaba aquella ley para combatir la pedofilia. Sobre el papel, me recordaba a los políticos locos que habíamos conocido en algunas partes de África, obsesionados por los homosexuales y sus pecados de alcoba. Sin embargo, lo cierto es que puedes encontrar extremistas y gente rara en todas partes, incluso en la parte blanca de Estados Unidos.

La gente de nuestros grupos focales (sobre todo los hombres estadounidenses heterosexuales de pelo en pecho) decían que aquella idea les parecía muy extraña. Prohibir el rollo homosexual les parecía bien, claro, pero ¿por qué no prohibir «todo» el sexo no procreativo? ¿Por qué se oponía tanto Cuccinelli a las mamadas? Sinceramente, ¿no se estaba pasando de la raya? Esos tíos no querían que Cuccinelli se saliera con la suya, ¿y quién podía echarles la culpa? Como seguimos oyendo hablar mucho del tema, decidimos hacer un experimento.

En el modelo de personalidades de cinco factores, los conservadores tienden a mostrar una combinación de dos rasgos: baja apertura y elevada responsabilidad. Generalmente, los republicanos no se muestran muy abiertos a buscar novedades o a expresar curiosidad por nuevas experiencias (los casos de gente en el armario eran la obvia excepción). Al mismo tiempo, favorecen la estructura y el orden, y no les gustan las sorpresas. Los demócratas son más abiertos, pero también menos responsables. En parte, por eso los debates políticos suelen centrarse en la conducta, y en el foco de la responsabilidad personal.

Nuestra investigación cualitativa nos dijo, entre otras muchas cosas, que los republicanos de Virginia tenían una reacción de rechazo contra la obsesión de Cuccinelli con las felaciones. Y las pruebas psicométricas también apuntaban a que a los republicanos no les gusta lo impredecible. ¿No podíamos crear una estrategia usando esas dos observaciones, para mover la aguja de la opinión sobre Cuccinelli?

Fue entonces cuando surgió la brillantez de Gettleson. Estaba especialmente fascinado por los votantes tipo macho alfa, y el interrogante de la relación de Cuccinelli con ellos, pero también sabía que sería difícil encontrar una solución en términos de mensaje. Así pues, se centró en el aspecto de la rareza. La gente reaccionaba con rechazo porque pensaban que Cuccinelli se estaba comportando de una manera muy rara. Pero ¿y si el propio mensaje reconocía ese hecho? Decidimos probar un mensaje que afirmaba, sencillamente: «Quizá no estés de acuerdo, pero, al menos, sabes qué opinión tengo».

De esa forma, aunque la gente pensara que su postura era una locura, al menos se podía presentar como una locura predecible, ordenada.

Convocamos grupos focales, paneles *online* y pruebas de anuncio digitales para probar el eslogan, y sobresalió mucho por encima de los demás mensajes que probamos, aunque, en realidad, no tuviera sentido. Aquello fue una gran iluminación: podíamos influir en las opiniones de los votantes modificando el mensaje del candidato para que se ajustara a sus pruebas psicométricas. Y como muchos republicanos mostraban esos rasgos de personalidad, ese mecanismo estructural (yo soy quien soy, y tú sabes lo que pienso) probablemente funcionaría también para otros republicanos. Esa estrategia da mejor resultado entre los que han puntuado más alto en responsabilidad, y que no estaban seguros de Cuccinelli. Para ellos, Cuccinelli quedaba enmarcado como «más vale malo conocido», y situaban su notable «extravagancia» como una extravagancia que, al menos, era fiable.

Los republicanos pueden aceptar a un candidato que esté como una cabra «mientras su locura sea coherente». Tal hallazgo dio forma posteriormente a casi todo lo que hizo Cambridge Analytica. A partir de ahí, por supuesto, solo hay un paso de distancia para que un candidato alardee de lo que quiera (por ejemplo, de que sería capaz de pegarle un tiro a alguien en mitad de la Quinta Avenida) y, aun así, la gente le siga apoyando.

En el curso de nuestro experimento, recogimos muchísima información personal sobre la gente de Virginia. Era muy fácil obtenerla: simplemente, comprábamos el acceso a ella a través de vendedores de datos como Experian, Acxiom y empresas especializadas con listas de iglesias evangélicas, empresas de comunicación y así sucesivamente. Incluso los Gobiernos de algunos estados te venden listas de cazadores, pescadores o gente que tiene licencia de armas. ¿Se preocupaban las agencias gubernamentales o se molestaban incluso en preguntar adónde iban esos datos de sus ciudadanos? Pues no. Podríamos haber sido defraudadores o espías extranjeros: habría dado lo mismo.

La mayoría de la gente sabe que Experian es una empresa que informa de los créditos al consumo. Así es como empezó, calculando los puntos de crédito basándose en una diversidad de datos financieros. La empresa recogía información de una amplia gama de fuentes: afiliados a una compañía aérea, empresas de comunicación, organizaciones benéficas, incluso parques de atracciones. También recogía información de agencias del Gobierno como la DMV, licencias de caza y pesca, y licencias de armas. Mientras compilaba esos detallados perfiles, la empresa se dio cuenta de que podía hacer un dinero extra usándolos para *marketing*.

En los años noventa, los estrategas políticos empezaron a comprar información personal para usarla en campañas. Piénselo: si sabe qué tipo de coche o de furgoneta conduce una persona, dónde caza, a qué organizaciones benéficas ha hecho donaciones y a qué revistas está suscrito, puede empezar a hacer un retrato de esa persona. Muchos demócratas y republicanos tienen un aspecto muy concreto. Y este queda captado en su instantánea de datos. Así pues, se puede focalizar a los posibles votantes basándose en esa información.

97

También tuvimos acceso a los datos del censo. A diferencia de los países desarrollados con unos controles de privacidad menos estrictos, el Gobierno de Estados Unidos no proporciona datos en bruto sobre individuos específicos, pero se puede conseguir esa información en los condados o incluso en los barrios, datos que hacen referencia a la criminalidad, la obesidad y las enfermedades como la diabetes o el asma. Lo normal es que un bloque de censo contenga de unas seiscientas a tres mil personas. Así pues, combinando muchas fuentes de datos, podemos construir modelos que infieran esos atributos de los individuos. Por ejemplo, en lo referente a los factores de riesgo o de protección para la diabetes, como edad, raza, ubicación, ingresos, interés por la comida sana, preferencia de restaurantes, ser socio de un gimnasio y haber usado en el pasado productos para la pérdida de peso (todo lo cual está disponible en la mayoría de los archivos de consumo de Estados Unidos), podríamos combinar tales datos con estadísticas agrupadas sobre las tasas de diabetes de una población. Entonces podríamos crear una puntuación de cada persona en un vecindario dado, midiendo la probabilidad de que tengan un problema de salud como la diabetes…, aunque el censo o el archivo de consumidores nunca proporcionase directamente esos datos por sí solo.

Gettleson y yo pasamos horas explorando combinaciones azarosas y extrañas de atributos. ¿Había personas que tenían licencia de armas, pero que al mismo tiempo pertenecían a la Unión Americana de Libertades Civiles? ¿Había quien tenía un abono de temporada para una sinfónica, y fuera miembro de la Asociación Nacional del Rifle de toda la vida? ¿Hay republicanos homosexuales? Cierto día nos encontramos preguntándonos si había donantes a las iglesias antihomosexuales que también comprasen en tiendas de comida orgánica. Hicimos una investigación sobre los conjuntos de datos de consumo que habíamos adquirido para el piloto y encontramos a un puñado de gente cuyos datos demostraban que sí, que hacían esas dos cosas.

Al instante quise conocer a una de esas criaturas míticas, en parte porque tenía curiosidad, pero también porque quería asegurarme de que nuestros datos eran correctos. Sacamos los nombres que aparecían y los enviamos a un centro de llamadas, donde unos agentes telefonearon a cada una de las personas para preguntarles si querrían reunirse con un investigador para responder a algunas preguntas. La mayoría dijo que no, pero una mujer sí que accedió…, y no podía esperar a conocerla. Sus hábitos de consumo parecían contradictorios: compraba en tiendas de comida orgánica, le interesaba el yoga, pero también era miembro de una iglesia antihomosexuales y donante de asociaciones benéficas de derechas… Eso me hizo sospechar que, o bien nuestros datos no eran precisos, o bien esa persona estaba entre los personajes más fascinantes de Estados Unidos.

Los datos de aquella mujer me llevaron hasta un modesto dúplex de las afueras del condado de Fairfax. Dudé por un momento. «¿No será muy raro todo esto?» Pero ya había llegado hasta allí, de modo que me acerqué a la puerta y llamé al timbre. Oí unas campanitas que sonaban por encima de mi cabeza. Y entonces una mujer rubia y desenfadada, con el pelo liso, abrió la puerta y casi me salta encima.

—¡*Holaaaaa*! ¡Pasad!

Cuando entramos en su casa, vi que llevaba unos pantalones de yoga Lululemon, de verdad. Me hizo pasar a su salón, que olía a incienso y donde había estatuas de Buda y del dios hindú Ganesa, el que tiene la cabeza de elefante. Luego vi un crucifijo en la pared. Aquello era increíble.

Me ofreció un vaso de té kombucha casero, que acepté. En la cocina, abrió una jarra grande con «algo» dentro y sirvió un líquido muy fuerte y ligeramente coagulado en un vaso.

—Es muy probiótico.

—Sí, claro, ya se nota —respondí, mirando los trozos de cosas que flotaban en el vaso.

Cuando empezó la conversación, se expresó en términos *new age*, hablando de «alinear sus energías positivas», inspirada, sin duda, por el Deepak Chopra que veía en su estantería. Sin embargo, cuando empezamos a hablar de moral, cambió a unos puntos de vista evangélicos incendiarios, sobre todo al hablar de los homosexuales, que ella «sabía» positivamente que iban a ir derechitos al Infierno… Pero incluso la forma que tenía de expresar esa creencia era una amalgama extraña: decía que ser homosexual era como tener un bloqueo en tu energía…, un bloqueo pecador. Me evangelizó durante dos horas mientras yo tomaba notas. Fue como participar en una especie de sesión de terapia muy loca.

Salí de aquel encuentro lleno de ideas. Sentía como si hubiera dado con algo importante, porque ¿cómo demonios podía clasificar un encuestador a aquella mujer? Eso me convenció de que necesitaba invertir más esfuerzos en comprender los matices que hay detrás de la demografía. Una vez conocí a la primatóloga Jane Goodall, que me dijo algo que nunca se me olvidará. Hablando con ella en una recepción, le pregunté por qué investigaba a los primates en la naturaleza, en lugar de llevarlos a un laboratorio controlado. Era muy sencillo: porque ellos no viven en laboratorios. Y los humanos tampoco. Si queremos entender a la gente «de verdad», tenemos que recordar siempre que viven fuera de los conjuntos de datos.

Es sorprendente lo fácil que resulta sentirse atraído por algo que te interesa. Éramos unos contratistas militares británicos que trabajábamos con grandes ideas, con un equipo creciente compuesto por científicos de datos e investigadores sociales sobre todo homosexuales y liberales. ¿Por qué entonces habíamos empezado a trabajar con esa mezcla excéntrica de directivos de fondos de cobertura, científicos informáticos y un tipo que dirigía una web de derechas? «Porque la idea era genial.» Con carta blanca para estudiar algo tan abstracto y fluido como la cultura, podíamos estar abriendo un nuevo campo de investigación de la sociedad. Si poníamos a la sociedad en un ordenador, lograríamos cuantificarlo todo y encapsular en un procesador problemas como la pobreza y la violencia étnica. De hecho, seríamos capaces de hacer simulaciones para arreglar esos problemas. E igual que aquella mujer no veía las contradicciones de sus ídolos, yo tampoco la veía en lo que estaba haciendo.

5

Cambridge Analytica

En el curso de las visitas a hogares y grupos focales en el otoño de 2013, averiguamos que Virginia suponía una excelente muestra de la vida estadounidense. Hicimos una gira desde Fairfax a través de la parte media del estado, y luego fuimos a Norfolk y Virginia Beach, donde nos detuvimos en bares locales y restaurantes caseros. De ellos, nos gustaban tanto el ambiente como los alimentos. En realidad, se puede aprender mucho viendo cómo come, bebe y habla la gente. El té dulce y determinados alimentos empezaron a obsesionarnos cuando descubrimos su significado cultural. Si el sur de Estados Unidos estaba tradicionalmente limitado por la antigua línea Mason-Dixon, que marcaba la frontera entre los propietarios de esclavos y los estados libres, una división distinta cortaba la Virginia contemporánea: los restaurantes del norte servían té sin azúcar; los del sur, dulce. Ahí empezaba el «auténtico sur», nos informaban los locales, en la Línea del Té Dulce, no justo al sur de la Mason-Dixon, sino mucho más al sur de Richmond.

Mi actividad favorita era ver y escuchar a los estadounidenses que accedían a dejarnos pasar el tiempo con ellos. Yo me sentaba en el sofá y escuchaba disimuladamente a la gente hablar de sus cosas, o de lo que habían oído en la radio, o de política. Los observaba viendo Fox News y notaba lo furiosos que se ponían (como yo venía de un país donde no existe Fox News, era una de las cosas más interesantes que podía contemplar). Era algo muy extraño, como si estuvieran ahí sentados esperando a sentirse insultados por lo que les habían hecho «las élites» aquel día. Si ponían la Fox, su rabia se volvía palpable. A veces me parecía presenciar una sesión de terapia, como cuando la gente rompe cosas en una «habitación de la rabia», después de una semana llena de frustración. Era la reacción contraria a la que solía ver cuando mis amigos daban con Fox News. Recordaba haber oído decir a Alistair Carmichael, con la cara roja, refiriéndose a un chillón corresponsal de Fox News, que era un auténtico «caraculo».

Una pareja me habló de los miles de dólares que debían por la cuota de su póliza de seguro sanitario, y que a veces escatimaban en medicamentos porque tenían que pagar una reparación del coche. Accedieron a hacer la entrevista porque los cien dólares que iban a recibir los ayudarían a cubrir los costes del mes siguiente. Pero ¿a quién echaban la culpa del coste de ese seguro? No a que su jefe tuviera un mal plan sanitario, o a tener un sueldo precario… No, ellos culpaban al Obamacare. Estaban convencidos de que se creó solo para ayudar a que vinieran a Estados Unidos más trabajadores indocumentados, en un gran plan de ingeniería liberal social para mantener a los demócratas en el poder a través de muchos más votantes latinos, que apoyaban a los demócratas y que encarecían los seguros y los hospitales (según creían).

Si el día no había ido muy bien, después de esa «habitación de la rabia» que proporcionaba la Fox News, la gente se sentía mejor. Podían refunfuñar y desfogar su estrés. En definitiva, sus problemas en el trabajo o en casa eran siempre culpa de los demás. Sus luchas podían ser totalmente externalizadas, cosa que les ahorraba la cruda realidad de que quizá sus jefes no los valoraban lo suficiente como para pagarles un sueldo con el que ganarse la vida. Tal vez fuera demasiado doloroso admitir que alguien a quien veían cada día se estaba aprovechando de ellos, y no tanto ese enemigo sin rostro que eran el Obamacare y los «ilegales».

Ese fue el mayor contacto que tuve con Fox News. Lo único que pensé fue que la cadena estaba condicionando la sensación de identidad de la gente y los estaba llevando hacia algo que podía instrumentalizarse. Fox genera ira con sus narrativas hiperbólicas porque la ira perturba la capacidad de buscar, racionalizar y sopesar información. Eso conduce a lo que se llama «heurística de la afectividad», a través de la cual la gente usa atajos mentales significativamente influidos por la emoción. Es el mismo sesgo que, movidos por la ira, nos hace decir cosas que luego lamentamos. Es el calor del momento. En realidad, se piensa distinto.

Con la guardia baja, a la audiencia de la Fox se le dice que forma parte de un grupo de «estadounidenses normales». Una identidad que se machaca una y otra vez. Por eso hay tantas referencias al «nosotros» y por eso los moderadores tantas veces se dirigen directamente a la audiencia. De forma constante, se le recuerda que si eres un auténtico «estadounidense normal», lo que piensas, es decir, lo que pensamos «nosotros», es tal y cual cosa. Y así se prepara a la gente para un «razonamiento motivado por la identidad», que es un sesgo que esencialmente hace que aceptemos o rechacemos información basándonos en si sirve o no para construir o amenazar la identidad del grupo, en lugar de según los méritos del contenido. Ese razonamiento motivado hace que los demócratas y los republicanos puedan ver exactamente el mismo programa de noticias y llegar a conclusiones opuestas.

103

En ese momento, empecé a comprender que Fox funciona porque injerta una identidad en la mente de los espectadores, que empiezan a interpretar un debate sobre distintas ideas como un «ataque a su identidad». A su vez, esto desencadena un «efecto reactancia»: los puntos de vista alternativos, en realidad, fortalecen la afirmación de la audiencia en su creencia original, porque los sienten como una amenaza a su libertad personal. Cuanto más criticaban los demócratas el anzuelo de la Fox, más se empecinaba la audiencia en sus puntos de vista y más furiosos se ponían. De ese modo, por ejemplo, los espectadores podían rechazar las críticas al racismo de Donald Trump entendiendo esa crítica como un ataque a «su propia identidad», en lugar de tomarse como una crítica al candidato. Y todo esto tiene un efecto insidioso: cuantos más debates hay, más se arraigan los prejuicios en la audiencia.

Haciendo esta investigación, también empecé a ver a los blancos con carencias sociales y económicas de una forma distinta. Estaba claro que lo que sustenta el sentimiento racista y xenófobo es una sensación de verse amenazado, reforzada por constantes «advertencias» surgidas de fuentes como la Fox News. Uno de los problemas que observé en los debates de temas políticos en los canales de cable estadounidenses es la falta de matices a la hora de etiquetar a los tipos de votantes. Votantes blancos, votantes latinos, votantes mujeres, votantes de barrio residencial, etc. Todos se nombran frecuentemente como grupos unidimensionales y monolíticos, cuando, de hecho, los aspectos más importantes de la identidad de muchos votantes no responden realmente a las etiquetas que les adjudican encuestadores, analistas o consultores. Y esto, a su vez, distancia a determinadas personas. Si eres un hombre blanco que vive en una caravana, por ejemplo, probablemente te pondrás muy furioso cuando aparezcan en televisión personas que insisten en que los blancos son los superprivilegiados del país. Si te has criado usando un váter al aire libre, probablemente no tendrás demasiada tolerancia ante la discusión de si la gente trans debe o no usar los baños que elija. Si eres de clase media-baja y ves a una persona negra en la asistencia social, no resultará sorprendente que tu actitud sea: «Bueno, ¿y qué pasa con "mi" asistencia?», si vives en un estado que te ha estado negando las ayudas continuamente. Con esto no intento defender tales puntos de vista. No obstante, si queremos comprenderlos, tenemos que mantenernos abiertos a otras perspectivas, incluso las más desagradables.

En nuestra primera exploración de la cultura estadounidense, examinamos dos zonas que pensamos que podrían representar un buen papel en esta disonancia social. Primero buscábamos si había una sensación de «amenaza a la identidad social» que estuviera alimentando algunos de esos puntos de vista. La segunda zona estaba relacionada, pero era ligeramente distinta. Una falacia lógica común en la que se suele caer es ver el mundo como un juego de suma cero de ganadores y perdedores. Esa lógica viciada alienta la percepción de que, si se presta atención a otros grupos, eso redundará en que se preste menos atención a las personas como ellos. En todo caso, las minorías parecen ser «amenazas», a la identidad o a los recursos. Siguiendo tal hipótesis de un sentido subyacente de la amenaza, queríamos ver si podíamos mitigar algunos de esos sentimientos, y lo haríamos tratando de reducir la sensación de amenaza. Le decíamos a la gente de un estudio que imaginase que eran superhéroes invencibles a los que no se podía infligir daño. Tampoco podían morir. Entonces les preguntábamos qué tipos de personas consideraban amenazadoras: homosexuales, inmigrantes, gente de otras razas. Fue así como averiguamos que tenían una respuesta mucho más débil a esos estímulos «amenazadores». Si eres invencible, nada puede amenazarte, ni siquiera los homosexuales. Nos resultó fascinante, pues tratábamos de encontrar posibles formas de mitigar los factores subyacentes de la tensión racial. Con cada experimento aprendíamos a manipular mejor los resultados, según los rasgos más privados de las personas.

Nuestro trabajo en Virginia ofreció unos resultados prometedores. Había relaciones entre rasgos personales y resultados políticos. Además, no solo podíamos predecir determinadas conductas, sino modificar actitudes ajustando el lenguaje de los mensajes para que correspondiera con determinados perfiles psicométricos. Aunque los conjuntos de datos que usábamos eran bastante buenos en esa pequeña muestra modelo, todavía eran tristemente inadecuados para discernir todos los matices de la personalidad y de la identidad. Para recrear realmente la sociedad en una simulación informática, deberíamos encontrar unos datos mucho más completos…, muchísimos más datos. Sin embargo, ese era un problema que ya resolveríamos en el futuro.

105

Nix nos dio una semana para redactar un informe que normalmente nos habría costado dos meses completar. Yo estaba ansioso por echar a rodar la pelota, pues sabía lo que estaba en juego. Bannon le había dicho que Mercer quizá invirtiese hasta veinte millones de dólares. Para una empresa especializada como SCL, que tenía un presupuesto anual de entre siete y diez millones, aquello supondría una revolución.

Después de trasnochar mucho y de trabajar todo el fin de semana, enviamos el informe el lunes siguiente. Y Bannon comprendió de inmediato lo que podíamos conseguir. Estaba convencido. De hecho, cuando llamó al despacho de SCL después de leer el informe, estaba casi en una nube.

—Esto es fabuloso, chicos —decía una y otra vez.

Ahora solo teníamos que convencer a Robert Mercer.

ϒ

Un par de semanas después, una tarde de finales de noviembre de 2013, Nix me llamó a casa.

—Prepara una maleta —dijo—. Te vas a Nueva York mañana.

Él, Tadas Jucikas y yo íbamos a presentar nuestras conclusiones a Robert Mercer y a su hija, Rebekah.

Nix voló a primera hora de la mañana, pero no sé por qué motivo nos reservó plaza a Jucikas y a mí en un vuelo posterior. Aterrizamos en el JFK a las cuatro de la tarde, más o menos, y nuestra reunión estaba prevista para las cinco. Mientras estábamos haciendo cola en la aduana de Estados Unidos, sonó mi teléfono. Era Nix.

—¿Dónde hostias estáis? —me preguntó.

—Acabamos de bajar del avión —le dije yo.

—Bueno, pues llegáis tarde —soltó—. Será mejor que vengáis aquí corriendo.

—¡No puedo salirme de la cola de control de pasaportes! —exclamé, exasperado.

Mientras nos peleábamos por teléfono, otros en la cola volvieron la cabeza. Continuamos peleándonos hasta que un oficial de aduanas me gritó que soltara el teléfono. Y la cosa no acabó ahí. Nix me llamó repetidamente mientras íbamos en el coche, cuando llegamos al hotel y mientras me cambiaba de ropa para asistir a la reunión. Era típico de Nix, planificar las cosas mal y esperar que fuera yo el que lo arreglase todo. Irritado, decidí silenciar mi teléfono y tomarme mi tiempo para prepararme, sobre todo para que se fastidiara. Jucikas y yo tomamos un taxi hasta la reunión, que era en el apartamento de Rebekah Mercer en el Upper West Side. Rebekah y su marido, un economista francés llamado Sylvain Mirochnikoff, habían comprado seis apartamentos en el Heritage, en Trump Place, en el bulevar Riverside, y los habían unido convirtiéndolos en un gigantesco hogar con diecisiete dormitorios. Ocupaban la mayor parte del piso veintitrés, veinticuatro y veinticinco, con vistas espectaculares del Hudson hacia arriba y hacia abajo, punteado con todas las luces de Nueva York.

Pero también era chabacano, porque Rebekah lo había decorado con toques seudoartísticos y artesanos al azar: figurillas de cerámica, cojines decorativos, adornos de Navidad. En el salón tenía un piano enorme y magnífico, y encima había un confuso montón de adornos y fotos familiares enmarcadas.

Rebekah era un caso interesante. Había estudiado Biología y Matemáticas en Stanford y tenía un máster en investigación de operaciones e ingeniería de sistemas económicos. Luego había seguido a su padre y había trabajado en Renaissance Technologies, pero lo dejó para educar en casa a sus hijos. En 2006, ella y sus hermanas compraron una panadería en Manhattan, de modo que su vida empezó a centrarse principalmente en los niños y en las galletas de chocolate. Tenía un aire superdesenfadado, como una especie de animadora de derechas. Y como tenía mucho dinero que dar, era una persona muy influyente en los círculos republicanos. A diferencia de otros personajes cercanos al partido republicano, que eran más cínicos, ella era lo que Mark Block llamaba «VC»; es decir, que era una «verdadera creyente» en las cruzadas conservadoras.

107

Entré en su salón y vi a Rebekah sentada en un asiento bajo con Nix. Charlaban y se reían. Nix desplegaba su encanto. El salón estaba lleno de gente: Bob Mercer, Bannon, Block, una pareja de ancianos del Partido de la Independencia de UK (UKIP), de derechas y pro-Brexit, y un montón de tíos con traje que supuse que eran, o bien abogados, o bien consejeros empresariales. También había otros Mercer allí, incluidos la mujer de Bob, Diana, su hija Jennifer y unos cuantos nietos. Era un asunto familiar.

Mercer era la antítesis de sus hijas, que eran llamativas y habladoras. Él raramente miraba a nadie; sobre todo, escuchaba. Vestía un traje gris sencillo, aunque estábamos cenando en casa de su hija. La mayor parte de la charla la llevaban sus hijas o su entorno. Él resultaba intimidante, profundamente serio y casi enteramente no verbal. Cuando hablaba, su tono era monótono. Solo hizo preguntas relacionadas con aspectos muy técnicos de nuestro trabajo, y quería que yo le diera estadísticas precisas.

Cuando llegó el momento, Nix se puso de pie y pronunció un breve discurso sobre el pedigrí de SCL y nuestro trabajo para los militares. Dijo que la empresa no solía aceptar clientes privados, como en esta ocasión (mentira), pero que la persistencia de Mercer al perseguirle había acabado por persuadirle. Tuve que evitar hacer un gesto de incredulidad. Entonces Nix me presentó y empezó a describir el proyecto de una manera totalmente incorrecta. Estaba claro que no se había leído el largo informe y, por lo tanto, se estaba inventando los resultados. Supe que Mercer se daría cuenta, así que le interrumpí y empecé a explicar lo que habíamos hecho en Virginia. Nix me fulminó con la mirada y se sentó junto a Rebekah. Al hablar del proyecto introduje algunos de los detalles con más colorido, para atraer a los Mercer. Cuando mencioné a la dama del té kombucha, describiéndola como una cristiana evangélica a la que le gustaba el yoga y la comida orgánica, Rebekah estalló: «¡Eso es muy mío! ¡Por fin alguien nos entiende!».

También hablé de los proyectos de SCL en otras regiones (Oriente Medio, norte de África, el Caribe). Cuando llegué al proyecto de Trinidad y describí la idea de replicar una sociedad mediante una simulación informática, vi que Bannon asentía con la cabeza. Aquello también atrajo la atención de Bob Mercer, porque, como ingeniero, estaba especialmente interesado en esta parte. Después de empezar a trabajar en SCL, yo me había dado cuenta de que los proyectos de investigación y desarrollo de propagación de información que estaba financiando la DARPA no eran otra cosa que previsiones de tendencias culturales con otro nombre. Recoger datos en las redes sociales para hacer perfiles de usuarios con un algoritmo no era más que el principio. En cuanto se inferían sus atributos de conducta, se podían llevar a cabo simulaciones para planificar cómo se comunicarían e interactuarían unos con otros a escala. Esto traía a la mente experimentos de los noventa en un nicho de la sociología llamado «sociedades artificiales», que implicaba «cultivar» sociedades en simulaciones informáticas mediante unos rudimentarios sistemas multiagenciales. Recordaba haber leído de adolescente la serie *Fundación*, de Isaac Asimov, donde los científicos usaban grandes cantidades de datos sobre las sociedades para crear el campo de la «psicohistoria», que les permitía no solo predecir el futuro, sino también controlarlo.

Mercer había implicado a gente de su empresa Renaissance Technologies en el ámbito original de SCL, y como Nix estaba tan centrado en el dinero y un fondo de cobertura formaba parte de los pasos iniciales de aquel proyecto, todo el mundo tenía la impresión de que iba a convertirse en una empresa comercial. Para expresarlo de la manera más directa: si podíamos copiar los perfiles de datos de todo el mundo y replicar la sociedad en un ordenador (como en el juego de *Los Sims*, pero con datos de personas reales), podríamos simular y prever lo que ocurriría en la sociedad y en el mercado. Ese parecía ser el objetivo de Mercer. Si creábamos aquella sociedad artificial, nos encontraríamos en el umbral de construir una de las herramientas de inteligencia de mercado más poderosas del mundo. Nos estaríamos aventurando en un nuevo campo: finanzas culturales y predicción de tendencias para los fondos de cobertura.

Mercer, el ingeniero informático convertido en ingeniero social, quería reformular la sociedad y optimizar a su gente. Una de sus aficiones es construir trenes a escala, y yo tenía la sensación de que él pensaba que, en efecto, podríamos construirle una sociedad a escala, para irla manipulando hasta que fuera perfecta. Pasando a cuantificar muchos de los aspectos intrínsecos de la conducta humana y la interacción cultural, Mercer se dio cuenta de que podía tener a su disposición el botín de la guerra de la información. Y, como Uber, que con una simple aplicación arrasó la industria del taxi, de más de cien años de antigüedad, su empresa pensaba hacer lo mismo con la democracia.

El objetivo de Bannon era completamente distinto. Él no era un republicano tradicional. De hecho, odiaba a los republicanos al estilo de Mitt Romney, porque les consideraba cercanos a un capitalismo insípido. Odiaba a Ayn Rand porque trataba a las personas como si fueran objetos, mercancías. Decía que la economía necesitaba objetivos más elevados y a veces hablaba de sí como marxista, menos por ideología que para remarcar un punto concreto: según Marx, los humanos tienen que cumplir un propósito. Aseguraba que creía en el dharma, un principio del hinduismo y del budismo que tiene que ver con el orden del universo y las formas más adecuadas y armoniosas de vivir. Sentía que su misión era encontrar cuál era el propósito de Es-

109

tados Unidos. Para él, era el momento justo de una revolución: diversas señales de la crisis financiera y la pérdida de confianza en las instituciones presagiaban, según él, un momento decisivo que se cernía en el horizonte. La búsqueda de Bannon era casi algo religioso, donde él asumía el papel de mesías.

Así pues, como Mercer, Bannon odiaba «el gran Gobierno», pero por motivos personales: veía que el Estado estaba ocupando el papel que había desempeñado siempre la tradición y la cultura. Para él, la Unión Europea era el principal ofensor, una burocracia estéril que reemplazaba la tradición de una manera extrema, dejando a Europa convertida en un mercado económico desprovisto de significado. A Bannon le parecía que el mundo occidental estaba perdiendo su rumbo al abandonar sus tradiciones culturales a cambio de un consumismo sin sentido y un Estado sin rostro. Para Bannon, estábamos viviendo una guerra cultural. Tras proclamarse a sí mismo profeta, Bannon quería una herramienta para observar el futuro de nuestras sociedades. Y con lo que llamaba el «ojo de Dios de Facebook» sobre todos y cada uno de los ciudadanos, podía averiguar cuál era el dharma de cada estadounidense. De ese modo, para él, nuestra investigación tenía tintes casi espirituales.

Nix, Bannon y Mercer estaban fascinados con Palantir, la empresa de minería de datos de Peter Thiel, cuyo nombre viene de la bola de cristal, u ojo que todo lo ve, de *El señor de los anillos* de J. R. R. Tolkien. Por aquel entonces, a mí me parecía que esos hombres querían crear su propio Palantir privado invirtiendo en SCL. Imagínense las posibilidades para un inversor como Mercer: predecir el futuro de lo que comprará o no comprará la gente, para poder hacer más dinero. Si se puede prevenir la inminencia de un crac económico, tienes una bola de cristal mágica para la sociedad: puedes ganar miles de millones, de la noche a la mañana.

Cuando terminé, Rebekah nos invitó a todos a pasar al comedor. El personal de cocina nos trajo unas bandejas con *filet mignon* con una delicada guarnición. No obstante, como sabía que yo no comía carne, Rebekah le había pedido al chef que preparase para mí un plato especial. Resultaron ser unos bocadillos de queso gratinado… Bueno, al menos lo intentó. Ella me cogió uno del plato, le dio un bocado y suspiró, contenta.

—En realidad, los he pedido porque me apetecían a mí —me confesó—. Ya sabes —añadió—. Me alegro de que alguien como tú nos dé una oportunidad. Necesitamos más gente «de los tuyos».

—Eh…, ¿qué quiere decir? —pregunté yo, inocentemente. Por supuesto, sabía exactamente a qué se refería, pero quería oírselo decir en voz alta.

—Los homosexuales…, ¡que me encantan, por cierto!

No sabía cómo conseguiría cuadrar el rompecabezas mental de adorar a los homosexuales y apoyar al mismo tiempo causas para oprimirlos. No obstante, había estado en muchas cenas donde la gente hablaba de lo mucho que querían a los animales, mientras le hincaban el diente a un buen filete.

Rebekah quería atraer a más gente de la comunidad LGBT para las filas de los republicanos, pues creía que eso fortalecería el partido. Y entonces me dijo que le encantaba mi chaqueta y me sugirió que fuésemos de compras juntos algún día. Rebekah estaba tan incómoda y Nix la había manipulado con tanta habilidad que casi me dio pena. Pero no mucha, la verdad.

Al final de la cena, Bob le pidió a todo el mundo que se fuera, excepto Nix, Rebekah y los abogados. Había tomado la decisión de invertir entre quince y veinte millones de dólares de su dinero.

—Crearemos un *palantir* de verdad —dijo Nix—. Podremos ver lo que va a ocurrir, literalmente.

Con más de veinte millones de dólares en el bolsillo, Nix estaba de muy buen humor. La noche después de nuestra reunión, nos invitó a una cena de lujo a mí y a Jucikas en Eleven Madison Park, un restaurante con estrella Michelin, con el techo abovedado. Revisó ostensiblemente la carta de vinos y le dijo al camarero que nos trajese un Château Lafite Rothschild, una botella de vino que costaba dos mil dólares.

—Pedid lo que queráis —dijo, agitando el brazo con grandilocuencia.

Era una sorpresa agradable, porque, a pesar de su riqueza, Nix era muy rácano y solía quejarse hasta del gasto más pequeño, como, por ejemplo, el material de oficina. Una vez rechazó una petición de gastos porque alguien había comprado «demasiados» rotuladores para marcar, diciendo: «No necesitas más que uno». Pero aquella noche pidió docenas de platos, un verdadero festín. Estaba desbordado por su propia magnificencia.

El camarero trajo el vino. En cuanto nos llenó las copas, Nix agitó el brazo entusiasmado con la conversación y volcó la botella. Gotas de cien dólares salpicaron por todas partes. Antes de que el camarero tuviera incluso la oportunidad de limpiarlo con la servilleta que llevaba en el brazo, Nix exclamó:

—¡Tráiganos otra!

Supongo que me quedé mirándolo con la boca abierta, porque me guiñó un ojo y me dijo:

—Cuando tienes veinte millones de dólares, esto realmente no importa, ¿no?

La noche se convirtió en una bacanal. No sé cómo aparecieron dos mujeres con las faldas muy ajustadas. Los otros comensales parecían conmocionados.

—Chris, ¿quieres una tú? —me preguntó.

Le recordé que a mí no me van las mujeres, como si alguien necesitara que se lo recordaran.

—Ah, bueno, ¿quieres que te consiga entonces un chapero? —exclamó.

Yo no sabía qué responder, pero Nix siguió hablando. Me contó una historia de cuando él estaba en Eton y lo que hacían los niños pijos, al parecer por simple diversión. Todo aquello era bochornoso y estaba yendo de mal en peor.

En un momento dado, la dirección del restaurante tuvo que plantearse qué hacer con nosotros. Nuestra factura ya ascendía a decenas de miles de dólares, de modo que no podían echarnos antes de que pagásemos. Jucikas y Nix habían ido demasiado lejos y no les importaba ya nada. Mientras tanto, yo estaba allí sentado, consciente de que todo el mundo nos estaba mirando. Entonces, en un movimiento obviamente coordinado, una docena de camareros se repartieron de repente por la sala susurrando algo a los comensales de las otras mesas. Todos se levantaron de sus mesas a la vez y se dirigieron hacia un comedor adjunto, mientras los camareros recogían los platos a medio comer y las botellas de vino; diestramente, situaron a todo el mundo lejos del follón que habíamos organizado.

He llegado a pensar que hubo algo oscuramente profético aquella noche. El desorden y los problemas, como comprendí más tarde, eran los principios centrales de la ideología que animaba a Bannon. Antes de catalizar el reequilibrio dhármico de Estados Unidos, su movimiento tenía que crear el caos en toda la sociedad, para que luego pudiera emerger un nuevo orden. Era ávido lector de un científico informático y filósofo de salón que respondía al nombre de Mencius Moldburg, héroe de la *alt-right* que escribe ensayos muy prolijos en los que ataca a la democracia y virtualmente todo aquello en lo que se basan las sociedades modernas. El punto de vista de Moldburg sobre la «verdad» influyó en Bannon y en lo que llegaría a convertirse Cambridge Analytica. Moldburg escribió que «el absurdo es una herramienta organizativa mucho más efectiva que la verdad». Y Bannon abrazó tal credo. «Sirve como uniforme político. Y si tienes un uniforme, tienes un ejército».

La inversión de Mercer se usó para financiar una filial de SCL que Bannon llamó Cambridge Analytica. No me puedo imaginar lo que Bob y Rebekah Mercer habrían pensado si hubieran visto el hedonista y desastroso espectáculo al que había dado alas su inversión. A Steve Bannon, por otra parte, probablemente le habría encantado.

Un día de la primavera de 2014, a las diez en punto de la noche, varios meses después de la cena en Nueva York y mientras corríamos a través del Tennessee rural, una súbita ráfaga de aire helado me aclaró la cabeza y los pulmones. El conductor, Mark Block, que era fumador empedernido, fumaba sin parar, cosa que nos obligaba a abrir las ventanillas. En el asiento trasero de aquel coche íbamos Gettleson y yo. Nubes de nicotina se escapaban hacia la oscuridad, mientras avanzábamos por carreteras desoladas, rodeados de bosques negros como la tinta. Yo había vuelto a Estados Unidos para realizar unos proyectos piloto para Cambridge Analytica, y Block era mi guía. Como introductor de SCL a Bannon, Block estaba muy emocionado por el potencial de su proyecto. Aunque no iba a podernos ayudar a construir nuestros modelos, conocía Estados Unidos como la palma de su mano.

113

—Tengo unas cuantas cervezas ahí atrás —dijo Block—. Tomaos una.

¿Por qué no?, pensé, y la cerveza y la conversación empezaron a fluir. Block era uno de los personajes más fascinantes en la *alt-right*. Era un hombre del medio oeste, superamigable, con una sonrisa muy cálida. Un activo muy experto del Partido Republicano, que se había formado en los años de Nixon.

—Déjame que te diga por qué Nixon fue un buen prestidigitador —dijo de repente, sin venir a cuento.

—Vale, te seguiré la corriente… ¿Por qué?

—Porque les dio gato por liebre.

—¿Qué?

—A los demócratas. Engañó a muchos demócratas. —Se echó a reír—. Por aquel entonces se podía hacer de todo.

—Ah, vale.

—Por eso mi empresa se llama Block RF.

Una vez, el Comité Electoral Estatal de Wisconsin prohibió a Block llevar a cabo campañas en aquel estado por supuestos acuerdos turbios durante la campaña electoral para la reelección de un juez. La cosa se resolvió después, cuando Block, voluntariamente, pagó quince mil dólares de multa, aun sin reconocer haber hecho nada que no fuera correcto. En sus años al frente de Americans for Prosperity, de los hermanos Koch, un grupo de «bienestar social» 501 (c)(4) (asociaciones cívicas que promueven el bienestar social, o bien otro tipo de asociaciones locales con un número de miembros limitado), creó una vasta red de organizaciones de derechas a las que un organismo de control apodó como «Blocktopus». Para él, la política no era cuestión de ideas ni de tácticas, eso eran todo estupideces para los «verdaderos creyentes», como Rebekah Mercer. En su opinión, la política era una guerra de guerrillas, donde podía jugar a ser el Che.

Otro de los golpes de Block fue el «anuncio de tabaco» de Herman Cain, que luego resultó brillante por pura casualidad. Como jefe de personal de Cain, cuando este se presentaba para presidente en 2012, Block apareció en un anuncio de la campaña en el cual se dedicaba sobre todo a divagar, con la cámara enfocándole la cara muy de cerca. Su bigote gris caía desordenado sobre unos labios amoratados, quemados por los cigarrillos que no paraba de fumar.

—Realmente, creo que Herman Cain pondrá el «Unidos» de nuevo, en los Estados Unidos de América —dice, agitando la cabeza para darle aún más énfasis.

Al acabar el anuncio, mira a la cámara y aspira el humo de un cigarrillo y lo exhala con toda tranquilidad, mientras suena de fondo una canción de Krista Branch titulada *I am America!*, cada vez más fuerte. Era casi escandaloso, ya que la Comisión Federal de Comunicaciones había prohibido los anuncios con cigarrillos en televisión y radio desde 1971. Pero era el toque personal de Block, su manera de hacerle una peineta a la corrección política.

Disfruté mucho yendo por ahí con Block. Era un hombre muy agradable y siempre te preguntaba qué tal te iba, aunque sabía que no dudaría en joderte si hacía falta en campaña. Cuanto más hablábamos, más me parecía que no creía en las odiosas ideas que apoyaba la *alt-right*, sino que simplemente había abrazado la estética de la revuelta. Disfrutaba de su papel como eterno rebelde sin causa dentro de su nicho del Partido Republicano. Ambos disfrutábamos mucho desafiando el *establishment*, cosa que nos unió bastante.

Y de ese modo empezó nuestro trabajo para Cambridge Analytica, el proyecto que cambió la historia y que acabaría por impulsar el Brexit, la elección de Donald Trump y la muerte de la privacidad personal: atravesando Estados Unidos en un coche lleno de humo.

A principios de 2014, las primeras personas que CA envió por Estados Unidos para hacer grupos focales fueron sociólogos y antropólogos, ninguno de los cuales era estadounidense. Era algo intencionado. Hay cierta tendencia en los estadounidenses a ver su país como algo excepcional, pero nosotros queríamos estudiarlo como estudiaríamos cualquier otro país, usando el mismo lenguaje y los mismos enfoques sociológicos. Era fascinante explorar Estados Unidos de esa manera. Como yo mismo no soy estadounidense, sentía que tenía más facilidad para eliminar suposiciones no cuestionadas sobre la cultura del país y notar cosas que los propios nativos no ven de sí mismos. En lo que respecta a lo que está ocurriendo en otros lugares, los estadounidenses hablan de «tribus», «regímenes», «radicalización», «extremismos religiosos», «conflictos étnicos», «supersticiones locales», o «rituales». La antropología es para otras personas, no para ellos. Estados Unidos es, supuestamente, esa «ciudad brillante en una colina», un término que popularizó Ronald Reagan, adaptándola de la historia bíblica del Sermón de la Montaña.

Sin embargo, cuando veía a los evangélicos profetizando el fin de los tiempos y amenazando con el infortunio a los no creyentes, cuando contemplaba una procesión de la Iglesia Baptista de Westboro, cuando veía una feria de armas con señoras en bikini y semiautomáticas, cuando oía a la gente blanca hablar de «matones negros» y «reinas de la beneficencia», veía un país hondamente sumido en los conflictos étnicos, la radicalización religiosa y una insurgencia militante que resultaba desbordante. Estados Unidos es adicto a su propia autoconcepción y quiere ser excepcional. Pero no lo es. Es como cualquier otro país.

116

Hay lugares en Estados Unidos que me parecen más extranjeros que ningún otro sitio de los que he estado. Justo antes de que los Mercer decidieran invertir en SCL, Nix, Jucikas y yo nos reunimos con posibles partidarios en la Virginia rural. Un coche nos llevó desde Washington D. C., a través de los barrios residenciales más ricos; luego, finalmente, nos condujo por una larga carretera que se adentraba mucho en los bosques. Al final llegamos a un pequeño claro con una granja, a kilómetros de distancia de cualquier otro rastro de civilización. El tipo que conducía el coche no nos dijo nada, nuestros teléfonos ya no tenían señal. Aquello parecía la escena inicial de una película de terror.

Dentro de la granja, nos enseñaron una sala de juntas sin ventanas, con pantallas de alta tecnología que salían del techo. Y entonces entró un grupo de activistas de la Asociación Nacional del Rifle; con una precisión mecánica, cada uno de ellos sacó un arma y la colocó encima de la mesa. La única vez que había visto algo parecido era en Bosnia..., pero al menos los bosnios dejaban las armas bien ordenadas en una estantería. Esto era un poco como una película de la mafia o una reunión de señores de la guerra en Afganistán. No dije nada: cuando un puñado de hombres dejan sus armas en una mesa, no se puede decir: «Lo siento, pero esas armas me parecen un poco agresivas y hacen que me sienta incómodo».

Estados Unidos tiene sus propios mitos de origen, sus propios grupos extremistas. En SCL, lamentablemente, vi incontables vídeos de propaganda difundidos por ISIS y aspirantes a señores de la guerra en África. Los miembros de los cultos yihadistas convierten sus armas en fetiches, de una manera muy parecida a como lo hacen los miembros de la Asociación Nacional del Rifle con las suyas. Yo sabía que si queríamos estudiar Estados Unidos, tendríamos que hacerlo como si observáramos un conflicto tribal: analizando rituales, supersticiones, mitologías y tensiones étnicas del país.

Gettleson fue uno de nuestros investigadores más productivos. Durante la primavera y el verano de 2014, recorrió todo Estados Unidos reuniendo grupos focales, manteniendo conversaciones con mucha gente, y luego enviando informes a Londres. Más tarde, generábamos teorías e hipótesis para probarlas en nuestra investigación cuantitativa. Gettleson es un británico extremadamente encantador e ingenioso, de modo que le resultó sencillo hacer que la gente hablase. Rápidamente observó una desconexión entre los estadounidenses y su política del día a día. Por ejemplo, la gente seguía hablando, sin necesidad de empujarla, de un tema que parecía bastante oscuro, los límites de los términos del Congreso. Decían una y otra vez que el gran problema de Washington es que los políticos permanecen en su cargo demasiado tiempo, y acaban comprados por intereses especiales. En un grupo focal de Carolina del Norte, una pareja usó la frase «cortarles el grifo», de modo que él la incluyó en las notas que envió. CA más tarde estudiaría esa frase usando pruebas multivariadas en paneles *online* con público objetivo de votantes, para ver si a estos les parecía bien.

Durante seis semanas, Gettleson visitó Luisiana, Carolina del Norte, Oregón y Arkansas. En cada estado, Block le conectó con personas que podían llevarle en coche por ahí y ayudarle con la logística. Yo le había pedido que se centrase en la interseccionalidad; en particular, debía buscar personas que estuvieran colocadas en una misma categoría, pero que tuvieran

117

opiniones políticas diferentes. Así pues, reunió grupos focales de, por ejemplo, latinos republicanos, latinos demócratas y latinos independientes. Como habíamos hecho en Virginia, usamos una empresa de investigación de mercado para encontrar a los participantes.

Los resultados nos abrieron mucho los ojos, incluso a algunos que habían pasado ya mucho tiempo en Estados Unidos. Los informes sobre el terreno de Gettleson, enviados por correo electrónico desde la carretera, describían un país que se acercaba a un colapso nervioso.

En Nueva Orleans, en un grupo focal de hispanos independientes, encontró a un conservador a ultranza que declaró:

—No me he registrado como republicano porque soy un conservador «de verdad». Quizá tenga nombre latino, pero ¡soy tan estadounidense como el que más!

En el otro extremo de la mesa había una peruana convertida al islam que había acudido a la reunión cubierta con el hiyab. Cuando la conversación empezó a tratar de las armas, ella dijo que quizá cambiaría su opinión sobre la Asociación Nacional del Rifle si la dirigiese alguien que tuviese su mismo aspecto. La respuesta del otro tipo fue sencilla: «Simplemente, iría y compraría otra arma». Más tarde, la mujer se excusó y se apartó del grupo. Había ido a buscar una habitación donde ir a rezar, lo que dejó atónito a ese superhéroe de los conservadores. «No sé cómo responder a esto. No me gusta nada, pero no puedo prohibirle a una persona que rece».

Religión y armas no fueron los únicos temas candentes que se encontró Gettleson en Luisiana, que era terreno fértil para la investigación por su enorme diversidad étnica. La inmigración también impulsó unos debates acalorados. En muchas ocasiones, estuvieron a punto de llegar a las manos.

Un hombre llamado Lloyd, que hablaba con un acento cajún que Gettleson casi encontró indescifrable, acabó gritando y mostrando su disgusto de que en los colegios de su parroquia ya no se enseñase en su francés nativo. Estaba furioso porque a su nieta se le estaba negando la posibilidad de aprender «la cultura y la herencia» de sus antepasados cajunes.

No habían pasado ni quince minutos cuando el mismo hombre se lanzó a despotricar de los latinos, diciendo que ni siquiera en Estados Unidos dejaban de hablar español. De alguna manera, nadie en el grupo vio la incoherencia del asunto, que Lloyd pudiera refunfuñar contra los hispanos por hablar español, pero aun así hablase incomprensiblemente en semifrancés y se quejase por la pérdida de su propia herencia.

La etnia y la raza provocaron también más momentos desagradables. En un grupo focal, después de oír un coro de quejas sobre el presidente Obama, Gettleson preguntó: «¿Y no hay nadie que no se sienta decepcionado por el presidente?». Todos en la sala se quedaron en silencio, excepto un joven que hasta el momento había resultado extraordinariamente educado y cortés.

—Yo no me siento decepcionado —dijo.

—¿Y cómo es eso?

—Bueno, es el primer presidente negro, así que no esperaba nada.

En aquella sala, nadie parpadeó, pero otros grupos focales parecían pinchar las burbujas partidistas. De todos modos, las discusiones graves no eran la norma; la mayoría de los participantes hacían un esfuerzo por evitar el conflicto, aunque tenían muy claro que estaban en desacuerdo. En este sentido, vivimos una excepción en Fort Smith, Arkansas, cuando, al ver una foto de Obama, una señora muy bien vestida exclamó:

—Voy al coche a coger mi pistola.

Un hombre más joven exclamó:

—¿Cómo se atreve? Es nuestro presidente. Con eso no haga bromas.

A ojos de Gettleson, a la mujer no se le habría ocurrido ni en un millón de años que alguien pudiera no estar de acuerdo con su opinión del presidente.

El amor de Estados Unidos a las armas salió repetidamente, incluso en bastiones liberales como Portland, Oregón, donde una hípster tatuada podía hacer una pausa a la hora de enumerar los deseos progresistas que tenía en su lista y protestar airadamente preguntándose por qué la Administración Obama estaba tan empeñada en retirar las armas de fuego. Al ir a comprar comida para un grupo focal de Oregón, Gettleson vio con incredulidad que el conductor colocaba su enorme pistola en el asiento y luego se metía en un Subway a comprar unos bocadillos.

119

—No había visto jamás una pistola de verdad —me confesó Gettleson luego—. Pensaba que el coche tenía la portezuela abierta. ¿Y si alguien veía el arma y la cogía? ¿Debería guardarla en otro sitio? ¿Y si se disparaba accidentalmente? Durante dos minutos, literalmente me quedé allí sentado mirando aquella arma como si tuviera una bomba en el coche.

Muchos de los ciudadanos de Oregón con los que habló Cambridge Analytica estaban obsesionados con el Gobierno intervencionista y el «Big Enviro» (un término despectivo empleado para referirse a las grandes organizaciones no gubernamentales que luchan por la protección del medioambiente). Uno de ellos era el presidente del Partido Republicano de Oregón, Art Robinson, que se había presentado en múltiples ocasiones para el Congreso de Estados Unidos sin éxito. Eso había desanimado a los Mercer a la hora de apoyar sus ambiciones políticas. Fui a visitarle en su hogar, en lo más profundo del bosque de Cave Junction, Oregón, y lo encontré muy trastornado, incluso para lo que solía ser la norma de los *alt-right*.

Robinson era bioquímico y había trabajado con Linus Pauling, ganador del Premio Nobel. Pero tenía dos intereses fuera del laboratorio: los órganos de tubos y la orina. Había rescatado órganos del siglo XIX en desuso de iglesias y catedrales de todo el mundo, y pasaba horas y horas desmontándolos y volviéndolos a montar.

Robinson también recogía la orina de miles de personas, para intentar descubrir los secretos de la enfermedad y la longevidad. Se empezó a obsesionar con la salud y el envejecimiento cuando su esposa, Laurelee, murió repentinamente de una enfermedad no detectada, a los cuarenta y tres años. En el Instituto de Ciencia y Medicina de Oregón, que fundó y situó en su hogar, observaba la orina a través de un espectrómetro gigantesco para determinar su composición química. Había animales (algunos muertos, otros vivos) por todas partes. Gatos, perros, ovejas y caballos deambulaban por la finca; dentro, de las paredes colgaban una piel de cebra, cabezas de ciervos y una de búfalo. Las arañas habían tomado las vigas; todo aquel lugar olía a animales sucios. Había también algunos órganos de iglesia totalmente montados.

Todo parecía indicar que Robinson había perdido la cabeza. Insistía en que el cambio climático era un engaño, afirmaba que bajas dosis de radiación ionizada podían ser buenas para la gente y advertía de que los *chemtrails* (estelas químicas) estaban envenenando a la población. Imagínense mi reacción cuando, unos años más tarde, se pensó en él como consejero científico del presidente Trump.

Hay dos tipos de multimillonarios: los que nunca tienen el dinero suficiente y aquellos que, después de hacer un dinero que podría durarles múltiples vidas, centran su atención en cambiar el mundo. Mercer era de estos últimos. Aunque Cambridge Analytica se creó como negocio, más tarde averigüé que nunca se había propuesto hacer dinero. El único objetivo de la empresa era canibalizar al Partido Republicano y remodelar la cultura estadounidense. Cuando se lanzó CA, los demócratas iban muy por delante de los republicanos a la hora de usar eficientemente los datos. Durante años habían mantenido un sistema central de datos en VAN, al que podía acceder cualquier campaña demócrata del país. Los republicanos no tenían nada comparable. CA cubriría ese hueco.

121

Mercer contemplaba ganar elecciones como un problema de ingeniería social. La forma de «arreglar la sociedad» era creando simulaciones. Si podíamos cuantificar la sociedad dentro de un ordenador, optimizar ese sistema, y luego replicar esa optimización fuera del ordenador, podríamos rehacer Estados Unidos a su imagen. Más allá de la tecnología y la estrategia cultural a lo grande, invertir en CA era un movimiento político astuto. En aquel momento, se me dijo que como estaba respaldando a una empresa privada en lugar de a un comité de acción política, Mercer no tendría que declarar su apoyo como donación política. Sacaría lo mejor de ambos mundos: CA trabajaría para influir en las elecciones, pero sin las restricciones de la financiación de campañas que gobiernan las elecciones de Estados Unidos. Sus gigantescas huellas permanecerían ocultas.

La estructura elegida para poner en marcha esa nueva entidad era extremadamente enrevesada. Incluso llegaba a confundir al personal que trabajaba en los proyectos, que nunca estaba seguro de para quién trabajaba realmente. El grupo SCL sería la «madre» de una nueva subsidiaria de Estados Unidos, incorporada en Delaware, y llamada Cambridge Analytica. A cambio de una inversión principal de quince millones de dólares, Mercer se haría con el 90 % de la propiedad de Cambridge Analytica; SCL se haría cargo del 10 %. Ese arreglo serviría para que CA pudiera operar en Estados Unidos como empresa estadounidense, manteniendo al mismo tiempo la división defensiva de SCL como empresa «británica». Por tanto, SCL no tendría que notificar al Ministerio de Defensa de Gran Bretaña o a sus demás clientes del Gobierno la nueva propiedad y la implicación de Mercer. Sin embargo, esa subsidiaria le confería los derechos de propiedad intelectual al trabajo de SCL, lo cual creaba una situación muy extraña en la que la subsidiaria realmente poseía los valores fundamentales de su empresa «madre». SCL y Cambridge Analytica firmaron entonces un acuerdo de exclusividad mediante el cual Cambridge Analytica transferiría todos sus contratos a SCL, y el personal de SCL serviría las entregas y el trabajo de Cambridge Analytica. Y entonces, para permitir al personal de SCL usar la propiedad intelectual que originalmente se dio a Cambridge Analytica, la propiedad intelectual se devolvió por licencia a SCL.

Nix explicaba que esa disposición laberíntica nos permitiría operar bajo cuerda. Los rivales de Mercer en el sector de las finanzas vigilaban todos y cada uno de sus movimientos, y si sabían que había adquirido una empresa de guerra psicológica, otros en la industria podían imaginar cuál sería su siguiente movimiento (desarrollar sofisticadas herramientas de previsión de tendencias) o robarle personal clave. Sabíamos que Bannon quería trabajar en un proyecto con Breitbart, pero se suponía que inicialmente era algo secundario, solo para satisfacer sus obsesiones. Por supuesto, todo esto eran mentiras, y lo que querían era construir un arsenal político. Ni siquiera estoy seguro de que Mercer supiera, al principio, lo efectivas que llegarían a ser las herramientas de Cambridge Analytica. Era como cualquier inversor en una empresa innovadora: dio dinero a una gente lista y creativa que tenía una idea, con la esperanza de que de ahí saliera algo valioso.

Sin embargo, lo que pocas personas sabían es la historia de quien se convirtió en el primer objetivo de desinformación de Cambridge Analytica. Cuando Bannon y yo nos conocimos, él se negó a acudir a un club privado en Pall Mall; prefirió que nos reuniésemos en Cambridge. Nix se fijó en ese detalle: su forma habitual de seducir a los clientes, impresionándoles con clubes pijos, vinos caros y gruesos puros, no funcionaba con Bannon, que se veía a sí mismo como un intelectual, que encajaba perfectamente en las salas góticas y los extensos prados de Cambridge. Así pues, Nix, como un animal mitológico que cambia de forma para atraer a su presa, tomó la decisión al momento de jugar a ese juego.

Le dijo a Bannon que, aunque SCL tenía sus oficinas en Londres, nuestra base principal se encontraba en Cambridge, debido a nuestra íntima relación con la universidad. Era una enorme mentira que había improvisado sobre la marcha. Sin embargo, para Nix, la verdad no era sino lo que él consideraba que era cierto en cada momento. En cuanto dijo que teníamos una oficina en Cambridge, no dejaba de hablar de ello, e instaba a Bannon a que la visitase.

—Alexander, no tenemos ninguna oficina en Cambridge —le dije yo, exasperado por su locura—. ¿De qué cojones estás hablando?

—Ah, sí, sí que la tenemos, solo que no está abierta ahora mismo —dijo él.

Un par de días antes de la siguiente visita de Bannon a Gran Bretaña, Nix hizo que el personal de la oficina de Londres estableciese una falsa oficina en Cambridge, alquilándolo todo, muebles, ordenadores y demás. El día que Bannon tenía que llegar, dijo:

—Vale, ¡hoy todo el mundo va a trabajar en nuestra oficina de Cambridge!

Lo recogimos todo y fuimos allí a trabajar. Nix incluso contrató a un puñado de trabajadores temporales y a varias chicas jóvenes y escasamente vestidas para que llenasen la supuesta oficina para la visita de Bannon.

Todo aquello nos parecía ridículo. Gettleson y yo nos enviamos mensajes y compartimos vínculos sobre pueblos Potemkin, aquellas falsas ciudades montadas en la antigua Rusia zarista para seducir a Catalina la Grande, que hizo una gira en 1783. Bautizamos la oficina como Ciudad Potemkin, y nos burlamos de Nix hasta la extenuación por esa idea tan estúpida que se le había ocurrido. Sin embargo, cuando estuve en la falsa oficina con Bannon, dos meses después de haberle conocido en su hotel de Cambridge, vi una luz en sus ojos. Se lo estaba tragando y adoraba cada momento que pasábamos allí. Por suerte, no se dio cuenta de que algunos de los ordenadores ni siquiera estaban enchufados, o que algunas de las chicas que trabajaban allí ni siquiera hablaban inglés.

Nix montaba la Ciudad Potemkin cada vez que Bannon acudía a la ciudad. Bannon nunca se dio cuenta de que era falsa. O si se dio cuenta, no le importó. Cuadraba con su visión. Y cuando llegó el momento de dar nombre a la nueva entidad que estaban financiando los Mercer, Bannon eligió Cambridge Analytica porque allí era donde tenía su base, dijo. Así pues, el primer objetivo de Cambridge Analytica fue el propio Bannon en persona. La Ciudad Potemkin encarnaba perfectamente el corazón y el alma de Cambridge Analytica, que perfeccionó el arte de mostrar a la gente lo que querían ver, ya fuese real o no, para moldear su conducta… Era una estrategia tan efectiva que incluso un hombre como Steve Bannon se dejó engañar por alguien como Alexander Nix.

6

Caballos de Troya

—Sabes que la DARPA financia parte de su trabajo —me dijo Brent Clickard, en un tren de Londres a Cambridge—. Si quieres expandir tu equipo, te convienen ellos.

Era uno de los psicólogos de SCL y alternaba entre la empresa y el trabajo académico que llevaba en uno de los laboratorios de psicología de la universidad. Como yo, Clickard se estaba entusiasmando con las posibilidades de lo que podía conllevar nuestra investigación. Por ese motivo deseaba tanto proporcionar acceso a la firma a los psicólogos de investigación más importantes del mundo. El Departamento de Psicología de Cambridge había encabezado varios avances importantes a la hora de usar datos de las redes sociales para elaborar perfiles psicológicos, que a su vez despertaron el interés de las agencias de investigación gubernamentales. Al final, lo que fuera Cambridge Analytica dependía en gran medida de la investigación académica publicada en la universidad de la que había tomado su nombre.

Cambridge Analytica era una empresa que usaba grandes cantidades de datos para diseñar y entregar un contenido dirigido, capaz de alterar la opinión pública a gran escala. Sin embargo, nada de eso era posible sin acceso a los perfiles psicológicos de la población, cosa que resultó sorprendentemente fácil de adquirir a través de Facebook, gracias a los procedimientos de permisos tan poco supervisados que tenía esa red social. La historia de cómo llegó a pasar todo esto se inicia en mis primeros días en SCL, antes de que creasen Cambridge Analytica como filial de la marca norteamericana. Brent Clic-

125

kard me enseñó el Centro Psicométrico en Cambridge. Yo había leído muchos artículos suyos y de otros colegas del centro. Me intrigaba su táctica innovadora para integrar el aprendizaje automatizado con las pruebas psicométricas. Me parecía que estaban trabajando casi en los mismos temas de investigación que en SCL, aunque con un objetivo ligeramente distinto..., o al menos, eso creía entonces.

La investigación que usaba los datos de las redes sociales para inferir la disposición psicológica de un individuo se publicó en diversas revistas de psicología de prestigio, como *Proceedings of the National Academy of Sciences (PNAS)*, *Psychological Science* y el *Journal of Personality and Social Psychology*, entre muchas otras. Las pruebas eran claras: los modelos de «me gusta» en las redes sociales, las actualizaciones de estado, los grupos, los seguimientos y los clics servían como pistas discretas que podían revelar con mucha precisión el perfil de personalidad de alguien, cuando se unían todos esos parámetros. Facebook solía apoyar este tipo de investigación psicológica sobre sus usuarios; asimismo, proporcionaba a los investigadores académicos acceso privilegiado a sus datos privados. En 2012, Facebook presentó en Estados Unidos una patente para «Determinación de las características de la personalidad de un usuario del sistema de comunicaciones y características de las redes sociales». La solicitud de patente de Facebook explicaba que su interés en los perfiles psicológicos se debía a que «las características de personalidad inferidas están almacenadas en conexión con el perfil del usuario, y se pueden usar para dirigir, ordenar y seleccionar versiones de productos, y otros objetivos diversos». Así pues, mientras la DARPA estaba interesada en realizar los perfiles psicológicos para operaciones militares de información, Facebook estaba interesada en usarlos para aumentar las ventas de los anuncios *online*.

Al acercarnos al edificio de Downing Site, vi una pequeña placa en la que ponía: LABORATORIO PSICOLÓGICO. Dentro el aire estaba estancado; la decoración no se había actualizado al menos desde los años setenta. Subimos a pie unos cuantos tramos de escaleras y llegamos al último despacho de un estrecho pasillo, donde Clickard me presentó al doctor Aleksandr Kogan, profesor de la Universidad de Cambridge especializado en simulaciones informáticas de rasgos psicológicos. Kogan era un hombre de aspecto juvenil, vestido con una extravagancia que hacía juego con su personalidad. Estaba allí de pie, con una sonrisa boba, en medio de la sala, repleta de pilas de papeles y adornos variados de cuando estuvo estudiando en Hong Kong.

Al principio, yo no tenía ni idea de la procedencia de Kogan, porque hablaba inglés con un acento estadounidense perfecto, aunque con una prosodia algo exagerada. Más tarde me enteré de que había nacido en la República Socialista Soviética de Moldavia, en los últimos años de la URSS, y que pasó gran parte de su niñez en Moscú. No mucho después de que se derrumbara la Unión Soviética, en 1991, su familia emigró a Estados Unidos. Kogan estudió en la Universidad de California, Berkeley, y luego completó su doctorado en Hong Kong y entró a trabajar en la Universidad de Cambridge.

Clickard me había presentado a Kogan porque sabía que el trabajo que estaba llevando a cabo en su laboratorio de Cambridge podría ser extremadamente útil para SCL. Como sabía cuál era el estilo de Nix, Clickard había decidido realizar la presentación entre unos canapés y unos vinos. Nix era un caprichoso: podía desdeñar a alguien porque no le gustaba su corbata o el restaurante que había elegido. Así pues, nos reunimos todos en torno a una mesa reservada por Clickard en un bar de un piso superior en el Great Norther Hotel, junto a la estación de Kings Cross. Kogan estaba de visita en Londres, pasando el día, y había reservado un poco de tiempo para contarnos cómo era su trabajo antes de volver a Cambridge. No era raro que a Nix se le fuera la mano con el vino cuando salíamos, pero nunca le había visto embriagado por una voz que no fuera la suya propia. El tema eran las redes sociales.

—Facebook sabe más de ti que cualquier otra persona en tu vida, incluida tu mujer —nos dijo Kogan.

Nix salió de golpe de su trance y volvió a ser tan molesto como siempre.

—A veces es mejor que las mujeres no conozcan determinados detalles —dijo, bebiendo un poco de vino—. ¿Por qué iba a querer que un ordenador me recordase a mí... o a ella?

—Quizá usted no —respondió el profesor—, pero los anunciantes sí.

—Sí, es interesante, pero a mí no me parece un hombre de Cambridge —murmuró Nix, bebiendo más vino mientras Kogan estaba en el lavabo.

—Porque «no» es de Cambridge, Alexander. Joder... ¡Él solo enseña allí!

Clickard hizo un gesto de fastidio. Nix estaba distrayendo la atención con temas menores. Después de que la empresa echase un vistazo a la investigación de Kogan, Nix estaba ansioso por ponerlo a trabajar. SCL acababa de garantizar la financiación de Mercer; asimismo, estaba en proceso de establecer una nueva entidad estadounidense. Pero antes de que Nix estuviera dispuesto a dejar que Kogan se acercase a su preciado proyecto de Estados Unidos, tendría que probarse primero en el Caribe. En aquel momento, a principios de 2014, Kogan trabajaba con unos investigadores con base en la Universidad Estatal de San Petersburgo, en un proyecto de perfiles psicológicos financiado por el Estado ruso a través de una beca de investigación pública. Kogan asesoraba a un equipo de San Petersburgo que estaba sacando enormes cantidades de datos de perfiles de las redes sociales y los usaban para analizar la conducta de los troles de la Red. Dado que la investigación rusa de los medios sociales se centraba en rasgos de mala adaptación y conducta antisocial, SCL pensó que se podía aplicar al proyecto de Trinidad, ya que el personal del Ministerio de Seguridad Nacional de allí estaba interesado en experimentar con modelos predictivos sobre la propensión a cometer delitos de los ciudadanos de Trinidad.

En un correo electrónico del ministro de Seguridad de Trinidad y su Consejo de Seguridad Nacional sobre «perfiles psicográficos criminales a través de intercepción de datos», un miembro del personal de SCL dijo que «quizá podríamos apuntarnos o averiguar un poco más sobre el interesante trabajo que ha estado haciendo Alex Kogan para los rusos, y ver si se puede aplicar y cómo».

Finalmente, ficharon a Kogan para ayudar a SCL en el proyecto Trinidad, donde ofreció consejo de cómo modelar un conjunto de constructos psicológicos que, en investigaciones anteriores, había identificado como relacionados con la conducta antisocial o desviada. Kogan quería datos, a cambio de ayudar a planear el proyecto. Empezó a negociar con SCL sobre el acceso al conjunto de datos de 1,3 millones de trinitenses para su propia investigación. Lo que más me gustaba de Kogan era que quería trabajar rápido y hacer la investigación sin demora, cosa poco común entre los profesores, acostumbrados al paso de tortuga de la vida académica. Y resultó ser honrado, ambicioso y franco, un poco ingenuo quizá, pero emocionado con las ideas y la ambición intelectual.

Al principio, yo me llevaba bastante bien con Kogan. Compartía mi interés por los campos emergentes de la psicología y la sociología computacional. Hablábamos horas y horas sobre las promesas de la simulación de conducta. Además, cuando charlábamos de SCL, se le veía emocionado. Al mismo tiempo, Kogan era un poco raro, y yo notaba que sus colegas hacían observaciones maliciosas sobre él, cuando no estaba presente. Pero eso no me preocupaba. Al contrario, hacía que me sintiera más unido a él, porque, al fin y al cabo, yo también había sido víctima de muchos comentarios maliciosos. Además, había que ser un poco rarito para trabajar en SCL.

Cuando Kogan se unió a la iniciativa de Trinidad, en enero de 2014, acabábamos de lanzar las primeras fases de prueba del proyecto estadounidense con Bannon. Basándonos en nuestros estudios cualitativos, teníamos varias teorías que queríamos comprobar, pero los datos disponibles resultaban insuficientes para trazar los perfiles psicológicos. La información de los consumidores (desde fuentes como la pertenencia a una compañía aérea o a empresas de comunicación y grandes almacenes) no producían una señal lo bastante fuerte para predecir los atributos psicológicos que estábamos explorando. No resultaba sorprendente, porque comprar en Walmart, por ejemplo, no define quién eres como persona. Podíamos inferir algunos atributos demográficos o financieros, pero no la personalidad: puedes ser extrovertido o introvertido y comprar igual en Walmart, por ejemplo. Necesitábamos grupos de datos que no solo cubriesen un gran porcentaje de la población estadounidense, sino que también contuvieran datos relacionados significativamente con atributos psicológicos. Sospechábamos que necesitábamos ese tipo de datos sociales que se habían usado en otros proyectos en otras partes del mundo, como las sesiones de clics o los tipos de variables observadas en un registro censal, que había recogido Kogan.

Kogan empezó en Trinidad, pero le intrigaba mucho más el trabajo de SCL en Estados Unidos. Me dijo que si lo destinaban al trabajo en Estados Unidos, podríamos trabajar con su equipo en el centro psicométrico para rellenar los huecos de las variables y las categorías de datos. De este modo, podríamos crear unos modelos mucho más fiables. Empezó pidiendo acceso a algunos de nuestros grupos de datos, para ver qué podía faltar en el juego de entrenamiento (el grupo de datos sencillos que se usan para «entrenar» un modelo e identificar pautas). Pero ese no era el problema. Clickard le dijo que habíamos elaborado unos modelos preliminares y que teníamos grupos de entrenamiento, pero que necesitábamos datos a escala. No encontrábamos grupos de datos que contuviesen variables que sabíamos que ayudaban a predecir rasgos psicológicos «y», a la vez, cubriesen un amplio sector de la población. Esa carencia se estaba convirtiendo en un escollo importante.

Kogan dijo que él podía resolver nuestro problema..., mientras también pudiera usar los datos de su investigación. Cuando dijo que si lo llevaban al proyecto estadounidense podríamos establecer el primer instituto global para la psicología social computacional en la Universidad de Cambridge, me subí al carro de inmediato. Uno de los desafíos de ciencias sociales como la psicología, la antropología y la sociología es la falta relativa de datos numéricos, ya que resulta extremadamente difícil medir y cuantificar las dinámicas abstractas culturales o sociales de una sociedad entera. A menos que puedas meter un clon virtual de cada una de las personas en un ordenador y observar su dinámica. Parecía que, por fin, teníamos en la mano las llaves para abrir una nueva forma de estudiar la sociedad. ¿Cómo iba a decir que no a eso?

En la primavera de 2014, Kogan me presentó a un par de profesores más del centro psicométrico. Los doctores David Stillwell y Michal Kosinski estaban trabajando con un enorme grupo de datos que habían recogido legalmente en Facebook. Eran pioneros en perfiles psicológicos proporcionados por las redes sociales. En 2007, Stillwell montó una aplicación llamada myPersonality, que ofrecía a los usuarios un perfil de personalidad para unirse a la aplicación. Después de dar el resultado al usuario, la aplicación recogía el perfil y lo almacenaba para usarlo en investigación.

El primer artículo de los profesores sobre Facebook se publicó en 2012, y rápidamente captó la atención de los académicos. Cuando Kogan contactó con nosotros, Kosinski y Stillwell me hablaron de los enormes conjuntos de datos de Facebook que habían adquirido en sus años de investigación. La agencia de investigación militar de Estados Unidos, la DARPA, era uno de los financiadores de esa investigación, decían. Eso les hacía especialmente adecuados para trabajar con un contratista militar. Stillwell se mostraba muy discreto en nuestras interacciones, pero estaba claro que Kosinski era muy ambicioso: y tendía a empujar a Stillwell para que la conversación siguiera. Kosinski sabía que esos datos podían ser extremadamente valiosos, pero necesitaba que Stillwell accediera a realizar transferencias de datos.

—¿Y cómo los consiguieron? —les pregunté.

Me dijeron que, en esencia, Facebook les dejó cogerlos, sin más, a través de la aplicación que habían creado los profesores. Facebook quiere que la gente investigue sobre su plataforma. Cuanto más sepan sobre sus usuarios, mejor podrán monetizarlo todo. Al explicar cómo habían conseguido los datos, quedó bien claro que los permisos y los controles de Facebook eran inusitadamente laxos. Cuando una persona usaba su aplicación, Stillwell y Kosinski podían recibir no solo los datos de esa persona, sino también los datos de todos sus amigos. Facebook no requiere consentimiento expreso a las aplicaciones para recoger datos de los amigos del usuario, y se considera que basta con ser usuario de Facebook como consentimiento para coger sus datos…, aunque los amigos no tengan ni idea de cuál es la aplicación que está recolectando sus datos privados. El usuario medio de Facebook tiene entre ciento cincuenta y trescientos amigos. Volví a acordarme de Bannon y Mercer: les encantaría esa idea…, y a Nix le encantaría que a ellos les encantase.

—A ver si lo he entendido bien —dije—. Si yo creo una aplicación de Facebook y la usan mil personas, puedo conseguir… ¿unos ciento cincuenta mil perfiles? ¿De verdad? ¿Facebook realmente te permite hacer eso?

131

Así era, me dijeron ellos. Y si un par de millones de personas se descargaban la aplicación, entonces tendríamos trescientos millones de perfiles, menos los amigos comunes que se solapasen. Sería un conjunto de datos increíblemente enorme. Hasta ese momento, el grupo de datos más copioso con el que ya había trabajado era el de Trinidad (pensaba que ya era bastante grande: perfiles de un millón de personas). Sin embargo, este grupo era otro nivel totalmente distinto. En otros países teníamos que conseguir acceso especial a los datos, o pasar meses y meses recopilando datos para unas poblaciones que eran muchísimo más pequeñas.

—¿Y cómo consigues que la gente se descargue esa aplicación? —pregunté.

—Simplemente, les pagamos.

—¿Cuánto?

—Un dólar. A veces dos.

Y nuestra empresa tenía veinte millones de dólares que le quemaban en las manos. Y aquellos profesores acababan de decirme que podía conseguir decenas de millones de perfiles de Facebook por... un millón de dólares, más o menos. Estaba chupado.

Le pregunté a Stillwell si podía hacer algunas pruebas con sus datos. Quería comprobar si podía replicar los resultados de Trinidad, donde tuvimos acceso a unos tipos similares de datos de búsquedas de Internet. Si los perfiles de Facebook resultaban tan valiosos como yo esperaba, no solo podríamos cumplir el deseo de Robert Mercer respecto de crear una herramienta, sino que, algo mucho más atractivo aún, podríamos dominar todo un nuevo campo académico, la psicología computacional. Estábamos justo en la frontera de una nueva ciencia de la simulación de conducta. Aquella perspectiva era emocionante.

Facebook nació en 2004 como plataforma para conectar a estudiantes con sus colegas en las facultades. Al cabo de unos pocos años, el sitio fue creciendo hasta convertirse en la red social más grande del mundo, un lugar donde casi todo el mundo, incluso tus padres, comparten fotos, publican inocuas actualizaciones de estado y organizan fiestas. En Facebook se puede poner «me gusta» a las cosas, a las páginas de marcas, de temas, o bien a publicaciones de los amigos. El objetivo de poner «me gusta» es permitir a los usuarios una posibilidad de controlar sus personajes públicos y seguir las actualizaciones de sus favoritos, ya sean marcas, grupos musicales o famosos. Facebook considera este fenómeno de gustar y compartir la base de lo que llama «comunidad». Por supuesto, también lo considera la base de su modelo de negocio, donde los anunciantes pueden optimizar sus objetivos usando los datos de Facebook. El sitio también lanzó una API (interfaz de programación de aplicaciones) para permitir a los usuarios unirse a aplicaciones en Facebook, que luego se tragaría sus datos de perfil para «mejorar la experiencia del usuario».

A principios de 2010, los investigadores captaron rápidamente que poblaciones enteras estaban organizando datos sobre sí mismos en un solo lugar. Una página de Facebook contiene datos sobre conductas «naturales» en el entorno del hogar, sin las huellas dactilares de un investigador. Se rastrea cada desplazamiento de pantalla, cada movimiento, cada «me gusta». Todo está ahí: matices, intereses, desagrados. Y todo se puede cuantificar. Eso significa que los datos de Facebook han conseguido cada vez una mayor validez ecológica, en el sentido de que no los provocan las preguntas de los investigadores, que inevitablemente inyectan cierto sesgo. En otras palabras, se pueden mantener muchos de los beneficios de la observación pasiva cualitativa que se emplea en antropología o sociología. Además, como muchas interacciones sociales y culturales que ahora quedan capturadas en los datos digitales, podemos añadirles los beneficios de la generalización que se consigue en la investigación cuantitativa.

Previamente, la única forma de adquirir esos datos habría sido a partir del banco o de la compañía telefónica, que están regulados estrictamente para evitar el acceso a ese tipo de información privada. Sin embargo, a diferencia de un banco o de una compañía de telecomunicaciones, las redes sociales operaban virtualmente sin leyes que gobernaran su acceso a unos datos personales extremadamente detallados.

Aunque muchos usuarios tienden a distinguir entre lo que ocurre *online* y lo que ocurre en la vida real, los datos que se

133

generan por su uso de las redes sociales (desde las reacciones al último capítulo de un programa hasta un «me gusta» en las fotos de la noche del sábado) lo hacen desde la vida fuera de internet. En otras palabras, los datos de Facebook son datos de la vida real. Y aumentan a medida que la gente vive su vida más y más en el teléfono móvil y en Internet. Eso significa que, para un analista, a menudo no es necesario formular preguntas: simplemente se crean algoritmos que encuentran discretas pautas en los datos que suele tener un usuario. Y una vez que lo haces, el propio sistema puede revelar pautas en los datos que de otro modo se te pasarían inadvertidas.

Los usuarios de Facebook se fiscalizan a sí mismos en un solo lugar y en una sola fecha. No hay necesidad de conectar un millón de datos distintos; no tenemos que hacer complicadas operaciones matemáticas para rellenar los datos que faltan. La información siempre está disponible porque todo el mundo ofrece su autobiografía en tiempo real, en la propia web. Si se creara desde el principio un sistema para observar y analizar a la gente, no se podría hacer mejor que Facebook.

De hecho, un estudio de 2015 de Youyou, Kosinski y Stillwell demostraba que, usando los «me gusta» de Facebook, un modelo hecho por ordenador tenía una supremacía absoluta a la hora de predecir una conducta humana. Con diez «me gusta», el modelo predecía el comportamiento de una persona con mucha más precisión que cualquier compañero de trabajo. Con ciento cincuenta «me gusta», mejor que un miembro de su familia. Y con trescientos, el modelo conocía a la persona mejor que su propia pareja. En parte, eso se debe a que amigos, colegas, parejas y padres solo ven una parte de tu vida, en la cual tu conducta se ve moderada por el contexto de esa relación en concreto. Tus padres quizá nunca vean lo mucho que te puedes desmadrar en una *rave* a las tres de la mañana, después de haberte metido dos MDMA. Y puede que tus amigos quizá nunca vean lo reservado y respetuoso que eres en la oficina con tu jefe. Todos tienen impresiones ligeramente distintas de quién eres. Sin embargo, Facebook se inmiscuye en tus relaciones, te sigue en tu móvil y te rastrea cuando haces clic y compras algo por Internet. Así es como los datos de la web reflejan mucho más quién eres tú «realmente» que las apreciaciones de amigos o familiares. En ciertos aspectos, un modelo por ordenador puede conocer tus hábitos mejor de lo que te conoces a ti mismo…, un hallazgo que impulsó a los investigadores a añadir una advertencia: «Los ordenadores sobrepasan a los humanos en juicios de personalidad; algo que presenta unas oportunidades y desafíos significativos en las áreas de la evaluación psicológica, el *marketing* y la privacidad».

Si se pudiera acceder a los datos de Facebook, se podría intentar crear una sociedad en simulación informática. Las implicaciones resultan asombrosas. En teoría, se podía simular una sociedad futura y crear problemas relacionados con tensiones étnicas o diferencias sociales, y observar cómo evolucionaban. Luego se podía retroceder y cambiar los elementos, para averiguar cómo minimizar tales problemas. En otras palabras, existía la posibilidad de producir soluciones para problemas del mundo real, pero dentro de un ordenador.

Desde mi punto de vista, la simple idea de «la sociedad como juego» resultaba asombrosa. Me obsesionaba la idea del instituto que Kogan me sugirió. Estaba deseando que alguna circunstancia lo hiciera posible. Y no éramos solo nosotros los obsesionados. Había profesores en todas partes que se mostraban igual de entusiasmados. Después de celebrar unas reuniones en Harvard, Kogan me envió un correo en el que me explicaba su reacción: «El término operativo es cambiar el juego y revolucionar las ciencias sociales». Y al principio parecía que Stillwell y Kosinski también estaban igual de emocionados. Luego Kogan les dijo que CA tenía un presupuesto de unos veinte millones de dólares…, y toda aquella camaradería académica cesó de repente.

Kosinski envió un correo a Kogan en el que le decía que querían medio millón de dólares por adelantado, más un 50 % de todos los «derechos» por el uso de sus datos de Facebook. Ni siquiera habíamos probado todavía si podría funcionar a escala en un campo de pruebas, y resulta que ya nos estaban pidiendo enormes cantidades de dinero. Nix me dijo que me negara. Por su parte, a Kogan le entró el pánico de que todo el proyecto se viniera abajo antes siquiera de empezar. Así pues, al día siguiente de haber rechazado la petición de Kosinski, Kogan dijo que podía hacerlo todo él solo, con los términos acordados

135

originalmente: nos ayudaría a conseguir los datos, CA pagaría por ellos a precio de coste, y él los emplearía para hacer su investigación. Kogan dijo que podía acceder a más aplicaciones que tenían el mismo permiso amistoso de recolección de datos de Facebook y que podíamos usar esas otras aplicaciones. Yo me puse en alerta de inmediato: quizá Kogan tuviera pensado usar la aplicación de Stillwell y Kosinski a escondidas. Pero Kogan me insistió en que no, que eran aplicaciones que había hecho él mismo.

—De acuerdo —le dije—. Pruébalo. Dame un volcado de datos.

Para asegurarme de que no los cogía de la otra aplicación sin más, le dimos a Kogan diez mil dólares para que pusiera a prueba su nueva aplicación con un nuevo grupo de datos. Él accedió sin pedir dinero para sí mismo…, siempre y cuando pudiera quedarse con una copia de los datos.

Aunque por aquel entonces nunca me lo dijo, Kosinski ha asegurado después que se proponía dar el dinero de la liberación de los datos de Facebook a la Universidad de Cambridge. Sin embargo, esta también niega con contundencia que estuviera implicada en ningún proyecto con datos de Facebook. Así pues, no está claro si la universidad era consciente de ese posible arreglo financiero o si habría aceptado los fondos, si se los hubieran ofrecido.

A la semana siguiente, Kogan envió a SCL decenas de miles de perfiles de Facebook. Entonces hicimos algunas pruebas para asegurarnos de que los datos eran tan valiosos como habíamos esperado. ¡Y eran incluso mejores! Contenían perfiles completos de decenas de miles de usuarios: nombre, género, edad, ubicación, actualizaciones, «me gusta», amigos…, todo. Kogan dijo que su aplicación de Facebook podía incluso conseguir los mensajes privados.

—Vale —le dije—. Hagámoslo.

Cuando empecé a trabajar con Kogan, estábamos ansiosos por montar un instituto que almacenase los datos de Facebook, de sesiones de clics y de consumo que estábamos recogiendo para que las usaran psicólogos, antropólogos, sociólogos, científicos de datos…, en realidad, cualquier académico interesado en ello. Para gran deleite de mis profesores de moda en la UAL, Kogan incluso me dejó añadir algunos aspectos relacionados con la vestimenta y la estética, con el objetivo de que pudiera emplearlos en mi tesis doctoral. El plan era acudir a distintas universidades de todo el mundo y seguir mejorando el conjunto de datos y moldearlos en relación con las ciencias sociales. Cuando algunos profesores de la Facultad de Medicina de Harvard sugirieron que podíamos acceder a millones de perfiles genéticos de sus pacientes, hasta yo mismo me sorprendí al ver cómo iba evolucionando la idea. Kogan me habló del poder que tendría una base de datos que conectara la conducta digital de la vida de una persona con una base de datos de sus «genes». Kogan se sentía emocionadísimo…, pues con los datos genéticos podríamos hacer importantes experimentos que fomentaran el debate naturaleza-crianza. Estábamos ante algo grande.

Conseguimos nuestro primer lote de datos a través de una web de microtareas llamada Amazon MTurk. Originalmente, Amazon la creó como herramienta interna para apoyar un proyecto de reconocimiento de imagen. Como la empresa tenía que «entrenar» algoritmos para que reconocieran fotos, el primer paso era hacer que las personas las etiquetasen manualmente. De este modo, la inteligencia artificial podría tener un grupo de fotos correctamente identificadas de las cuales aprender. Amazon ofrecía pagar un penique por cada etiqueta, y miles de personas aceptaron ese trabajo.

Viendo una oportunidad de negocio, Amazon vendió MTurk como producto en 2005. Lo llamó «inteligencia artificial». Ahora, otras empresas podían pagar para acceder a personas que, en su tiempo libre, estaban dispuestas a hacer microtareas, como, por ejemplo, mecanografiar escáneres de recibos o identificar fotografías por pequeñas cantidades de dinero. Eran humanos haciendo el trabajo de máquinas. Incluso el nombre MTurk jugaba un poco con eso. MTurk era la abreviatura de «Mechanical Turk» (Turco Mecánico), una «máquina» del siglo XVIII que jugaba al ajedrez y que había asombrado al gran público, pero que, en realidad, no era más que un hombre pequeño escondido en una caja manipulando las piezas mediante unas palancas construidas *ex profeso*.

137

Psicólogos e investigadores universitarios no tardamos en descubrir que MTurk era una forma estupenda de tener a un gran número de personas rellenando tests de personalidad. En lugar de andar suplicando que los alumnos respondieran a encuestas (que, de todos modos, nunca ofrecían una muestra realmente representativa), los investigadores podían usar a todo tipo de gente de todo el mundo. Así pues, invitaron a los miembros de MTurk a hacer un test de solo un minuto y les pagaron una pequeña cantidad por ello. Al final de la sesión, habría un código de pago, que la persona podía incluir en su página de Amazon. Por su parte, Amazon transferiría el pago a la cuenta de esa persona.

La aplicación de Kogan trabajaba coordinada con MTurk: una persona accedía a hacer un test a cambio de un pequeño pago. Sin embargo, para que le pagaran, tenía que descargarse la aplicación de Kogan en Facebook e introducir un código especial. A su vez, la aplicación tomaría todas las respuestas de la encuesta y las pondría en una tabla. Entonces cogería todos los datos de los usuarios de Facebook y los pondría en una segunda tabla. Más tarde, tomaría los datos de los amigos de todas las personas de Facebook y los colocaría en otra tabla.

Los usuarios rellenarían una amplia batería de cuestionarios psicométricos, pero siempre se empezaría con una medida de personalidad revisada por pares e internacionalmente validada llamada la IPI NEO-PI. Esta presentaba cientos de preguntas, como «mantengo a distancia a los demás», «disfruto oyendo nuevas ideas», y «actúo sin pensar». Cuando esas respuestas se combinaban con los «me gusta» de Facebook, se podían hacer inferencias muy fiables. Por ejemplo, era más probable que a los extrovertidos les gustase la música electrónica, y a la gente que puntuaba alto en apertura solían gustarles más las películas de fantasía; por su parte, a los más neuróticos les solían gustar páginas como «odio cuando mis padres miran mi teléfono». Pero lo que podíamos inferir no eran simples rasgos de personalidad. Quizá no resultaba sorprendente que los hombres estadounidenses que en Facebook decían que les gustaban Britney Spears, los cosméticos MAC o Lady Gaga tuvieran más posibilidades de ser homosexuales. Aunque cada «me gusta» tomado aisladamente casi siempre resultaba demasiado débil para predecir nada por sí solo, cuando esos «me gusta» se combinaban con cientos de otros «me gusta», así como con otros datos de votantes y consumidores, se podían hacer predicciones muy potentes. En cuanto el algoritmo del perfil estuviera entrenado y validado, se aplicaría a la base de datos de amigos de Facebook. Aunque no teníamos encuestas para los perfiles de los amigos, podíamos acceder a su página de «me gusta». Eso significaba que el algoritmo podía digerir los datos e inferir cómo responderían, probablemente, a cada pregunta, si les hacían una encuesta.

A medida que el proyecto iba creciendo, a lo largo del verano, se exploraban cada vez más constructos, y las sugerencias de Kogan empezaban a coincidir exactamente con lo que Bannon quería. Kogan subrayó que debíamos empezar a examinar la satisfacción presente en la vida de la gente, su imparcialidad (o suspicacia hacia otros) y un constructo llamado «intereses sensacionales y extremos», que se usaba cada vez más en psicología forense para entender las conductas desviadas. Esto incluía el «militarismo» (armas, disparos, artes marciales, ballestas, cuchillos), «ocultismo violento» (drogas, magia negra, paganismo), «actividades intelectuales» (cantar, hacer música, viajes al extranjero, el entorno), «credulidad oculta» (lo paranormal, platillos volantes) e «intereses saludables» (acampadas, jardinería, excursiones). Mi favorito era una escala de cinco puntos para «creer en los signos del zodiaco»; varios de los homosexuales de la oficina bromeábamos con que deberíamos aprovechar para obtener un rasgo de «compatibilidad astrológica» y poner un vínculo con Grindr.

Usando la aplicación de Kogan, no solo conseguiríamos un conjunto de entrenamiento que nos daría la posibilidad de crear un algoritmo realmente bueno (porque los datos eran ricos, densos y significativos), sino que también conseguiríamos los beneficios extra de cientos de perfiles de amigos adicionales. Todo ello por uno o dos dólares por instalación de aplicación. Acabamos la primera ronda de cosechas con el dinero que quedaba. En dirección de empresas dicen siempre que una regla de oro para cualquier proyecto es: puedes llevar a cabo un proyecto «o barato, o rápido o bien». Sin embargo, el truco es

139

que puedes elegir solo dos cosas, porque nunca conseguirás las tres. Por primera vez en mi vida, vi esa norma totalmente rota, porque la aplicación de Facebook que había creado Kogan era más rápida, mejor y más barata que cualquier otra cosa que yo pudiera haber imaginado.

El lanzamiento se planeó para junio de 2014. Recuerdo que hacía mucho calor. Aunque el verano ya se acercaba, Nix mantenía apagado el aire acondicionado para no pagar tanto en las oficinas. Habíamos pasado varias semanas calibrándolo todo, asegurándonos de que la aplicación funcionaba, de que recogeríamos los datos correctos, y de que todo funcionaría bien cuando inyectásemos los datos en las bases de datos internas. La respuesta de una persona, como media, sacaría los registros de otras trescientas personas. Cada uno de esos individuos tendría, digamos, un par de cientos de «me gusta» que podríamos analizar. Teníamos que organizar y rastrear todos esos «me gusta». ¿Cuántos posibles artículos, fotos, vínculos y páginas hay que te puedan gustar en todo Facebook? Trillones. Una página de Facebook de algún grupo musical de Oklahoma, por ejemplo, puede tener veintiocho «me gusta» en todo el país, pero, aun así, cuenta como su propio «me gusta» en el conjunto de rasgos. En un proyecto de este tamaño, pueden salir mal un montón de cosas, de modo que pasamos mucho tiempo probando la mejor forma de procesar los datos preparados cuando se escalasen. Una vez que tuvimos la confianza de que todo funcionaba bien, llegó el momento de lanzar el proyecto. Pusimos cien mil dólares en la cuenta para empezar a reclutar gente vía MTurk, y esperamos.

Estábamos de pie junto al ordenador, y Kogan estaba en Cambridge. Kogan lanzó la aplicación y alguien dijo:

—Vale.

Y así fue como empezamos a vivir.

Al principio, fue el lanzamiento de proyecto más anticlimático de la historia. No ocurría nada. Pasaron cinco, diez, quince minutos, y la gente empezó a agitarse, aprensiva.

—¿Qué mierda está pasando? —aulló Nix—. ¿Por qué estamos aquí de pie?

Sin embargo, yo sabía que costaría un poco de tiempo que la gente viera la encuesta de MTurk, la rellenase y luego se instalase la aplicación para que les pagaran. No mucho después de que Nix empezara a quejarse, tuvimos nuestro primer éxito.

Luego vino la inundación. Conseguimos nuestro primer registro, luego dos, luego veinte, luego cien y luego mil… Todo en cuestión de segundos. Jucikas añadió un pitido aleatorio a un contador de registros, sobre todo porque sabía que a Nix le hacían mucha gracia los efectos de sonido estúpidos; le parecía divertido lo fácil que esos trucos tecnológicos efectistas impresionaban a Nix. El ordenador de Jucikas empezó a sonar, piiii, piii, piii, a medida que los números enloquecían. Los ceros crecían continuamente. Las tablas aumentaban a una velocidad exponencial, a medida que añadíamos perfiles de amigos a la base de datos. Resultaba muy emocionante para todo el mundo, pero para los científicos de datos que había entre nosotros, era como una inyección de pura adrenalina.

Jucikas, nuestro sofisticado oficial jefe de tecnología, cogió una botella de champán. Era muy efusivo, el alma de la fiesta, y se aseguraba de que tuviéramos una caja de champán en la oficina siempre, para ocasiones como aquella. Se había criado en la extrema pobreza en una granja, en los últimos días de la República Socialista Soviética de Lituania. A lo largo de los años, se había remodelado a sí mismo y se había integrado en la élite de Cambridge, un dandi cuyo lema parecía ser aprovechar el día de hoy, porque mañana puedes estar muerto. Con Jucikas todo era extremo y llegaba al máximo. Por eso había comprado para su oficina un antiguo sable de las guerras napoleónicas, que ahora se proponía usar. ¿Por qué abrir el champán de una manera convencional si se podía usar un sable?

Cogió una botella de Perrier-Jouët Belle Epoque (su favorito), soltó el morrión de alambre que sujetaba el tapón de corcho, sujetó la botella en ángulo y, elegantemente, movió el sable hacia abajo por su costado. El cuello saltó limpiamente, y brotó el champán. Llenamos las copas de flauta y brindamos por nuestro éxito, disfrutando de la primera de las muchas botellas que nos beberíamos aquella noche. Jucikas explicó que en el *sabrage* o decapitado del champán no interviene la fuerza bruta, sino que hay que estudiar la botella y golpear en

141

el punto más débil con una presión controlada. Si se hace correctamente, en realidad hace falta muy poca presión, porque esencialmente dejas que la botella se rompa sola. Digamos que aprovechas el punto débil del diseño de la botella.

Cuando Mercer hizo su primera inversión, asumimos que teníamos un par de años por delante para hacer que el proyecto funcionase plenamente. Sin embargo, Bannon nos disuadió de esa idea enseguida:

—Debéis tenerlo listo para septiembre —dijo.

Cuando le indiqué que era demasiado pronto, respondió:

—No me importa. Nosotros os dimos nuestros millones, y ese es el plazo que tenéis. Ya os apañaréis.

Se acercaban las elecciones de mitad del periodo de Gobierno de 2014, y él quería que lo que empezaba a llamar ya Proyecto Ripon (nombre que recibía por la pequeña ciudad de Wisconsin donde se había formado el Partido Republicano) estuviera listo y funcionando. Muchos mirábamos mal a Bannon, que desde la inversión cada vez se mostraba más raro y especial. Sin embargo, nos parecía que lo único que teníamos que hacer era aplacar sus obsesiones políticas específicas para conseguir todo nuestro potencial a la hora de crear algo revolucionario en la ciencia. Los fines justifican los medios, nos seguíamos diciendo.

Él empezó a venir a Londres con más frecuencia, para comprobar nuestros progresos. Una de esas visitas ocurrió no mucho después de que lanzásemos la aplicación. Todos fuimos de nuevo a la sala de juntas y nos pusimos delante de esa pantalla gigante. Jucikas hizo una breve presentación y se volvió a Bannon.

—Dígame un nombre.

Bannon parecía desconcertado y le dio un nombre.

—Vale. Ahora un estado.

—Pues no sé… —dijo él—. Nebraska.

Jucikas pidió algo y apareció una lista de vínculos. Marcó una de las muchas personas que respondían a aquel nombre en Nebraska…, y allí, en la pantalla, estaba todo sobre ella. Su foto, dónde trabajaba, dónde vivía, su casa. Allí estaban sus hijos, la escuela a la que asistían, el coche que conducía. Votó por Mitt Romney en 2012, le encantaba Katy Perry, conducía un Audi, era un poco sencilla…, y así sucesivamente. Lo sabíamos todo de ella. Además, en muchos de los registros, la información estaba actualizada a tiempo real; de tal modo, si publicaba un estado en Facebook, nosotros lo veíamos al momento.

Y no solo teníamos todos sus datos de Facebook, sino que también los podíamos contrastar con todos los datos comerciales y estatales que asimismo habíamos comprado. Y con las imputaciones hechas desde el censo de Estados Unidos. Teníamos datos de su solicitud de hipoteca, sabíamos cuánto dinero tenía, si era propietaria de un arma. Teníamos información acerca de su programa de millas de la compañía aérea, sabíamos con qué frecuencia volaba. Podíamos ver si estaba casada (no lo estaba). Sabíamos cómo era su salud física. Y teníamos una foto por satélite de su casa, obtenida de Google Earth. Habíamos recreado toda su vida en nuestro ordenador. Y ella no tenía ni idea.

—Dígame otro —dijo Jucikas.

Y lo volvió a hacer, y otra vez más. Con el tercer perfil, Nix, que antes no prestaba atención, se irguió y se quedó sentado muy tieso.

—Espera —dijo, con los ojos muy abiertos detrás de sus gafas de montura negra—. ¿Cuántos de estos tenemos?

—¿Qué mierda…? —exclamó Bannon, con una mirada de fastidio ante la desconexión de Nix con el proyecto.

—Estamos ya por las decenas de millones —respondió Jucikas—. A este paso, podemos conseguir doscientos millones a final de año, con los fondos suficientes.

—¿Y lo sabemos todo de esas personas, literalmente? —preguntó Nix.

—Sí —le dije yo—. Se trata de eso, precisamente.

Y entonces se me encendió la lucecita: era la primera vez que Nix entendía de verdad lo que estábamos haciendo. No podía estar menos interesado en temas como «datos» y «algoritmos», pero ver a gente real en pantalla, saberlo todo de ellos, eso sí que había despertado su imaginación.

—¿Y tenemos sus números de teléfono? —preguntó Nix.

Le dije que sí. Y entonces, en uno de esos momentos de extraña brillantez que ocasionalmente tenía, buscó el teléfono de manos libres y pidió el número. Mientras Jucikas se lo iba dando, lo marcó.

Al cabo de un par de timbrazos, alguien cogió el teléfono. Oímos una voz de mujer que decía: «¿Hola?». Nix, con su acento pijísimo, le contestó:

—Hola, señora. Siento muchísimo molestarla, pero le llamo desde la Universidad de Cambridge. Estamos llevando a cabo una encuesta. ¿Podría hablar con la señora Jenny Smith, por favor?

La señora confirmó que era Jenny, y Nix empezó a hacerle preguntas basándose en lo que sabíamos de sus datos.

—Señora Smith, me gustaría saber qué opina usted de la serie de televisión *Juego de tronos*.

A Jenny le encantaba, como había puesto en Facebook.

—¿Votó usted por Mitt Romney en las últimas elecciones?

Jenny confirmó que lo había hecho. Nix le preguntó si sus hijos asistían a tal y tal escuela elemental, y Jenny le confirmó que así era. Cuando miré a Bannon, este sonreía ampliamente.

Cuando Nix colgó el teléfono, Bannon dijo:

—¡Dejadme hacer uno!

Fuimos pasando uno a uno, por turno. Era surrealista pensar que aquellas personas estaban sentadas en su casa en Iowa u Oklahoma o Indiana, hablando con un puñado de tíos en Londres que miraban fotos por satélite de dónde vivían, de sus fotos familiares, de toda su información personal.

Con la perspectiva del tiempo, es una locura pensar que Bannon (por aquel entonces un completo desconocido), más de un año antes de ganarse la infamia por ser consejero de Donald Trump, estuviera sentado en nuestra oficina llamando a estadounidenses al azar para hacerles preguntas personales. Y la gente, tan feliz de responderlas.

Lo habíamos conseguido. Habíamos reconstruido a decenas de millones de estadounidenses en una simulación informática, y se podría hacer con cientos de millones más. Era un momento épico. Me sentía muy orgulloso de haber creado algo tan potente. Estaba seguro de que la gente hablaría de aquello durante décadas.

7

La Tríada oscura

*E*n agosto de 2014, justo dos meses después de lanzar la aplicación, Cambridge Analytica había conseguido los registros completos de Facebook de más de ochenta y siete millones de usuarios, sobre todo de Estados Unidos. Pronto se agotó la lista de usuarios de MTurk y tuvimos que implicar a otra empresa, Qualtrics, una plataforma de encuestas con base en Utah. Casi inmediatamente, CA se convirtió en uno de sus clientes principales, y empezamos a recibir mucho *merchandising* de Qualtrics. Jucikas iba por ahí pavoneándose con una camiseta I *
QUALTRICS bajo su traje perfectamente cortado de Savile Row: a todos nos parecía que era divertido y ridículo al mismo tiempo. CA recibiría las facturas enviadas por Provo, y les facturaba cada vez por veinte mil nuevos usuarios en su «Proyecto de cosecha de datos de Facebook».

Tan pronto como CA empezó a recoger estos datos de Facebook, los ejecutivos de Palantir comenzaron a hacer preguntas. Al parecer, su interés se vio estimulado cuando averiguaron cuántos datos estaba recogiendo el equipo, y que Facebook se lo estaba permitiendo a CA. Los ejecutivos con los que se reunió CA querían saber cómo funcionaba el proyecto, y pronto se aproximaron a nuestro equipo para obtener acceso ellos mismos a los datos.

Palantir todavía trabajaba para la NSA y GCHQ. El personal de allí dijo que trabajar con Cambridge Analytica podía abrir potencialmente una interesante laguna legal. En una reunión del verano de 2014, en las oficinas centrales de Palantir en Londres, en Soho Square, se señaló que las agencias de seguridad gubernamentales, junto con contratistas como Palantir, no podían recoger datos personales masivos de ciudadanos estadounidenses legalmente, pero, y ahí estaba el truco, las empresas de encuestas, redes sociales y empresas privadas sí que podían. Además, a pesar de la prohibición de vigilar directamente a los estadounidenses, me dijeron que las agencias de inteligencia de Estados Unidos eran capaces de usar información sobre sus ciudadanos que era «proporcionada libremente» por individuos o empresas del país. Después de oír esto, Nix se inclinó hacia delante y dijo:

—O sea, quieren decir empresas de sondeos estadounidenses... como nosotros.

Y sonrió. No pensé que nadie hablara realmente en serio, pero pronto me di cuenta de que estaba subestimando el interés que tenía todo el mundo en acceder a tales datos.

Parte del personal que trabajaba en Palantir se dio cuenta de que Facebook tenía el potencial necesario para convertirse en la mejor y más discreta herramienta de vigilancia imaginable para la Agencia de Seguridad Nacional..., es decir, si es verdad que los datos los proporcionaba «libre y voluntariamente» otra entidad. En realidad, esas conversaciones eran puramente especulativas. No estaba claro si el propio Palantir era realmente consciente de las particularidades de tales discusiones, o si la empresa recibía algún dato de CA. El personal sugirió a Nix que si Cambridge Analytica les daba acceso a los datos obtenidos, podían, al menos en teoría, pasarlos legalmente a la NSA. En ese sentido, Nix me dijo que necesitábamos urgentemente llegar a un acuerdo con el personal de Palantir «por la defensa de nuestra democracia». Pero no era ese el motivo por el que les dio pleno acceso a los datos privados de cientos de millones de ciudadanos estadounidenses. El sueño de Nix, tal y como me había confiado ya en nuestra primera reunión, era convertirse en «el Palantir de la propaganda».

Un destacado científico de datos de Palantir empezó a visitar regularmente la oficina de Cambridge Analytica para trabajar con el equipo de ciencia de datos y crear modelos de perfiles. Ocasionalmente, le acompañaban otros colegas, pero todo aquel arreglo se mantuvo secreto para el resto de los equipos de CA, y quizá para el propio Palantir. No puedo especular

146

por qué, pero el personal de Palantir recibía las contraseñas de acceso y los correos electrónicos de las bases de datos de Cambridge Analytica con seudónimos bastante obvios, como «Dr. Freddie Mac» (por la empresa de hipotecas que el gobierno federal rescató en la crisis de la vivienda de 2008). Sé que después de que los científicos de datos de Palantir empezaran a construir sus propias aplicaciones de recogida y extracción de datos de Facebook, Nix les pidió que hicieran horas extras para seguir trabajando en aplicaciones que pudieran replicar los datos de Facebook que Kogan estaba obteniendo… sin necesidad de Kogan. Ya no eran simplemente aplicaciones de Facebook lo que se usaba. Cambridge Analytica empezó a probar unas extensiones de navegador aparentemente inocuas, como calculadoras y calendarios, que daban acceso a las *cookies* de sesión de los usuarios de Facebook; a su vez, permitían a la empresa introducirse en Facebook como usuario *target* para recoger sus datos y los de sus amigos. Todas esas extensiones se enviaron (y se aprobaron) en los procesos de revisión independientes de varios navegadores de webs muy populares.

No estaba claro si esos ejecutivos de Palantir estaban visitando CA oficial o extraoficialmente. Más tarde, Palantir ha afirmado que era un solo miembro de su personal el que trabajaba en CA «a título personal». Sinceramente, yo no sabía ya qué creer y qué no, llegados a ese punto. Como solía ocurrir con contratistas sobre proyectos en África, Nix llevaba a la oficina bolsas llenas de billetes de Estados Unidos y pagaba a los contratistas en efectivo. Cuando los contratistas trabajaban, Nix se sentaba en su escritorio contando los billetes, poniéndolos en pilas pequeñas, cada una de miles de dólares. A veces, los contratistas recibían decenas de miles de dólares cada semana.

Muchos años antes, a Nix lo habían rechazado en el servicio de inteligencia británico, el MI6. Solía gastar bromas con eso, diciendo que fue porque no era lo bastante aburrido como para pasar desapercibido entre una multitud, pero resultaba obvio que el rechazo le había molestado. Ahora ya no le preocupaba quién tenía acceso a los datos de CA; se los habría enseñado a cualquiera, solo para que le dijeran que era maravilloso.

ϒ

A finales de la primavera de 2014, la inversión de Mercer había propiciado la contratación de muchos psicólogos, científicos de datos e investigadores. Nix trajo un nuevo equipo de directivos para organizar las operaciones de investigación, que crecían con gran rapidez. Aunque yo seguía siendo el director titular de la investigación, los nuevos responsables de operaciones ahora tenían el control directo sobre la supervisión y la planificación de ese ejercicio que tanto estaba progresando. Parecían surgir nuevos proyectos cada día, y a veces no estaba claro cómo y por qué se aprobaban esos proyectos de campo. Me quejé a Nix de que estaba perdiendo la pista de quién hacía cada cosa, pero, en su opinión, eso no suponía ningún problema. Sencillamente, Nix no veía nada, aparte del prestigio y el dinero. Me dijo que la mayoría de la gente en mi situación estaría muy agradecida de descargarse de responsabilidades y trabajo, manteniendo al mismo tiempo el título.

En ese momento, todo aquello empezó a provocarme una sensación rara. Sin embargo, cuando hablaba con otras personas de la empresa, conseguíamos calmarnos unos a otros y racionalizarlo todo. Nix hablaba de cosas siniestras, pero es que él era así, y nadie se lo tomaba muy en serio. Y cuando Mercer instaló a Bannon, yo pasé por alto o no quise explicarme cosas que, vistas con la perspectiva del tiempo, eran líneas rojas más que obvias. Bannon tenía sus intereses políticos especiales, pero Mercer parecía un personaje demasiado serio para tener escarceos con los baratos espectáculos políticos de Bannon. Las posibilidades que tenía nuestro trabajo de beneficiar a los intereses financieros de Mercer explicaban por qué se estaba gastando tanto dinero en algo tan altamente especulativo. Mercer había dado a CA decenas de millones de dólares antes de que la empresa hubiese conseguido dato alguno, o construido ningún *software* en Estados Unidos. Desde la perspectiva de cualquier inversor, esto habría sido una inversión de alto riesgo de «capital semilla». Pero CA también sabía que Mercer no era estúpido ni imprudente, y sabía que habría calculado el riesgo con sumo cuidado. Por aquel entonces, sencillamente, muchos del equipo asumieron que, para justificar un riesgo financiero tan elevado basado en nuestras ideas, Mercer tenía que haber esperado que la investigación pudiera aportar montones de dinero a su fondo de cobertura. En otras palabras: la empresa no estaba allí para construir una insurgencia *alt-right*, sino para ayudar a Mercer a hacer dinero. El amor conspicuo de Nix al dinero reforzaba las suposiciones de todo el mundo.

Por supuesto, ahora sabemos que no ocurrió nada de eso. No sé qué más decir, aparte de que fui mucho más ingenuo de lo que me creía en aquellos momentos. Aunque tenía bastante experiencia para mi edad, solo tenía veinticuatro años, y estaba claro que todavía me quedaba mucho que aprender. Cuando entré en SCL, estaba allí para ayudar a la firma a explorar áreas como la contrarradicalización, para ayudar a Gran Bretaña, Estados Unidos y sus aliados a defenderse de nuevas amenazas que surgían *online*. Empecé a acostumbrarme al extraño entorno de ese tipo de trabajo, que normalizaba muchas cosas que habrían parecido raras a un observador casual. Las operaciones de información no son como un trabajo corriente de oficina de nueve a cinco; la gente o las situaciones que te encuentras ahí son un poco extrañas. Si alguien se hubiera preguntado por la ética de un proyecto hecho a escondidas en un país muy lejano, todos se habrían burlado de su ingenuidad por no saber «cómo funcionaba realmente» el mundo.

Era la primera vez que se me permitía explorar ideas sin las restricciones de mezquinas políticas internas o sin desdeñar una idea simplemente porque no se había probado nunca antes. Aunque Nix fuera un gilipollas, me dio mucho margen para que probara nuevas ideas. Después de que Kogan se uniera a nosotros, tenía a profesores de la Universidad de Cambridge maravillándose constantemente del potencial rompedor que podía tener el proyecto para la psicología y la sociología; eso hacía que sintiera que estaba cumpliendo una especie de misión. Y si sus colegas de universidades como Harvard o Stanford también se interesaban por nuestro trabajo, pensaba que seguramente era porque estábamos consiguiendo algo. El instituto que Kogan propuso era una idea inspiradora para mí; tuve claro que, abriendo esos datos a investigadores de todo el mundo, podía contribuir muchísimo en muchos campos. Por cursi que suene todo esto, realmente me sentía como si estuviera trabajando en algo importante…, no solo para Mercer o para la empresa, sino para la ciencia. Sin embargo, dejé que esa sensación me distrajera hasta el punto de permitirme a mí mismo excusar lo inexcusable. Me decía que aprender de verdad sobre la sociedad incluye ahondar en cuestiones incómodas sobre nuestro lado oscuro. ¿Cómo podemos entender los sesgos raciales, el autoritarismo o la misoginia, si no los exploramos? Lo que yo no apreciaba entonces era la fina línea existente entre explorar algo y acabar creándolo.

Bannon había asumido el control de la empresa, y era un guerrero cultural ambicioso y sorprendentemente sofisticado. Tenía la sensación de que la política identitaria de los demócratas, centrada en bloques raciales o étnicos de votantes, era, en realidad, menos potente que la de los republicanos, que solían insistir en que la identidad estadounidense iba más allá del color de la piel, las preferencias religiosas o el género. Un hombre blanco que viviera en un aparcamiento de caravanas no se veía a sí mismo como miembro de una clase privilegiada, aunque otros pudieran verlo así solo porque era blanco. Cada mente contiene multitud de variantes. Y el nuevo trabajo de Bannon era imaginar cómo clasificar a la gente de acuerdo con ello.

Le dije a Bannon que lo más asombroso que había observado la CA era cuántos estadounidenses se sentían encerrados en el armario…, y no solo los homosexuales. Esto surgió primero en grupos focales, y más tarde se vio confirmado por investigaciones cuantitativas hechas a través de paneles *online*. Los hombres blancos heterosexuales, sobre todo los mayores, se habían criado con un conjunto de valores que les confería determinados privilegios sociales. Los hombres blancos heterosexuales no tenían que moderar su discurso al hablar de las mujeres o de las personas de color, porque el racismo y la misoginia ocasionales eran conductas normalizadas. A medida que las normas sociales en Estados Unidos fueron evolucionando, tales privilegios empezaron a erosionarse, y muchos de esos hombres estaban experimentando rechazo hacia su conducta por primera vez. En el trabajo, el «flirteo casual» con las secretarias ahora ponía en peligro su posición, y hablar de los «matones» de la parte afroamericana de la ciudad podía provocar que tus iguales te rehuyeran. Esas situaciones solían ser incómodas y amenazaban su identidad de «hombres normales».

Los hombres que no estaban acostumbrados a moderar sus impulsos, su lenguaje corporal y su habla, empezaron a mostrarse resentidos por tener que hacer un trabajo mental y emocional que consideraban injusto, para cambiar y corregir constantemente cómo se presentaban en público. Lo que me pareció más interesante era lo mucho que se parecía el discurso que surgía de esos grupos de hombres heterosexuales al de liberación de las comunidades homosexuales. Esos hombres empezaban a experimentar la carga del armario, y no les gustaba nada la sensación de tener que cambiar lo que sentían que eran para poder «pasar» en sociedad. Aunque había motivos muy distintos para el armario de los homosexuales y el armario de los racistas y misóginos, esos hombres blancos heterosexuales vivían en su cabeza una experiencia subjetiva de opresión. Y estaban dispuestos a salir del armario y volver a un tiempo en el que Estados Unidos era grande... para ellos.

—Piénselo —le dije a Bannon—. El mensaje de una reunión del Tea Party es el mismo que el de un desfile del Orgullo Gay: «¡No me pisoteéis! ¡Dejadme ser quien soy!».

151

Los amargados conservadores sentían que ya no podían ser «hombres de verdad», porque las mujeres no quieren salir con hombres que se comportan como se han comportado los hombres durante milenios. Tenían que ocultar su verdadero yo para complacer a la sociedad... y les fastidiaba muchísimo. En su imaginación, el feminismo había encerrado a los «hombres de verdad» en el armario. Era humillante, y Bannon sabía que no hay fuerza más poderosa que la de un hombre humillado. Estaba ansioso por explorar (y explotar) ese estado mental.

La comunidad *incel*, que acababa de salir a la palestra cuando se fundó Cambridge Analytica, era el tipo de grupo que él tenía in mente. Los *incels* o «célibes involuntarios» eran hombres que se sentían ignorados y castigados por una sociedad (sobre todo, por las mujeres) que ya no valoraba a los hombres normales. Como filial del Movimiento por los Derechos de los Hombres, la comunidad *incel* se veía espoleada por la desigualdad económica creciente que privaba a los jóvenes milenials de acceder a los mismos tipos de trabajos bien pagados que habían tenido sus padres. Tal privación económica se unía a un estándar de imagen corporal inalcanzable para los hombres en los medios convencionales y sociales (sin los mismos reconocimientos públicos de los problemas del cuerpo o presiones de género que las mujeres). Además, la creciente importancia que se concedía al aspecto físico en las citas quedaba definida pasando página rápidamente a derecha o izquierda, en una fracción de segundo, tras mirar una foto. Por otro lado, como las mujeres se habían vuelto más independientes económicamente, se podían permitir ser más selectivas con sus compañeros. Privados de belleza y de una cuenta corriente bien provista, los «hombres normales» se enfrentaban a la dura realidad del constante rechazo.

Algunos de esos hombres empezaron a congregarse en foros como 4chan, que creció y se convirtió en un almacén de memes, fans de la fantasía extraña, porno, cultura pop y reacciones contraculturales de jóvenes frustrados en una sociedad cada vez más atomizada. A principios de 2010, se empezaron a dar discusiones nihilistas entre jóvenes resignados a una vida de soledad. Emergió un nuevo vocabulario para describir sus circunstancias, incluidas «betas» (hombres inferiores), «alfas» (hombres superiores), «vocels» (célibes voluntarios), MGTOW (Men Going Their Own Way, hombres que siguen su propio camino), «incels» (célibes involuntarios) y «robots» (*incels* con Asperger).

Independientemente de los privilegios que se les concedían como hombres blancos heterosexuales, esos grupos carecían de identidad, de dirección y de una sensación de valía propia, y se agarraban a cualquier cosa que les producía una sensación de pertenencia y de solidaridad. Autodefiniéndose como machos «beta» de la sociedad, muchos *incels* hablaban de aceptar la «pastilla negra» (un momento de iluminación de lo que creían que eran ciertas verdades innatas sobre la atracción sexual y sentimental). Los foros incluían temas como «combustible para el suicidio»: ejemplos sacados de su vida cotidiana y los rechazos que sufrían y reforzaban sus sentimientos de desesperanza y fealdad. Para muchos *incels*, esa desesperación y esa furia se habían transformado en una misoginia extrema.

La doctrina de la pastilla negra es deprimente y rígida: establece que a las mujeres solo les importa el aspecto físico, y que determinados rasgos, incluida la raza, caen en una jerarquía de deseabilidad sexual. Los *incels* muestran gráficos y observaciones señalando una ventaja innata para los hombres blancos, ya que las mujeres de todas las razas aceptan a un compañero blanco, así como una fuerte desventaja para los hombres asiáticos. Estar gordo, ser pobre, estar discapacitado o ser de color es ser del grupo de los menos deseados de Estados Unidos. Los *incels* no blancos usan términos como JBW (*just be white*, solo hay que ser blanco) como una forma de intentar explicar o mitigar lo que ven como sus innatas desventajas raciales. Sorprendentemente, se reconocen abiertamente los privilegios de los blancos, pero el discurso de los *incel* enmarca ese privilegio como parte de la superioridad inherente de los hombres blancos, al menos en el contexto de la selección sexual.

Comparten bromas y memes sobre resistir su cadena perpetua y promover una «rebelión beta» o «levantamiento beta» para luchar por la redistribución del sexo para los betas. Sin embargo, detrás de ese extraño humor, se oculta la rabia de toda una vida de rechazos. Al ir viendo sus narraciones victimistas, mi mente volvió a las narraciones del reclutamiento de los yihadistas extremos. Detecté el mismo romanticismo ingenuo de hombres oprimidos que se sacuden las cadenas de una sociedad vacía para transformarse en gloriosos héroes de la rebelión. Del mismo modo, esos *incels* se veían perversamente atraídos por los «ganadores» de la sociedad, como Donald Trump y Milo Yiannopoulos, que, según su retorcido punto de vista, representaban el epítome de los mismos alfas hipercompetitivos que los atormentaban. Ellos lideraban el ataque. Muchos de esos jóvenes furiosos parecían dispuestos a quemar la sociedad hasta los cimientos. Bannon quería darles una salida a través de Breitbart, pero su ambición no se detenía ahí. Veía a esos jóvenes como los primeros reclutas de su futura insurgencia.

Cuando se lanzó Cambridge Analytica, en verano de 2014, el objetivo de Bannon era cambiar la política cambiando la cultura. Sus armas eran datos de Facebook, algoritmos y narraciones. Primero usamos grupos focales y observación cualitativa para descargar las percepciones de una población determinada y enterarnos de lo que preocupaba a la gente: los límites de los mandatos, el estado profundo, «cerrar los grifos», las armas

153

y el concepto de muros para mantener fuera los inmigrantes. Todo eso se exploró en 2014, varios años antes de la campaña de Trump. Entonces dimos con las hipótesis para cambiar las opiniones. CA las probó con segmentos elegidos de paneles *online* o en experimentos para ver si se comportaban como el equipo esperaba, basándonos en los datos. También sacamos perfiles de Facebook, buscando pautas para poder construir un algoritmo de red neuronal que nos ayudase a hacer predicciones.

Una minoría selecta de personas exhibe rasgos de narcisismo (extrema fijación en el yo), maquiavelismo (despiadado interés propio) y psicopatía (desapego emocional). En contraste con los cinco grandes rasgos encontrados más o menos en todo el mundo, como parte de una psicología normal (apertura, responsabilidad, extroversión, amabilidad y neurosis), los de la «tríada oscura» producen una mala adaptación; es decir, que aquellos que los exhiben son más propensos a conductas antisociales, incluidos actos criminales. Por los datos recogidos por CA, el equipo fue capaz de identificar a gente que exhibía rasgos de neurosis y de la tríada oscura, y a aquellos que eran más propensos a la rabia impulsiva o a los pensamientos conspirativos que los ciudadanos corrientes. Cambridge Analytica los convertiría en objetivos, introduciendo narrativas a través de grupos de Facebook, anuncios o artículos que la empresa sabía, por pruebas internas, que era probable que inflamaran a los pequeños segmentos de la población con tales características. CA quería provocar a la gente, hacer que se comprometieran.

Cambridge Analytica logró todo esto gracias a un rasgo específico del algoritmo de Facebook en aquel tiempo. Cuando alguien sigue páginas de marcas genéricas como Walmart o alguna telecomedia de máxima audiencia, nada cambia demasiado en sus noticias. Pero si te gusta un grupo extremo, como los Proud Boys o el Incel Liberation Army, marcas al usuario como distinto de otros, de tal modo que un motor de recomendación priorizará esos temas para la personalización. Eso significa que el algoritmo de la web empezará a enviar al usuario historias y páginas similares… Todo ello para incrementar el compromiso. Para Facebook, aumentar el compromiso es la única medida que importa, pues más compromiso implica más tiempo de pantalla estando expuesto a los anuncios.

Ese es el lado más oscuro del celebrado sistema de Silicon Valley de «comprometer al usuario». Concentrándose tan intensamente en un compromiso mayor, las redes sociales tienden a parasitar los mecanismos adaptativos de nuestro cerebro. Y resulta que el contenido más atractivo de las redes sociales suele ser horrible o te enfurece. Según los psicólogos evolutivos, para poder sobrevivir en tiempos premodernos, los humanos desarrollaron una atención desproporcionada hacia las posibles amenazas. El motivo por el que instintivamente prestamos más atención a la sangre y a las vísceras de un cadáver podrido en el suelo que a maravillarnos ante la belleza del cielo allá arriba es que lo primero es lo que nos ayudó a sobrevivir. En otras palabras, evolucionamos prestando una atención más que intensa a las posibles amenazas. Hay un buen motivo por el que uno no pueda apartar los ojos de los vídeos truculentos: porque es un ser humano.

Las plataformas de las redes sociales también usan diseños que activan los «circuitos lúdicos» y los «programas variables de refuerzo» en nuestros cerebros. Son pautas de recompensa frecuente pero irregular que crean anticipación, pero donde la recompensa final es demasiado impredecible y fugaz para planear nada.

155

Así se establece un ciclo de autorrefuerzo de incertidumbre, anticipación y retroalimentación. El azar con el que funciona una máquina tragaperras impide al jugador trazar estrategias o planear nada, por lo que la única forma de conseguir una recompensa es seguir jugando. Por otro lado, estas recompensas tienen que ser lo bastante frecuentes para engancharte de nuevo después de una racha de pérdidas y que sigas jugando. Un casino hace dinero con el número de veces que apuesta un jugador. En las redes sociales, una plataforma lo consigue según el número de clics del usuario. Por eso se va avanzando en la página de forma infinita... Hay poca diferencia entre un usuario que no para de darle a la rueda para ver más contenido y un jugador que baja la palanca de la máquina tragaperras una y otra vez.

En el verano de 2014, Cambridge Analytica empezó a desarrollar falsas páginas en Facebook y otras plataformas que parecían foros reales, grupos y fuentes de noticias. Era una táctica extremadamente común que la firma madre de Cambridge Analytica, SCL, había usado a lo largo de sus operaciones de contrainsurgencia en otras partes del mundo. No está claro quién dio la orden final dentro de la empresa para montar esas operaciones de desinformación, pero, para muchos de la vieja guardia, que habían pasado años trabajando en diversos proyectos por todo el mundo, nada de todo esto parecía extraño. Sencillamente, estaban tratando a la población estadounidense del mismo modo que habían tratado a las poblaciones pakistaní o yemení, en proyectos para clientes de Estados Unidos o del Reino Unido. La empresa lo hizo localmente, creando páginas de derechas con nombres vagos como «Patriotas del condado de Smith», o «Amo mi país». Debido a cómo funcionaba el algoritmo de Facebook, esas páginas aparecían en los contenidos de personas que ya habían marcado como «me gusta» contenidos similares. Cuando los usuarios se unían a los falsos grupos de CA, aparecían vídeos y artículos que los provocaban y los irritaban mucho más aún. En la página de los grupos, las conversaciones iban subiendo de tono, y la gente se quejaba de lo terrible o lo injusto que era esto o lo otro. CA rompió las barreras sociales, cultivando relaciones entre grupos. Y, mientras tanto, iba probando y refinando los mensajes para alcanzar el compromiso máximo.

156

CA ya tenía usuarios que 1) se identificaban como parte de un grupo extremista, 2) eran una audiencia cautiva y 3) podían ser manipulados con datos. Muchos informes de Cambridge Analytica daban la impresión de que todo el mundo estaba en el punto de mira. De hecho, no estaban controladas muchas personas, en absoluto. CA no necesitaba crear un universo objetivo enorme, porque la mayoría de las elecciones eran juegos de «suma cero»: si sacas más votos que el otro o la otra, ganas las elecciones. Cambridge Analytica necesitaba infectar solo a una pequeña franja de la población, y luego ver cómo se extendía la narrativa.

En cuanto un grupo llegaba a un número de miembros determinado, CA creaba un evento físico. Los equipos CA elegían locales pequeños (una cafetería, un bar) para que la multitud pareciese mayor. Digamos que tienes a mil personas en un grupo, que es algo modesto en términos de Facebook. Aunque solo aparezca una pequeña fracción, siguen siendo unas pocas docenas de personas. Un grupo de cuarenta parece una enorme multitud en el local de una cafetería. La gente aparecía y encontraba compañerismo en su ira y su paranoia. Naturalmente, eso les llevaba a sentirse como si formaran parte de un movimiento gigantesco y les permitía alimentar una u otra paranoia y temor a las conspiraciones. A veces, un miembro del personal de Cambridge Analytica actuaba como «cómplice». Es una táctica que suelen utilizar los militares para agitar la ansiedad en los grupos objetivos. Pero la mayoría de las veces, todo aquello funcionaba sin la necesidad de una ayuda externa. A los invitados se les elegía por sus rasgos, de modo que Cambridge Analytica solía saber cómo interactuarían entre sí. Las reuniones tenían lugar en condados de todo Estados Unidos, empezando por los estados primarios republicanos más clásicos. La gente se marchaba entusiasmada con lo que veían como un «nosotros contra ellos». Lo que empezó como una fantasía digital, sentados a solas en sus dormitorios, a última hora de la noche, haciendo clic en unos vínculos, se estaba convirtiendo en su nueva realidad. La narrativa estaba ahí, justo delante de ellos, hablándoles, en carne y hueso. El hecho de que «no» fuese real ya no importaba; bastaba con que «pareciese» real.

Finalmente, Cambridge Analytica se convirtió en una versión digitalizada, escalada y automatizada de una táctica que Estados Unidos y sus aliados habían usado en otros países. Cuando empecé en SCL, la empresa trabajaba en programas de contranarcóticos de un país sudamericano. La estrategia era identificar objetivos para, desde dentro, crear problemas en organizaciones que traficaban con narcóticos. Lo primero que hacía la empresa era ocuparse de lo más fácil, es decir, de la gente que, según razonaban los psicólogos, era más probable que se volviera errática o paranoica. Entonces podríamos trabajar sugiriéndoles ideas: «Los jefes te están robando», o «Te van a cargar con la culpa». El objetivo era volverlos contra la organización. A veces, si una persona oye algo las veces suficientes, se lo cree.

En cuanto esos individuos iniciales estuvieran lo suficientemente expuestos a esas nuevas narrativas, llegaría el momento de hacer que se reunieran los unos con los otros para formar un grupo que luego se pudiera organizar. Propagarían rumores, reforzarían sus paranoias entre sí. Y entonces llegaríamos a la siguiente capa: la gente cuya resistencia inicial respecto a los rumores había empezado a debilitarse. Así es como se desestabiliza gradualmente una organización desde el interior. CA quería hacer lo mismo en Estados Unidos, usando las redes sociales como punta de lanza. Una vez que un grupo basado en un condado empieza a organizarse, les presentas a un grupo similar en el condado de al lado. Luego lo vuelves a hacer. Al cabo de un tiempo, has creado un movimiento estatal de ciudadanos neuróticos y conspiranoicos. La *alt-right*.

Los test internos demostraban que el contenido publicitario digital y social puesto a prueba por CA resultaba efectivo a la hora de conseguir compromisos *online*. Esos que se focalizaban *online* con anuncios con test tenían sus perfiles sociales cotejados con registros de voto, de modo que la empresa conocía sus nombres y sus identidades en el «mundo real». Entonces la compañía empezó a usar números en las tasas de compromiso de estos anuncios para explorar el posible impacto sobre el número de votantes. Un memorándum interno subrayaba los resultados de un experimento que implicaba a unos votantes registrados que no habían votado en las dos elecciones anteriores. CA estimaba que, aunque solo una cuarta parte de los electores infrecuentes que empezaban a hacer clic en ese nuevo contenido de CA finalmente fuesen a votar, podía aumentar el número de votantes para los republicanos en varios estados clave en alrededor de un uno por ciento, que suele ser el margen en el que se mueve la victoria en las elecciones que están muy reñidas. A Steve Bannon, aquello le encantaba. Sin embargo, quería que CA fuera más allá, y de un modo más siniestro. Teníamos que probar la maleabilidad de la psique estadounidense. Nos instaba a incluir lo que, de hecho, eran cuestiones sesgadas desde un punto de vista racial. Quería averiguar hasta qué punto podíamos mover a la gente. La empresa empezó a incluir preguntas sobre las personas negras. Por ejemplo, preguntaba si los negros serían capaces de tener éxito en Estados Unidos sin la ayuda de los blancos, o si, por el contrario, estaban determinados genéticamente al fracaso. Bannon creía que el movimiento de los derechos civiles había limitado el «libre pensamiento» en Estados Unidos. Su intención era liberar a la gente revelando lo que veía como verdades prohibidas sobre la raza.

Bannon sospechaba que había amplios sectores de estadounidenses que se sentían silenciados por la amenaza de que se les etiquetara como «racistas». Los resultados de Cambridge Analytica confirmaron tal sospecha: Estados Unidos está lleno de racistas que permanecen en silencio por miedo al rechazo social. Pero Bannon no se centraba exclusivamente en su movimiento emergente de *alt-right*, sino que también tenía *in mente* a los demócratas.

Aunque los «demócratas típicos» hablan mucho cuando se trata de apoyar a las minorías raciales, Bannon detectó un paternalismo subyacente que traicionaba su conciencia social. Creía que el partido estaba lleno de «liberales de limusina», un término acuñado en la campaña a la alcaldía de Nueva York en 1969 y que recogieron al instante los populistas para denigrar a los demócratas llenos de buenas intenciones. Estos eran los demócratas que apoyaban la desegregación, pero enviaban a sus propios hijos a escuelas privadas de mayoría blanca, o que bien aseguraban preocuparse por el centro de la ciudad, pero vivían en urbanizaciones protegidas. En un discurso, Bannon dijo: «Los demos siempre tratan a los negros como niños. Los meten en viviendas subvencionadas…, les dan prestaciones sociales…, acciones afirmativas…, envían a chicos blancos a dar comida a África. Pero los demos siempre han tenido miedo de hacerse esta pregunta: ¿por qué toda esa gente necesita que la cuiden tanto?».

159

Lo que quería decir era que los demócratas blancos mostraban sus prejuicios contra las minorías sin darse cuenta. Bannon planteaba que, aunque esos demócratas pensaran que les «gustaban» los afroamericanos, en realidad no «respetaban» a los afroamericanos. De hecho, muchas políticas demócratas procedían de un reconocimiento implícito de que «esa gente» no podía ayudarse a sí misma. El escritor de discursos Michael Gerson captó la idea a la perfección con una frase que acuñó para el entonces candidato presidencial George W. Bush, allá por 1999: «la intolerancia blanda de las bajas expectativas».

Según ese argumento, los demócratas eran de los que tendían la mano y toleraban la mala conducta y los peores resultados en las pruebas porque, en realidad, no creían que los estudiantes de las minorías pudieran hacerlo tan bien como sus pares no minoritarios.

Bannon se aproximaba mucho más incisiva y agresivamente a esa misma idea: creía que los demócratas, sencillamente, estaban usando a las minorías estadounidenses para sus propios fines políticos. Estaba convencido de que el acuerdo social que surgió después del movimiento de los derechos civiles, donde los demócratas se beneficiaban de los votos de los afroamericanos a cambio de ayudas gubernamentales, no nacía de ninguna ilustración moral, sino, por el contrario, de un cálculo frío y astuto. Según su modo de pensar, los demócratas solo podían defender lo que veía como verdades inconvenientes de ese acuerdo social a través de la «corrección política». Los demócratas sujetaban a los «racionalistas» a la vergüenza social cuando hablaban de esta «realidad de las razas».

El «realismo de raza» es el giro más reciente de unos tropos y unas teorías muy antiguas que dicen que determinados grupos étnicos son genéticamente superiores a otros. Los realistas de la raza creen, por ejemplo, que los negros estadounidenses puntúan muy bajo en las pruebas estandarizadas no porque las pruebas estén sesgadas ni por culpa de la larga historia de opresión y prejuicios que los negros deben superar, sino porque son intrínsecamente menos inteligentes que los estadounidenses blancos. Es una idea seudocientífica abrazada por los supremacistas blancos, que hunde sus raíces en el «racismo científico». Tiene siglos de antigüedad y ha provocado, entre otros desastres de la historia de la humanidad, el esclavismo, el *apartheid* y el Holocausto. La *alt-right*, dirigida por Bannon y Breitbart adoptó el realismo de raza como piedra angular de su filosofía.

Si Bannon quería tener éxito en su búsqueda de la liberación de sus «librepensadores», necesitaba una forma de vacunar a las personas contra la corrección política. Cambridge Analytica empezó a estudiar no solo el «racismo abierto», sino el racismo en sus otras muchas encarnaciones. Cuando pensamos en racismo, solemos hacerlo en odio declarado. Pero el racismo puede persistir de diferentes formas. Puede ser «aversivo»: es el caso de una persona, consciente o inconscientemente, que evita a un grupo racial (por ejemplo: en comunidades cerradas, evitarlos sexual y sentimentalmente, etc.). También puede ser un racismo «simbólico»: cuando una persona emite juicios negativos de un grupo racial (por ejemplo: estereotipos, dobles raseros, etc.). Sin embargo, como la etiqueta de «racismo» puede conllevar un estigma social, en los Estados Unidos de hoy en día, nos encontramos con que las personas blancas suelen ignorar o no tienen en cuenta sus prejuicios internalizados y reaccionan con fuerza a cualquier inferencia respecto a sus creencias al respecto.

Es lo que se conoce como «fragilidad blanca»: las personas blancas de la sociedad estadounidense disfrutan de entornos alejados de las desventajas raciales, que promueven entre los blancos una expectativa de comodidad racial, y que rebajan al mismo tiempo su capacidad de tolerar el estrés racial. En nuestra investigación vimos que la fragilidad blanca evitaba que las personas se enfrentaran a sus prejuicios latentes. Esa disonancia cognitiva también implica que los sujetos suelan amplificar sus respuestas expresando afirmaciones positivas hacia las minorías, en un esfuerzo por satisfacer la idea que tienen sobre sí mismos de que «no son racistas». Por ejemplo, cuando se les presentaban una serie de hipotéticas biografías ilustradas con fotografías, algunos de los participantes, que habían puntuado muy alto en pruebas anteriores con un sesgo racial implícito, ponían una nota mejor a las biografías de minorías que a idénticas biografías de gente blanca. «¿Ves? Pongo más puntuación a las personas negras porque no soy racista».

Tal disonancia cognitiva creaba una apertura: muchos encuestados reaccionaban a su propio racismo no con preocupación acerca de cómo podían estar contribuyendo ellos a la opresión estructural, sino más bien protegiendo su propio estatus social. Bannon no necesitaba más para convencerse de que su teoría sobre los demócratas era cierta, de que se limitaban a bailar el agua a las minorías, pero que en el fondo eran tan racistas como todos los demás. La única diferencia era quién estaba viviendo en qué «realidad».

161

Υ

Bannon sabía como ayudar a los racistas blancos a superar todo aquello y convertirse en «librepensadores» liberados. En 2005, cuando empezó en IGE, la empresa de juegos con base en Hong-Kong, contrataron al personal de una fábrica china de juegos con bajo salario para que jugaran a *World of Warcraft* y ganaran cosas con el juego. En lugar de cambiarlas o venderlas a través de la interfaz del juego, cosa que estaba permitida, IGE vendía los artículos digitales a actores occidentales a cambio de un beneficio. Otros actores veían tal actividad como un engaño. De hecho, a aquello lo siguió una demanda civil y una reacción violenta. Posiblemente, esa fue la primera vez que Bannon se expuso a la rabia de las comunidades *online*. Según se dice, alguno de los comentarios lo tachaban de «puro vitriolo antichino». Bannon se convirtió en lector habitual de Reddit y 4chan, y empezó a entender la cantidad de ira latente que emerge a la superficie cuando la gente puede actuar anónimamente en la Red. En su opinión, aquello revelaba su yo auténtico, sin que antes fuera filtrado por esa «corrección política» que evitaba que hablasen de esas «verdades» en público. Leyendo las intervenciones en esos foros, Bannon se dio cuenta de que podía aprovecharse de ellos y de sus anónimos enjambres de resentidos y acosadores.

Se hizo evidente tras el Gamergate, a finales del verano de 2014, justo antes de que Bannon conociera SCL. En muchos aspectos, el Gamergate creó un marco conceptual para el movimiento *alt-right* de Bannon, ya que entonces fue cuando supo que había una corriente de millones de jóvenes apasionados y furiosos. El troleo y el *cyberbulling* se convirtieron en herramientas clave para la *alt-right*. Sin embargo, Bannon fue mucho más allá: hizo que Cambridge Analytica preparase y desplegase muchas de las mismas tácticas que los maltratadores y abusones usan para erosionar la resiliencia al estrés en sus víctimas. Transformó CA en una herramienta para el acoso automatizado y el abuso psicológico amplificado. La empresa empezó identificando una serie de sesgos cognitivos que, según nuestra hipótesis, interactuarían con el sesgo racial latente. A través de varios experimentos, tramamos un arsenal completo de herramientas psicológicas que podían desplegarse sistemáticamente a través de redes sociales, blogs, grupos y foros.

La primera petición de Bannon a nuestro equipo fue estudiar quién se sentía oprimido por la corrección política. Cambridge Analytica averiguó que, como esa gente suele sobreestimar la atención que les prestaban los demás, poner de relieve situaciones socialmente incómodas era una forma efectiva de provocar el sesgo en las cohortes de *targeting*, como cuando te metes en problemas por pronunciar mal un nombre extranjero. Uno de los mensajes más eficaces consistió en que los sujetos «se imaginaran un Estados Unidos en el que pudieras pronunciar el nombre de todo el mundo». A los sujetos se les enseñaban una serie de nombres poco comunes y luego se les preguntaba: «¿A que es difícil pronunciar este nombre? ¿Recuerda usted un momento en que la gente se haya reído de alguien que no sabía pronunciar un nombre étnico? ¿Usan la corrección política algunas personas para hacer que otros se sientan estúpidos o para meterse con ellos?»

La gente reaccionaba mucho ante la idea de que los «liberales» buscaban nuevas formas de burlarse y avergonzarlos. Y la asociaban a la idea de que la corrección política era un método de persecución. Una técnica efectiva de Cambridge Analytica era mostrar a los sujetos unos blogs que se burlaban de la gente blanca como ellos, como *Gente de Walmart*. Bannon había estado observando comunidades *online* en lugares como 4chan y Reddit durante años, y sabía que subgrupos de jóvenes blancos airados solían compartir contenido de las «élites liberales» burlándose de los «estadounidenses normales». Siempre ha habido publicaciones que parodiaban a los «paletos» de la «América profunda», pero las redes sociales representaban una oportunidad extraordinaria para que fueran los «estadounidenses normales» quienes se burlaran del esnobismo de las élites de la costa.

Cambridge Analytica empezó a usar tal contenido para referirse a la creencia de que existe una competencia racial por la atención y los recursos; es decir, que las relaciones de raza son un juego de suma cero. Cuanto más se llevan ellos, menos tienes tú. Además, usan la corrección política para que no puedas denunciarlo. Esa manera de enmarcar la corrección política como una amenaza a la identidad catalizaba un efecto *boomerang* en la gente, de modo que las contranarrativas podían fortalecer los

163

sesgos o las creencias previas, en vez de debilitarlos. Eso implicaba que cuando los objetivos vieran vídeos que contenían críticas a afirmaciones racistas por parte de candidatos o famosos, se afianzarían aún más las opiniones racializadas del público objetivo, en lugar de hacer que se cuestionasen tales creencias. Y si se podían enmarcar las opiniones racializadas a través de la lente de la identidad antes de que se expusieran a una contranarrativa, esa contranarrativa podría interpretarse como un ataque a la identidad. Lo que resultaba útil para Bannon era que, en efecto, inoculaba en los grupos seleccionados contranarrativas que criticaban el etnonacionalismo. Así se creaba un ciclo de refuerzo maligno en el cual la cohorte fortalecía sus puntos de vista racializados cuando se exponía a las críticas.

Cuando procesamos creencias muy arraigadas, se nos activa una zona del cerebro que es la misma que se implica cuando pensamos en quiénes somos y en cuál es nuestra identidad. Es lógico pensar que, más tarde, cuando los medios criticaron duramente a Donald Trump por sus declaraciones racistas y misóginas, se creara un efecto similar. Es decir, que las críticas a Trump fortalecieron la filiación de sus partidarios, que internalizaban esos reproches como amenazas a su verdadera identidad.

Al enfurecer de ese modo a la gente, CA estaba siguiendo un corpus de investigación bastante amplio que demuestra que la ira interfiere con la búsqueda de información. Por eso la gente puede «llegar a conclusiones» en un brote de rabia, aunque más tarde lamente las decisiones que tomó. En un experimento, CA mostraba en los paneles *online* unos sencillos gráficos de barras, sobre cosas no controvertidas (por ejemplo: las tasas de uso de teléfonos móviles, o las ventas de un determinado tipo de coche), y la mayoría de la gente era capaz de descifrar el gráfico correctamente. Sin embargo, sin que los encuestados lo supieran, los datos que había detrás de aquellos gráficos derivaban en realidad de temas políticos muy polémicos, como la desigualdad de impuestos, el cambio climático o las muertes por armas de fuego. Cuando posteriormente se pusieron las etiquetas auténticas sobre los gráficos, los encuestados que se habían sentido airados porque su identidad era amenazada solían leer mal los gráficos reetiquetados (a pesar de que antes los habían entendido bien).

CA observó que, cuando los encuestados estaban furiosos, no precisaban demasiado explicaciones completas y racionales. La ira coloca a las personas en un marco mental en el que son más indiscriminadores, sobre todo con grupos externos. También subestiman el riesgo de que se produzcan resultados negativos. CA descubrió que, aunque una hipotética guerra comercial con China o México significara la pérdida de puestos de trabajo y beneficios para los estadounidenses, la gente más airada toleraría aquel daño a la economía doméstica si eso significaba que podían usar una guerra comercial para castigar a grupos de inmigrantes y liberales urbanos.

Bannon estaba convencido de que si le mostrabas a la gente lo que «realmente significaba» la corrección política, se despertarían y verían la verdad. De modo que Cambridge Analytica empezó a preguntar a cierta gente si la idea de que su hija se casara con un inmigrante mexicano le hacía sentir incómodo. Para los sujetos que negaban su incomodidad con aquella idea, seguía otra pregunta: «¿Cree usted que eso es lo que tenía que decir?». Entonces se les daba permiso para cambiar sus respuestas, y muchos lo hacían. Después de recoger los datos de Facebook, CA empezó a explorar formas de llevar aquello aún más lejos, sacando fotos de hijas de hombres blancos y colocándolas junto a hombres negros…, para mostrar a esos hombres blancos «cómo era en realidad» la corrección política

Asimismo, los paneles de investigación de Cambridge Analytica identificaban que había relaciones entre las actitudes focalizadas y un efecto psicológico llamado «hipótesis del mundo justo» (JWH por sus siglas en inglés). Este es un sesgo cognitivo según el cual algunas personas confían en la presunción de un mundo justo: el mundo es un lugar justo, donde las cosas malas pasan «por un motivo», o bien se ven compensadas por una especie de «contrapeso moral» en el universo. Vimos que la gente que mostraba el sesgo JWH era, por ejemplo, más propensa a culpar a la víctima en un hipotético escenario de ataque sexual. Si el mundo es justo, entonces no deberían ocurrir cosas malas al azar a personas inocentes; por tanto, debe de haber un fallo en la conducta de la víctima. Encontrar formas de culpar a las víctimas es una profilaxis psicológica para algunas personas, porque les ayuda a soportar la ansiedad produci-

165

da por las amenazas incontrolables del entorno, manteniendo al mismo tiempo una imagen consoladora de que el mundo seguirá siendo justo para ellos.

Cambridge Analytica vio que el JWH estaba relacionado con muchas actitudes, pero tenía una especial relación con el sesgo racial. La gente que mostraba el JWH era más probable que estuvieran de acuerdo con la idea de que había que culpar a las minorías de las disparidades socioeconómicas entre razas. En otras palabras: los negros han tenido mucho tiempo para conseguir las cosas por sí mismos, pero no tienen nada de nada. Quizá no sea racista, por tanto, sugerir que las minorías no han sido capaces de crear su propio éxito, se les decía a los sujetos. Quizá sea, simplemente, realista.

Entonces CA descubrió que para los que tienen una evangélica visión del mundo, el «mundo justo» existe porque Dios recompensa a la gente con el éxito si sigue sus normas. En otras palabras, la gente que vive correctamente no sufrirá por condiciones preexistentes y tendrá éxito en la vida, aunque sean negros. Cambridge Analytica empezó a alimentar esas cohortes narrativas expandiendo los argumentos religiosos que las validaban. «Dios es justo y bueno, ¿verdad? La gente rica ha sido bendecida por Dios por un motivo, ¿no? Porque él es justo. Si las minorías se quejan de que reciben menos, quizás haya un motivo…, porque Dios es justo. ¿O es que acaso se atreve a cuestionar a Dios?»

De este modo, CA podía cultivar unas opiniones más punitivas hacia «los otros». Si el mundo es justo y está gobernado por un Dios justo, entonces los refugiados sufren por algún motivo. Con el paso del tiempo, la gente ignoraba cada vez más los ejemplos de peticiones de refugio legales de Estados Unidos, y se centraban más bien en cómo y por qué deberían ser castigados los reclamantes. Además, en algunos casos, cuanto más fundada era la reclamación, más duras eran las respuestas. El público objetivo se preocupaba cada vez menos por los hipotéticos refugiados, y más por mantener la coherencia de su visión del mundo. Si estás fuertemente convencido de la idea de que el mundo es justo, las pruebas en sentido contrario pueden resultar enormemente amenazadoras.

Para los librepensadores de Bannon, la realidad de la raza

no solo se estaba convirtiendo en su realidad, sino que se estaba transformando en la realidad de Dios…, una conexión con una larga historia en Estados Unidos. Desde el tiempo en que se trajeron esclavos por primera vez al país, los predicadores recurrían al libro de los Efesios para justificar la práctica, citando la frase: «Siervos, sed obedientes con ellos, que son vuestros amos», como prueba de que la propiedad de esclavos era buena. A principios del siglo XIX, el obispo episcopal Stephen Elliott sugirió que aquellos que deseaban terminar con la esclavitud se estaban comportando de una manera impía. Escribió que deberían «pensar si, en su interferencia con esa institución, no estarán deteniendo e impidiendo una obra que es manifiestamente providencial», ya que millones de «personas semibárbaras» habían «aprendido el camino al Cielo y […] se les había dado a conocer a su salvador, a través del medio de la esclavitud africana». En la posguerra civil, los estados del Sur promulgaron «códigos negros» que impedían la recién hallada libertad de los ciudadanos negros. En ciudades como Memphis y Nueva Orleans, los políticos blancos y los funcionarios de la ciudad usaban el terror inducido para provocar sangrientos tumultos que costaban docenas de vidas de personas negras. Las leyes de Jim Crow, promulgadas a finales del siglo XIX y principios del siglo XX, se aseguraron que, durante las siguientes décadas, las razas permanecieran segregadas en espacios públicos. Los impuestos de capitación hacían que a muchos negros del sur les resultase imposible votar. El Ku Klux Klan, que había desaparecido virtualmente después de la guerra civil, disfrutó de un renacimiento a principios del siglo XX, presentándose como organización patriótica nacional.

El Acta de Derechos Civiles de 1964 y el Acta de Derecho al Voto de 1965 representaron un gran avance en los derechos de los negros estadounidenses. Estos amplios conjuntos de leyes prometían enmendar muchas de las injusticias que se habían perpetrado contra la comunidad negra durante muchos años: aseguraban el derecho al voto, obligaban a la integración en los edificios públicos e instituían igualdad de oportunidades de empleo y la no discriminación en los programas federales. También abrieron un nuevo capítulo en las políticas que azuzaban desvergonzadamente el miedo blanco.

A finales de los años sesenta, la «estrategia sureña» de Richard Nixon avivó el temor racial y las tensiones para cambiar el voto blanco de los demócratas al partido republicano. Nixon basó su campaña presidencial de 1968 en los pilares gemelos de «derechos estatales» y «ley y orden», ambos reclamos obvios y racialmente codificados. En su campaña de 1980, Ronald Reagan invocó repetidamente a la «reina de la asistencia social», una mujer negra que supuestamente era capaz de comprarse un Cadillac con la asistencia que recibía del Gobierno. En 1988, la campaña de George H. W. Bush emitió el infame anuncio de Willie Horton, que aterrorizaba a los votantes blancos con imágenes de criminales negros fuera de sí y causando estragos.

Steve Bannon quería confirmar los sesgos más desagradables de la psique estadounidense y convencer a aquellos que los poseían de que ellos eran las víctimas, que se habían visto obligados a suprimir sus verdaderos sentimientos durante demasiado tiempo. En lo más profundo del alma estadounidense se agazapaba una tensión explosiva. Bannon lo notaba desde hacía tiempo y ahora tenía los datos que podían probarlo. La historia, de eso estaba convencido Bannon, probaría que estaba del lado correcto, y las herramientas adecuadas conseguirían acelerar su profecía. Los jóvenes, con esa falta de oportunidades que procedía de un Estado gigantesco y un sistema financiero corrupto, se tenían que rebelar. Lo que sucedía es que aún no lo sabían. Bannon quería que comprendiesen su papel en la revolución que había profetizado; ellos dirigirían un «giro» generacional de la historia y se convertirían en los «artistas» que redibujarían una nueva sociedad llena de sentido y de objetivos, después de una «gran revolución». Las figuras más importantes de la historia, decía, eran artistas. Franco y Hitler eran pintores, mientras que Stalin, Mao y Bin Laden eran poetas. Bannon comprendía que los movimientos adoptan nuevas estéticas para la sociedad. Y se preguntaba por qué los dictadores siempre, antes que hacer cualquier otra cosa, encierran a los poetas y a los artistas. Pues porque a menudo ellos mismos también son artistas. Y, para Bannon, ese movimiento estaba destinado a convertirse en una gran actuación. Era el cumplimiento de su profecía, que hacía reales las narrativas de sus libros favoritos, como *La cuarta vuelta*, que predice una crisis pendiente, seguida por una generación olvidada que se alza y se rebela, o *El desembarco*, donde la civilización occidental se hunde bajo el peso de caravanas de inmigrantes invasores.

Sin embargo, Bannon necesitaba un ejército para desatar el caos. Para él, esa era la insurgencia. Y para inspirar una lealtad y un compromiso total, estaba dispuesto a utilizar cualquier narrativa que funcionase. La explotación de sesgos cognitivos, para Bannon, era simplemente una cuestión de «des-programar» a sus objetivos del «condicionamiento» que habían sufrido al criarse en una sociedad insípida y sin sentido. Bannon quería que sus objetivos «se descubrieran a sí mismos» y «se convirtieran en los que realmente eran». No obstante, las herramientas creadas en Cambridge Analytica en 2014 no iban de autoactualización, sino que se usaban para acentuar los demonios más internos de la gente, para construir lo que Bannon llamaba su «movimiento». Al centrarse en gente con vulnerabilidades psicológicas específicas, la empresa los victimizaba para que se unieran a lo que no era más que un «culto» dirigido por falsos profetas, en cuyos nuevos seguidores, aislados digitalmente como estaban ahora de las narrativas inconvenientes, la razón y los hechos tendrían poco efecto.

En la última discusión que tuve con Bannon, me dijo que para cambiar de una manera fundamental la sociedad, «hay que romperlo todo». Y esa era su intención: fracturar el *establishment*. Bannon culpaba al «gran gobierno» y al «gran capitalismo» de suprimir el azar, que es esencial para la experiencia humana. Quería liberar a la gente de un Estado administrativo controlador que hacía elecciones por ellos y que, por tanto, eliminaba todo objetivo de sus vidas. Quería provocar el caos y acabar con la tiranía de la certeza dentro del Estado administrativo. Steve Bannon no quería que el Estado dictase el destino de Estados Unidos. No pensaba tolerarlo.

169

8

Desde Rusia con «me gusta»

*P*ara mantenerse fieles a sus orígenes en operaciones de información extranjera, nuevos personajes llegaban a las oficinas de Cambridge Analytica en Londres casi diariamente. La empresa se convirtió en una puerta giratoria de políticos extranjeros, amañadores, agencias de seguridad y hombres de negocios acompañados de sus secretarias ligeras de ropa. Era obvio que muchos de esos hombres eran socios de los oligarcas rusos que querían influir en un Gobierno extranjero, pero su interés por la política exterior raramente era ideológico. Más bien solían buscar ayuda para guardar dinero en algún sitio discreto, o bien para retirar dinero congelado en alguna cuenta de algún lugar del mundo. Al personal se le decía que ignorase las idas y venidas de esos hombres y que no les hicieran demasiadas preguntas, pero se hacían bromas sobre ellos en chats internos. En particular, los visitantes rusos estaban entre los más excéntricos de nuestra clientela. Cuando la empresa llevó a cabo una investigación interna sobre esos posibles clientes, se enteró a través de radio macuto de las divertidas aficiones o estrafalarias escapadas sexuales de esos hombres. Reconozco que hice oídos sordos a las reuniones de la empresa con esos clientes de aspecto tan sospechoso. Sabía que tendría problemas con Nix si hacía preguntas que él no querría responder. Sin embargo, en aquel momento, en la primavera de 2014, justo dos años antes de que la campaña de desinformación rusa atacase las elecciones presidenciales de Estados Unidos, no había nada estrictamente sospechoso en esos rusos, aparte de los típicos asuntos turbios en los que estaba embarcada la empresa.

Excepto, claro está, un posible cliente ante el cual los ejecutivos de CA se mostraban muy alborotados e inusualmente elusivos.

En la primavera de 2014, la gran empresa de petróleo rusa Lukoil contactó con Cambridge Analytica y empezó a hacer preguntas. Al principio era Nix quien llevaba las conversaciones, pero pronto los ejecutivos de la petrolera quisieron respuestas que él no podía darles. Enviaron al CEO de Lukoil Vagit Alekperov un informe técnico que yo había redactado sobre los proyectos de *targeting* de datos de Cambridge Analytica en Estados Unidos, después de lo cual Lukoil pidió una reunión. Nix me dijo que debía estar presente. «Ellos entienden el *microtargeting* conductual en el contexto de las elecciones (según tu excelente documento / libro blanco), pero no acaban de captar la conexión entre los votantes y sus consumidores», me escribió en un correo electrónico.

Bueno, yo tampoco tenía muy claro cuál era esa conexión. Lukoil era una fuerza importante en la economía global (la empresa privada más grande de la cleptocracia de Putin), pero yo no veía ningún nexo obvio entre una compañía petrolera rusa y el trabajo de CA en Estados Unidos.

Y Nix no me ayudaba nada.

—Bueno, ya sabes cómo son estas cosas —me dijo—. Simplemente te levantas la falda un poquito, y ellos te dan dinero.

En otras palabras, no le interesaban los detalles. Si Lukoil quería pagar por nuestros datos, ¿por qué nos tenía que preocupar a nosotros lo que hicieran con ellos?

Poco después de ese primer contacto con Lukoil, se redactó un memorándum de la capacidad interna de CA en 2014 y se lo enviaron a Nix. El informe discutía en términos eufemísticos lo que la empresa, al menos en teoría, era capaz de montar, si un proyecto requería unos servicios de inteligencia especiales, o bien operaciones de desinformación escaladas en las redes sociales. (Como el memo era interno, hacía referencia a SCL; Cambridge Analytica era simplemente una fachada para los clientes estadounidenses, y su personal pertenecía todo a SCL). «SCL cuenta con cierto número de funcionarios de inteligencia y seguridad retirados de Israel, Estados Unidos, Gran Bretaña, España y Rusia, todos con amplia experiencia

171

técnica y analítica», decía en el memo. «Nuestra experiencia demuestra que, en muchos casos, utilizar las redes sociales o publicaciones extranjeras para "exponer" a un oponente es mucho más efectivo que usar medios de comunicación locales potencialmente sesgados». En el memo se hablaba de «infiltrar» campañas de oposición usando «redes de inteligencia» para obtener «información dañina», y crear redes escaladas o «cuentas de Facebook y Twitter para construir credibilidad y cultivar seguidores». Para muchos de los clientes de SCL, esta era una oferta normal: espionaje privado, timos, sobornos, extorsiones, infiltraciones, cebos con mujeres guapas y desinformación propagada mediante cuentas falsas en las redes sociales. Por un precio adecuado, SCL estaba dispuesta a hacer lo que fuera necesario para ganar unas elecciones. Y ahora, armados con unos grupos de datos mucho más extensos y competencia en IA, y una inversión de millones, la recién formada Cambridge Analytica estaba pensando en llevarlo todo más lejos aún.

Los ejecutivos de Lukoil acudieron a Londres, donde Nix les había preparado una breve presentación visual para la reunión. Yo me arrellané en mi silla, curioso por ver qué demonios estaban presentando en realidad. El primer par de transparencias explicaban un proyecto de SCL en Nigeria, destinado a minar la confianza de los votantes en las instituciones cívicas. Etiquetado como «Elecciones: inoculación», el material describía cómo propagar rumores y desinformación para cambiar el resultado de las elecciones. Nix ponía vídeos de votantes muy afectados, convencidos de que las siguientes elecciones nigerianas estarían amañadas.

—Les hicimos pensar eso —decía con gran placer.

El siguiente grupo de diapositivas describía cómo había trabajado SCL para amañar las elecciones de Nigeria, con vídeos de votantes que decían que estaban muy preocupados porque corrían rumores de violencia y levantamientos.

—También fue cosa nuestra que pensaran esto —dijo Nix.

Contemplé en silencio a esos ejecutivos rusos, que tomaban notas y asentían de vez en cuando como si lo que estuvieran viendo fuese algo totalmente rutinario. A continuación, Nix les enseñó transparencias sobre nuestros grupos de datos. Pero nosotros no teníamos datos acerca de Rusia ni sobre los mercados de la Commonwealth of Independent States (CIS), que era donde Lukoil operaba especialmente. Y nuestro conjunto de datos más completo cubría Estados Unidos. Nix empezó a hablar entonces de *microtargeting*, de inteligencia artificial y de lo que estaba haciendo Cambridge Analytica con los datos que estaban en nuestra posesión.

Por mi parte, seguía sin entender nada. Al final de aquella presentación, los ejecutivos me preguntaron qué pensaba. Tras titubear unos momentos, acabé diciendo:

—Bueno, tenemos diversas experiencias y datos de muchos lugares... ¿Por qué están interesados en todo esto, exactamente?

Uno de ellos me respondió que todavía lo estaban pensando y que les hablásemos más de los datos y la capacidad que tenía CA. Pero era yo el que necesitaba respuestas. ¿Por qué una empresa petrolera rusa que no tenía presencia en Estados Unidos quería acceder a nuestros conjuntos de datos de ese país? Y si se trataba de un proyecto comercial, ¿por qué Alexander les enseñaba diapositivas sobre desinformación en África?

Sin embargo, no eran solo los datos internos lo que se les mostraba a los clientes de la empresa. La compañía estaba deseando presumir ante posibles clientes de lo mucho que sabíamos acerca de las operaciones militares internas de Estados Unidos. En otra reunión, una presentación interna creada por el Centro de Focalización de las Fuerzas Aéreas de Estados Unidos en Langley, Virginia, al que tuvo acceso la empresa no sé cómo, explicaba a algunos posibles clientes que Estados Unidos ya estaba «incorporando los factores de conducta socioculturales en la planificación operativa», para conseguir «la capacidad de instrumentalizar objetivos» y amplificar la fuerza no cinética contra los adversarios de Estados Unidos. Nix se mostraba evasivo sobre sus planes, cosa poco propia en él. ¿Acaso no le habíamos visto mil veces fanfarronear sobre que la empresa había sobornado a ministros y había colocado a chicas guapas como cebo? Sin embargo, no podía o no quería explicar por qué seguíamos comunicándonos con aquel cliente en concreto. Y cuando discutíamos, nos decía:

—Ya tenemos gente en el terreno.

173

ϒ

Unos pocos meses antes de la primera ronda de reuniones con Lukoil, Cambridge Analytica contactó con un hombre llamado Sam Patten, que había tenido una vida llena de emociones como agente político a sueldo en todo el mundo. En los años noventa, Patten trabajaba en el sector del petróleo en Kazajistán; luego se trasladó a la política del este de Europa. Cuando CA le contrató, acababa de terminar un proyecto para unos partidos políticos prorrusos en Ucrania. En aquel momento trabajaba con un hombre llamado Konstantin Kilimnik, antiguo funcionario del Directorio Principal de Inteligencia de Rusia (el GRU). Aunque Patten niega que diera dato alguno a su socio ruso, más tarde se reveló que Paul Manafort, que durante varios meses fue director de campaña de Donald Trump, pasó datos electorales de los votantes a Kilimnik, por su cuenta.

Patten y Kilimnik se habían conocido en Moscú a principios de los 2000. Más tarde trabajaron en Ucrania para la consultoría de Paul Manafort. Ambos se convirtieron en socios de negocios formales poco después de que Patten llegase a CA.

Patten era perfecto para navegar en el mundo de las operaciones en la sombra de influencia internacional. También estaba bien conectado con el creciente número de republicanos que se unían a Cambridge Analytica, de modo que inicialmente fue asignado para trabajar en Estados Unidos. La misión de Patten era dirigir la logística de las operaciones de investigación en Estados Unidos, incluidos grupos focales y recogida de datos, así como redactar algunas de las preguntas de la encuesta. En la primavera de 2014, empezó a trabajar en Oregón, donde se hizo cargo de algunos de los proyectos de Gettleson que investigaban el aspecto social y de actitud de los ciudadanos estadounidenses.

Pronto empezaron a surgir cosas raras en nuestra investigación. Un día estaba en mi despacho de Londres, comprobando los informes sobre el terreno, cuando me fijé en un proyecto mediante el cual se probaban mensajes sobre Rusia en Estados Unidos. La operación estadounidense estaba creciendo muy rápido. Se habían destinado unas cuantas personas más para manejar el incremento de tareas, de modo que era difícil llevar la cuenta de cada una de las líneas de investigación. Pensé que quizás alguien hubiera empezado a explorar los puntos de vista estadounidenses sobre temas internacionales. Pero cuando investigué en nuestro depósito de preguntas y datos, averigüé que los únicos datos que se recogían eran sobre Rusia. Nuestro equipo de Oregón había empezado a preguntarle a la gente: «¿Tiene derecho Rusia a Crimea?» y «¿Qué piensa usted sobre Vladimir Putin como líder?» Los líderes de grupos focales hacían circular diversas fotos de Putin y pedían a la gente que indicase en cuál parecía más fuerte. Empecé a ver registros de vídeo de algunos de los grupos focales, y eran muy raros. En la pared, se proyectaban fotos de Vladimir Putin y narrativas rusas. Entonces se preguntaba a votantes estadounidenses cómo se sentían al ver a un líder fuerte.

Lo más interesante es que, aunque Rusia había sido adversaria de Estados Unidos durante décadas, Putin era admirado por su fuerza como líder.

—Tiene derecho a proteger su país y hacer lo que cree que es mejor para su Rusia —decía uno de los participantes, y los demás asentían, de acuerdo con él.

Otro nos decía que Crimea era el México de Rusia, pero que, a diferencia de Obama, Putin estaba tomando medidas. Allí, solo en la oficina, ya oscura, contemplando extraños vídeos de estadounidenses que discutían sobre si Putin tenía derecho o no a Crimea, quise respuestas. Gettleson estaba en Estados Unidos en aquel momento. Cuando respondió al teléfono, le pregunté si podía decirme quién había autorizado una investigación sobre Putin. Él no tenía ni idea.

—Simplemente, surgió —dijo—, de modo que supuse que alguien lo había aprobado.

Se me pasó por la cabeza el interés de Patten en la política de la Europa del Este, pero lo dejé pasar. En agosto de 2014, un miembro del personal de Palantir envió un mensaje de correo al equipo de recogida de datos con un vínculo a un artículo sobre rusos que robaban millones en Internet, explorando registros. «¡Están hablado de recoger datos!», bromeaban.

Dos minutos más tarde, uno de nuestros ingenieros respondía: «Podemos explotar métodos similares». Quizás estuviera bromeando, tal vez no, pero la empresa ya había contratado a antiguos funcionarios de inteligencia rusos para otros proyectos, como subrayaba el memo que le habían enviado a Nix.

Kogan, líder del proyecto de psicología desde mayo de 2014, hacía viajes a San Petersburgo y Moscú. No dio ninguna explicación sobre sus proyectos en Rusia, pero yo sabía que trabajaba en perfiles psicométricos de usuarios de redes sociales. La investigación que estaba haciendo Kogan en Rusia se centraba en identificar a la gente trastornada y explorar su posible implicación en conductas tipo trol en las redes sociales. Su investigación en la Universidad Estatal de San Petersburgo, financiada por una beca de investigación del Gobierno ruso, examinaba las conexiones entre rasgos de personalidad de la tríada oscura e incidencia en el ciberacoso y el troleo. La investigación también exploraba temas políticos sobre Facebook, y así averiguaron que los perfiles que tenían puntuaciones más altas en psicopatía publicaban más cosas relacionadas con políticas autoritarias. Kogan trabajaba, juntamente con los psicólogos clínicos y computacionales, con los «datos de usuarios de Facebook de Rusia y Estados Unidos por medio de una aplicación web especial», según uno de los informes de su equipo de investigación ruso. A finales del verano, Kogan estaba dando conferencias en Rusia sobre las posibles aplicaciones políticas de los perfiles de las redes sociales. Recuerdo que me mencionó que su trabajo en San Petersburgo y en Cambridge Analytica «se solapaban», pero podría haber sido una coincidencia. Mi propia creencia personal, que expresé en el Congreso, era que Kogan no tenía malas intenciones, sino que había sido descuidado e ingenuo. Nada más. Objetivamente, la seguridad de los datos era escasa.

Ya incluso antes de que Kogan llegara, la empresa madre de CA, SCL, tenía experiencia diseminando propaganda *online*, pero la investigación de Kogan era adecuada en relación con el *targeting* de votantes con rasgos de personalidad autoritarios, y podía identificar narrativas que activarían su apoyo. Después de que Kogan se uniera al proyecto de Cambridge Analytica, el equipo de psicología interna de CA empezó a replicar algunas de las investigaciones de Rusia: perfiles de personas que puntuaban alto en neurosis y en rasgos de la tríada oscura.

Ese público objetivo era más impulsivo y más susceptible de caer en el pensamiento conspiranoico. Si se les inducía de la forma adecuada, se les podía empujar a tener pensamientos y conductas externos.

Hacen falta líderes tóxicos para crear una empresa tóxica, y creo que Cambridge Analytica reflejaba el carácter de Nix. Junto con el placer que sentía por la intimidación, Nix poseía un don increíble para encontrar el punto en el cual su malicia podía hacer más daño. No dejaba de llamarme «cojo» o «tarado», por ejemplo, porque sabía que con eso me hacía sentir débil. Y sabía que así conseguiría que trabajase más duro para él. Por mucho que me ofendiese, no sé por qué, yo estaba decidido a demostrar que se equivocaba. Los insultos constantes venían acompañados de una explicación: solo «la verdad» podía motivar a alguien para que llegase a los estándares de Nix. También le encantaba denigrar al personal, irrumpir en la oficina como un tornado de irritación, arrojando insultos al pasar.

En una ocasión pensamos que Nix le iba a hacer daño a alguien. No recuerdo ni siquiera qué fue lo que le provocó en aquella ocasión, pero sea lo que sea, se puso como un loco y tiró todo lo que había encima del escritorio de uno de los becarios. Nix chillaba, acercándose tanto a él que diminutas gotas de saliva caían en la cara del becario. Tadas Jucikas, que era el más robusto de todos nosotros, se levantó y fue hacia él.

—Alexander, creo que necesitas una copa —dijo—. ¿Por qué no vienes conmigo al club?

Cuando Nix se fue, el becario se quedó allí sentado, respirando fuerte, hasta que otro colega le sugirió que se fuera y se tomara el día libre. Entre todos limpiamos el follón que había organizado Nix antes de que volviera. Lo hizo con cara de buen humor, como si no hubiera pasado nada.

A veces culpaba a la víctima de hacerle perder los estribos.

—Siempre me haces chillar —decía, como si no fuera él quien controlara su propia voz.

Lo que más me alteraba era cuando negaba que hubiera tenido una pataleta, aunque yo mismo aún estuviera sintiendo los efectos de su enfado. Es muy fuerte que te digan que aquello que te ha alterado nunca sucedió. Puedes llegar a pensar que te estás volviendo loco.

177

—Tienes que madurar y ser menos sensible —decía Nix—. No puedo confiar en ti si sigues diciéndome que he perdido los estribos.

En cierta ocasión, tuvimos una pelea enorme que trajo consecuencias tanto a corto como a largo plazo. Cuando Cambridge Analytica estaba formada oficialmente, yo seguía negándome a firmar mi contrato. Si hubiera firmado, me habría asegurado acciones, pero me ponía muy nervioso comprometerme a tan largo plazo con la empresa. Una voz en mi cabeza me advertía de que no lo hiciera.

Aquello enfurecía a Nix. Finalmente saltó, me encerró en una habitación y empezó a chillarme y abroncarme. Como yo no cedía y no se producía el resultado deseado, volcó la silla que yo tenía al lado. En cuanto abrió la puerta, yo salí corriendo del despacho y no volví hasta al cabo de dos semanas. Ambos sabíamos que él me necesitaba más a mí que yo a él, pues yo era el único que podía construir lo que le había prometido a los Mercer. Sin embargo, también era demasiado tozudo y altanero para decirme que lo sentía. Así pues, al cabo de un tiempo, pidió a Jucikas que me transmitiera sus disculpas. Volví a trabajar de mala gana, y seguí negándome a firmar el contrato.

La lista de clientes de CA acabó creciendo y convirtiéndose en un «quién es quién» de la derecha estadounidense. Las campañas de Trump y Cruz nos reportaron más de cinco millones de dólares cada una. Las campañas del Senado de Estados Unidos para Roy Blunt, de Misuri, y Tom Cotton, de Arkansas, se convirtieron en clientes. Y, por supuesto, también Art Robinson, el republicano de Oregón que coleccionaba orina y órganos de iglesia, se presentó para el Congreso y perdió. En otoño de 2014, Jeb Bush visitó la oficina. A pesar de haber recibido millones de Mercer, Nix nunca se preocupó demasiado por enterarse del funcionamiento de la política de Estados Unidos, de modo que le pidió a Gettleson que fuera con él. Bush, que había venido solo, empezó diciéndole a Nix que, si decidía presentarse para presidente, quería ser capaz de hacerlo «en sus propios términos», sin tener que «cortejar a los locos» de su partido.

—Por supuesto, por supuesto —respondió Nix, demostrando así que estaba dispuesto a decir cualquier estupidez y a fanfarronear durante toda la reunión.

Cuando el encuentro terminó, se sentía tan emocionado por la posibilidad de firmar con otro gran cliente estadounidense que insistió en llamar de inmediato a los Mercer para darles la buena noticia, olvidando al parecer que los Mercer le habían dicho en incontables ocasiones que apoyaban a Ted Cruz. Nix puso a Rebekah Mercer en el manos libres para que todo el mundo pudiera oír su reacción ante la increíble reunión que acababa de celebrarse.

—Acabamos de tener al gobernador Jeb Bush en esta oficina, y quiere trabajar con nosotros. ¿Qué piensa de eso? —le dijo orgulloso.

Al cabo de una pausa, Rebekah respondió con voz cansada:

—Bueno, espero que le haya dejado bien claro que eso no va a ocurrir nunca.

Y colgó. Fue brutal.

Y no eran solo ambiciosos presidenciables los que buscaban la ayuda de CA. Para el líder evangélico Ralph Reed, Nix planeó una comida en el grandioso salón comedor del Club de Oxford y Cambridge, en Pall Mall. Reed pasó dos horas describiendo sus objetivos y subrayando que CA podía ayudar a volver a promover la moralidad en un país que discutía por el matrimonio del mismo sexo y otros temas de similar calado. Nix dejó aquella reunión un poco borracho. De vuelta en la oficina, anunció a todo el mundo, a su manera típicamente ultrajante:

—Bueno, esto está chupado, de verdad.

Durante la mayoría del tiempo que pasé en SCL y Cambridge Analytica, ninguna de las cosas que hacíamos parecía real, en parte porque muchas personas a las que conocí parecían casi personajes de tebeo. El trabajo se convirtió en una verdadera aventura intelectual, como poner un videojuego con niveles cada vez más elevados de dificultad. «¿Qué pasa si hago esto? ¿Puedo hacer que este personaje se vuelva rojo en lugar de azul, o azul en lugar de rojo?» Sentado en una oficina, mirando una pantalla, era fácil caer en una espiral que te llevaba a un lugar oscuro y profundo. No era complicado perder de vista lo que realmente estaba en juego.

Sin embargo, no podía ignorar lo que tenía justo delante de los ojos. Empezaron a aparecer unos comités de acción política muy extraños. El super-CAP del futuro consejero nacional de seguridad John Bolton pagó a Cambridge Analytica más de un millón para explorar cómo aumentar el militarismo en la juventud estadounidense. A Bolton le preocupaba que los milenials fueran una generación «moralmente débil» que no quisiera ir a la guerra con Irán u otros países «malos».

Nix quería que empezásemos a usar nombres en clave para todas las investigaciones de clientes en Estados Unidos. Debíamos afirmar que la búsqueda la estaba llevando a cabo la Universidad de Cambridge. Yo intenté poner fin a todo esto en un correo electrónico al personal: «no se le puede mentir a la gente», escribí, y cité las posibles consecuencias legales. Pero no se me hizo ni caso.

En ese momento, cada vez tenía la sensación más fuerte de que formaba parte de algo que no comprendía y no podía controlar, y que en su núcleo era profundamente desagradable. Sin embargo, también me sentía perdido y atrapado. Empecé a salir todas las noches, a ir a clubes nocturnos, *afters* o *raves*. Un par de veces me fui de la oficina por la tarde, salí toda la noche y volví al trabajo a la mañana siguiente sin haberme acostado. Mis amigos de Londres notaban que ya no era yo mismo. Finalmente, Gettleson me dijo: «No tienes buena cara, Chris. ¿Estás bien?». Y no, no lo estaba: me sentía muy desanimado. Había días que quería chillarle a Nix, pero algo me detenía. A veces salía solo. Entonces la música alta y el contacto constante con otros cuerpos que bailaban me hacía sentir que todavía estaba allí, que todo aquello no era un sueño. Y si la música es lo suficientemente fuerte, puedes chillarle al mundo y nadie se da cuenta.

Con cada día que pasaba, nuestro trabajo en Cambridge Analytica era más nefasto. En la correspondencia de CA, se describía cierto proyecto como una iniciativa de «desconexión del votante» (es decir, supresión del votante). El objetivo eran los afroamericanos. Los clientes republicanos estaban preocupados por el creciente voto de las minorías, especialmente en relación con su base blanca, cada vez de más edad. Así pues, buscaban formas de confundir, desmotivar y desempoderar a la gente de color. Cuando averigüé que CA estaba impulsando un proyecto de supresión de votantes, sentí que aquello era la gota que colmaba el vaso. Pensé en todas las veces que había ido a mítines en 2008, cuando se presentaba Barack Obama, y empecé a decirme: «¿Cómo demonios he acabado aquí?». Le dije a uno de los nuevos directivos que, sin tener en cuenta lo que quisiera el cliente, podía ser ilegal trabajar en un proyecto con el objetivo de suprimir votantes. Una vez más, no me hicieron ni caso. Llamé a los abogados de la empresa en Nueva York y dejé un mensaje pidiendo que me llamaran, pero no lo hicieron.

En julio de 2014, Bracewell & Giuliani, la firma legal de Rudy Giuliani, me incluyó en copia de un memorando confidencial que enviaron a Bannon, Rebekah Mercer y Nix. Cambridge Analytica había hecho una consulta sobre las leyes estadounidenses respecto a la influencia extranjera en campañas. El memo subrayaba que la Ley de Registros de Agentes Extranjeros era contundente y clara: los nacionales de otro país tenían estrictamente prohibido manejar o influir en una campaña estadounidense o CAP local, estatal o federal. Se recomendaba que Nix se apartara de inmediato del manejo sustancial de Cambridge Analytica hasta que se pudieran explorar las «lagunas legales». El comunicado de Bracewell & Giuliani sugería «filtrar» el trabajo de los nacionales extranjeros de CA a través de ciudadanos de Estados Unidos. Después de leer el documento, llevé a Nix a una sala de reuniones y le insté a que hiciera caso de la advertencia.

Sin embargo, Cambridge Analytica se limitó a requerir a los miembros del personal extranjeros que firmaran un documento de exención antes de volar a Estados Unidos, aceptando la responsabilidad por cualquier infracción de la ley electoral. No se les informó del consejo de la firma de Giuliani. Entonces exploté. Me desahogué con Nix.

—¿Y si los encausan, Alexander? —le grité—. Sería culpa tuya.

—Es responsabilidad suya, no mía, saber cuáles son las normas —replicó—. Son adultos. Pueden tomar decisiones por sí mismos.

No obstante, las que a mí me preocupaban eran sus decisiones, y en eso no estaba solo. Al informarme de algunos proyectos nuevos, un colega del equipo psicológico compartió conmigo una preocupación similar de que esa investigación pudiera usarse para amplificar, en lugar de moderar, el racismo en las poblaciones sobre las que se centraba Cambridge Analytica.

—No creo que debamos seguir haciendo esa investigación —dijo.

Originalmente, la raza era uno de los muchos temas que empezó a explorar la empresa. En sí mismo no era algo extraño, ya que los conflictos raciales han tenido un papel muy significativo en la cultura y la historia de Estados Unidos. Al principio, los psicólogos de los proyectos asumieron que esa investigación se podría usar, o bien para información pasiva sobre los sesgos de la población, o bien incluso para reducir sus efectos. Sin embargo, al carecer de la revisión ética tradicional, que es un requisito previo para cualquier investigación académica, nunca se consideró que se pudiera dar mal uso a la investigación…, nadie pensó que las cosas pudiesen torcerse tanto.

Por mi parte, sabía que Bannon seguía despotricando y diciendo que Estados Unidos estaba cambiando demasiado. Conocía su idea profética de que se avecinaba un gran conflicto, y sabía también que malinterpretaba el dharma del hinduismo, bordeando el orientalismo fetichista. Sin embargo, muchos de nosotros, en los equipos de CA, no le dábamos importancia: lo considerábamos una persona excéntrica más a la que había que contentar en aquel mundo extraño en el que trabajábamos. Mucha gente del personal de CA había trabajado en circunstancias mucho más extremas, en los antiguos proyectos de operaciones de información de SCL en todo el mundo. Así pues, comparado con aquello, Bannon parecía casi inofensivo.

Sin embargo, CA iba creciendo muy rápido, tras la inversión de Mercer, y yo no había captado del todo la escala de los proyectos raciales en los que estábamos implicados. Los nuevos directivos que Nix y Bannon habían contratado empezaron a excluirme de sus reuniones; además, ya no estaba automáticamente invitado a las reuniones de planificación de los proyectos. Pensaba que Nix estaba exhibiendo músculo, así que no fui suspicaz al respecto, aunque sí me sentí molesto.

Por su parte, uno de los psicólogos del equipo me empezó a enseñar algunos de los nuevos proyectos raciales. Me mostró el documento maestro de los temas de investigación que se estaban llevando a cabo en Estados Unidos: se me cayó el alma a los pies cuando empecé a leer. Estábamos probando cómo usar los sesgos cognitivos como puerta para cambiar las percepciones de la gente sobre los grupos externos raciales. Empleábamos preguntas e imágenes claramente destinadas a sembrar el racismo en esos sujetos. Al ver un vídeo en el que a un participante en los experimentos de campo se le inducía a la rabia, a través de un cuestionario guiado por un investigador de CA, y en el que el sujeto en cuestión acababa por soltar toda suerte de improperios racistas por la boca, empecé a enfrentarme con aquello que yo mismo estaba ayudando a construir.

En nuestro desembarco en Estados Unidos, estábamos activando deliberadamente lo peor de la gente, de la paranoia al racismo. Inmediatamente, me pregunté si Stanley Milgram sentiría lo mismo al contemplar a los sujetos de su investigación. Además, estábamos al servicio de unos hombres cuyos valores eran completamente opuestos a los míos. Bannon y Mercer habían contratado, muy contentos, a las mismas personas que buscaban oprimir (*queers*, inmigrantes, mujeres, judíos, musulmanes y negros) para que pudieran instrumentalizar nuestros descubrimientos y experiencias, y así avanzar en esas causas. Me di cuenta de que ya no trabajaba en una firma que luchaba contra los extremistas radicales que sometían a las mujeres, maltrataban a los no creyentes y torturaban a los homosexuales; ahora trabajaba precisamente para unos extremistas que querían construir su propia distopía en Estados Unidos y Europa. Nix lo sabía, y no le importaba. Por la emoción barata de sellar otro trato, había empezado a codearse con fanáticos y homófobos. Y había esperado que la gente de su personal no solo miráramos a otro lado, sino que traicionásemos a «nuestra propia gente».

Al final, estábamos creando una máquina para contaminar Estados Unidos con un odio y una paranoia sectarios. Tuve claro que no podía seguir ignorando la inmoralidad e ilegalidad que había tras todo aquello. No quería colaborar.

Entonces, en agosto de 2014, ocurrió algo terrible. Un miembro veterano del personal de SCL, amigo y confidente de Nix desde hacía tiempo, volvió de África gravemente enfermo de malaria. Entró en la oficina con los ojos rojos y sudando profusamente, arrastrando las palabras y diciendo cosas sin sentido. Nix le gritó por llegar tarde, y los demás le instamos a que fuera al hospital. Pero antes de que pudiera ir al hospital, se desmayó y se cayó por unas escaleras. Se dio un fuerte golpe con la cabeza en el suelo. Quedó en coma. Se le inflamó el cerebro y tuvieron que quitarle un trozo de cráneo. A sus médicos les preocupaba que su funcionamiento cognitivo no volviera a ser el mismo.

Cuando Nix volvió de visitar el hospital, pidió a Recursos Humanos que le orientasen sobre el seguro de responsabilidad, para ver cuánto tiempo tenía que seguir pagando a su leal amigo, que todavía seguía en coma tras haber perdido parte del cráneo. Me pareció inhumano. Fue en ese momento cuando me di cuenta de que Nix era un monstruo. Y no era el único.

Bannon también era un monstruo. Y si me quedaba allí, pronto yo también me convertiría en otro.

184

La investigación social y cultural de la que tanto disfrutaba hacía apenas unos meses había dado a luz esta «cosa»… Era terrorífico. Es difícil explicar cómo era la atmósfera, pero era como si todo el mundo se hubiese abstraído de lo que estábamos haciendo. Pero yo había despertado del sopor, y ahora estaba contemplando cómo una idea repugnante se convertía en realidad. Tenía la cabeza clara, y las consecuencias muy reales de los malos sueños de Nix empezaron a acosarme. De madrugada, sin poder dormir, miraba el techo y mis pensamientos pasaban de la agonía al asombro. Una noche llamé a mis padres en Canadá a las tres de la mañana para ellos. Quería pedirles consejo.

—Haz caso de las señales —dijeron ellos—. Si no puedes dormir…, si tienes que llamarnos a todas horas muerto de miedo, buscando respuestas…, entonces ya sabes lo que deberías hacer.

Le dije a Nix que me iba. Que quería apartarme de su visión psicopática (y de la de Bannon) lo antes posible. Si no, me arriesgaba a coger la misma enfermedad de mente y espíritu.

Nix contraatacó apelando a mi sentido de la lealtad. Me

hizo pensar que yo sería una mala persona si abandonaba a mis amigos de la empresa. Yo era el único que había reclutado gente para trabajar en el proyecto de Bannon. Ellos confiaban en mí, y no estaría bien que les traicionara.

—Chris, no puedes dejarme aquí solo con Nix —dijo Mark Gettleson, que se había unido a la empresa en gran medida para trabajar conmigo—. Si tú te vas, yo también me voy.

No me gustaba la idea de separarme de mis amigos y colegas, pero odiaba aquello en lo que se había convertido Cambridge Analytica y lo que estaba haciendo en el mundo. Le dije a Nix que podíamos discutir cómo me retiraría poco a poco, pero que definitivamente me iba. Él hizo lo de siempre: me llevó a comer.

El restaurante estaba en Green Park, no lejos de Buckingham Palace. En cuanto nos sentamos, Nix dijo:

—Vale, de acuerdo. Esperaba que tuviéramos esta conversación al final. ¿Cuánto quieres?

Le dije que no era una cuestión de dinero.

—Vamos… —dijo él—. Llevo en esta empresa el tiempo suficiente para saber que siempre es cuestión de dinero.

Mencionó que yo nunca había pedido un aumento, a diferencia de mis colegas, a pesar de lo poco que me había estado pagando. Y era cierto: yo tenía uno de los salarios más bajos de la oficina, más o menos la mitad de lo que sacaban otros; por su parte, los reclutas del Proyecto Ripo se llevaban a casa el triple o el cuádruple. Negué con la cabeza y Nix dijo:

—Vale. Te doblo el sueldo. Con eso tendría que bastar.

—Alexander —dije—, esto no es ningún juego. Me voy. No quiero trabajar aquí nunca más. He terminado con esto.

Mi tono se volvió más intenso, y por fin pareció darse cuenta de que hablaba en serio, porque se inclinó hacia mí y dijo:

—Pero, Chris, es tu criatura. Y yo te conozco. No querrás abandonar a tu criatura en la calle, ¿verdad? —Supongo que ahí vio una grieta, porque cogió aquella idea y siguió con ella—. Acaba de nacer. ¿No quieres ver cómo crece? ¿Saber a qué colegio va? ¿Si podemos meterlo en Eton? ¿Ver qué es lo que consigue en la vida?

Parecía encantado con aquel floreo metafórico, pero yo no me sentí conmovido en lo más mínimo. Le dije que me sen-

185

tía poco padre, más bien un donante de esperma, sin poder alguno para evitar que el bebé creciera y se convirtiera en un niño odioso. Nix cambió de tercio rápidamente, sugiriendo que montásemos una «división de moda» en Cambridge Analytica.

—Dios mío, Alexander, ¿estás hablando en serio? ¿Guerra psicológica, Tea Party… y las putas tendencias de moda? No, Alexander. Es ridículo.

Finalmente, se enfadó.

—Acabarás siendo el quinto Beatle —dijo.

¿El quinto Beatle? Pensé. ¿Era una especie de parábola egipcia? ¿Tendría algo que ver con los escarabajos (*beetles*)? ¿De qué narices estaba hablando? Y entonces me di cuenta de que hablaba de ese grupo que se había formado tres décadas antes de que yo naciera.

Aun después de que yo cediera un poco, accediendo a quedarme hasta la mitad del periodo de gobierno, a principios de noviembre, Nix continuó insistiendo en que estaba cometiendo un error.

—Ni siquiera comprendes la enormidad de lo que has creado aquí, Chris —dijo—. Solo lo vas a entender cuando estemos todos sentados en la Casa Blanca…, todos y cada uno de nosotros, excepto tú.

¿En serio? Incluso para Nix aquello resultaba descabellado. Podría haber tenido una placa con mi nombre en el Ala Oeste, me dijo. Era demasiado idiota para darme cuenta de lo que estaba abandonando.

—Si te vas, se acabó todo —dijo—. No vuelvas.

Me quedé menos de un año, después de que se hiciera cargo Bannon y desatara el caos. Sin embargo, mirando hacia atrás, tengo que hacer un gran esfuerzo para comprender cómo pude quedarme tanto tiempo. Cada día pasaba por alto, ignoraba o dejaba sin atender las señales de aviso. Con tanta libertad intelectual y con estudiosos de las mejores universidades del mundo diciéndome que estábamos a punto de «revolucionar» las ciencias sociales, me había vuelto codicioso, ignorando el lado oscuro de lo que estábamos haciendo. Muchos de mis amigos hacían lo mismo. Intenté convencer a Kogan de que también se fuera. Pero él, aunque estuvo de acuerdo en que el proyecto se podía convertir en un atolladero ético, decidió seguir colaborando con Cambridge Analytica, después de que yo abandonara. Cuando me enteré de que Kogan se quedaba, me negué a ayudarle a adquirir más grupos de datos para sus proyectos, porque me preocupaba que los nuevos datos que le daba pudieran acabar en manos de Nix, Bannon y Mercer. Lo que en mi imaginación estaba destinado a convertirse en un instituto académico, se estaba convirtiendo en otro jugador más en la red de socios de Cambridge Analytica. Al negarme a continuar ayudando a Kogan, él exigió que yo anulase cualquier dato que hubiera recibido de él, cosa que hice. Pero aquello supuso un gran coste personal para mí, ya que Kogan había añadido a los paneles específicamente cuestiones de moda y de música para que yo pudiera incorporarlos en las respuestas a las encuestas de mi tesis doctoral sobre la previsión de tendencias. Con la base de mi trabajo académico desaparecida, sabía que tendría que abandonar mi doctorado, que era lo único que hacía que siguiera adelante. Sin embargo, lo que más me molesta es pensar en cómo dejé que Nix me dominara. Permití que explotara todas mis inseguridades y puntos débiles. Posteriormente, a su servicio, exploté las inseguridades y las vulnerabilidades de toda una nación. Mis actos fueron inexcusables. Lo cierto es que siempre viviré con esa vergüenza.

187

Justo antes de abandonar Cambridge Analytica, la empresa estaba planeando trabajar más en las elecciones de Nigeria. Como Nix había explicado a Lukoil en su presentación sobre campañas de rumores, ese país africano era territorio familiar. Cambridge Analytica sabía que había muchos intereses extranjeros en las elecciones africanas, de modo que resultaba poco probable que alguien se preocupara de lo que estaba haciendo la empresa… Después de todo, era África. Después del frenesí de la descolonización en los años sesenta, muchas potencias occidentales todavía se sentían con derecho a interferir en sus antiguos territorios africanos; la única diferencia es que ahora se necesitaba obrar con cierta discreción. Europa se había construido a base del petróleo, goma, minerales y trabajo africano. El simple hecho de la independencia política de una antigua colonia no iba a cambiar nada de eso.

Con el proyecto de Nigeria, Cambridge Analytica se introdujo aún mucho más en los experimentos psicológicos abusivos. En el mismo hotel donde había establecido su campamento Cambridge Analytica, se llevaban a cabo proyectos de «compromiso cívico» israelíes, rusos, británicos y franceses, siempre cubiertos por determinadas tapaderas. La creencia que nadie expresaba pero que todos compartían era: la interferencia extranjera en las elecciones no importa, si esas elecciones son africanas.

La empresa trabajaba nominalmente en apoyo de Goodluck Jonathan, que se presentaba para la reelección como presidente de Nigeria. Jonathan, que era cristiano, se presentaba contra Muhammadu Buhari, que era un musulmán moderado. A Cambridge Analytica la había contratado un grupo de multimillonarios nigerianos a los que les preocupaba que Buhari ganara las elecciones y revocase sus derechos de explotación de petróleo y minerales, cosa que menguaría una importante fuente de ingresos para ellos.

Fiel a su estilo, Cambridge Analytica no se centró en cómo promocionar la candidatura de Goodluck Jonathan, sino en cómo destruir la de Buhari. En realidad, a los multimillonarios no les importaba quién ganase, mientras el vencedor comprendiese claramente de qué eran capaces y lo que estaban dispuestos a hacer. En diciembre, Cambridge Analytica había contratado a una mujer llamada Brittany Kaiser para que se convirtiera en «directora de desarrollo de negocio». Kaiser tenía el pedigrí que hacía babear a Nix. En su primera reunión, Nix flirteó con Kaiser, diciéndole: «Déjame que te emborrache y te robe todos tus secretos». Ella se había criado en una familia de una zona rica de las afueras de Chicago, y asistió a la Phillips Academy, una escuela privada muy exclusiva de Massachusetts (*alma mater* de ambos presidentes Bush). Fue a la Universidad de Edimburgo y después se implicó en diversos proyectos en Libia. Una vez allí, conoció a un abogado llamado John Jones, que representaba no solo a Sif Gadafi, hijo de Muamar el Gadafi, sino también a Julian Assange, de WikiLeaks. Jones era un respetado miembro de la abogacía británica. Kaiser empezó a hacer consultorías para él; como resultado, conoció a Assange. Empezó a trabajar en Cambridge Analytica hacia finales de 2014, justo cuando yo me iba.

Cambridge Analytica creó un enfoque de dos vertientes para alterar las elecciones de Nigeria. Primero, buscarían deteriorar la información (*kompromat*) de Buhari. Y segundo, crearían un vídeo destinado a aterrorizar a la gente para que no le votase. Kaiser viajó a Israel, donde, según ella, le presentaron a algunos consultores a través de sus contactos de allí. Según la correspondencia interna que vi sobre el proyecto de Nigeria, Cambridge Analytica también había comprometido a antiguos agentes de inteligencia de un puñado de países. No está claro quién se procuró los servicios de unos *hackers* en Cambridge Analytica, si es que fue alguien, pero lo que sí está claro es que un material muy delicado sobre los oponentes políticos (que quizá fuese *hackeado* o robado) acabó, no se sabe cómo, en posesión de la empresa. Al conseguir acceso a las cuentas de correo de la oposición, a sus bases de datos e incluso a sus expedientes médicos privados, la empresa descubrió que era muy probable que Buhari tuviese cáncer, cosa que no era del conocimiento público por aquel entonces. Por otra parte, el uso de material *hackeado* no se limitaba solo a Nigeria. Cambridge Analytica también se procuró *kompromat* sobre el líder de la oposición de San Cristóbal y Nieves, una isla-nación del Caribe.

El pirateo de información y correos médicos privados ya era bastante alarmante, pero los vídeos de propaganda que producía Cambridge Analytica eran mucho peores. Los anuncios, que se pasaban en cadenas importantes, incluido Google, estaban destinados a zonas de Nigeria donde la población era más pro-Buhari. Un nigeriano que fuese buscando noticias encontraría un anuncio de aspecto corriente, un titular de cotilleo o una foto de una mujer sensual. Cuando la persona hiciese clic en el vínculo, pasaría a una pantalla negra con un vídeo en el centro.

Los vídeos eran breves, de un minuto apenas, y solían empezar con una voz en *off*. «He llegado a Nigeria el 15 de febrero de 2015», decía una voz masculina. «Oscuro. Miedo. Muy inquieto.» «¿Cómo sería Nigeria si se impusiera la sharía, como se ha comprometido a hacer Buhari?» Según el vídeo, la respuesta vendría en forma de una truculenta y horripilante carnicería. De repente, el vídeo pasaba a una escena

189

de un hombre que pasaba lentamente un machete por la garganta de otro hombre. La sangre brotaba del cuello de la víctima; posteriormente, arrojaban su cuerpo a una zanja para que muriese. La tierra a su alrededor estaba teñida de rojo. En otra escena, un grupo de hombres ataban a una mujer, la empapaban en gasolina y la quemaban viva, mientras ella chillaba de dolor. No eran actores, sino grabaciones auténticas de torturas y asesinatos.

Cierto número de personas abandonó CA después de que yo me fuera. Argumentaron que, si la empresa se había vuelto demasiado sospechosa para mí, que conocía todos sus secretos, entonces es que era demasiado sospechosa, sin más. El proyecto de Nigeria, un nuevo punto bajo, desencadenó otra serie de partidas. En marzo de 2015, todas las personas que me importaban, Jucikas, Clickard, Gettleson y varios más, habían abandonado Cambridge Analytica. Sin embargo, muchos otros encontraron motivos para quedarse. Kaiser permaneció allí hasta 2018. De hecho, defendió públicamente a la compañía cuando la empresa se estaba hundiendo bajo el peso de las pruebas que yo había proporcionado a los medios y a las autoridades. Más tarde, alegaría que no sabía que CA estuviera contratando *hackers*. En una investigación parlamentaria británica, afirmó que simplemente se les daba muy bien «recoger información» y usar «diferentes tipos de *software* de datos para seguir las transferencias bancarias entre cuentas…, pero no sé realmente cómo funciona».

Si miro retrospectivamente la época que pasé en Cambridge Analytica, algunas cosas tienen más sentido ahora que en su momento, cuando me sentía condicionado por la rareza de aquel sitio. Siempre había gente extraña yendo y viniendo, personajes sombríos con trajes oscuros; líderes africanos que llevaban enormes gorras militares del tamaño de una bandeja; Bannon… Así pues, tal vez pueda decir que si hubiera alucinado con cada cosa fuera de lo común de las que allí pasaban, no habría durado mucho tiempo.

Ahora sé que Lukoil tenía un acuerdo formal de cooperación con el Servicio de Seguridad Federal Ruso (FSB), sucesor del KGB soviético. Y, más tarde, un miembro del Comité de Inteligencia del Congreso me informó de que Lukoil solía trabajar para el FSB: recogía información en su nombre. También se supo que ciertos ejecutivos de Lukoil habían realizado operaciones que perseguían influir en la conducta de la gente, en otros países, como la República Checa. En 2015, los servicios de seguridad ucranianos acusaron a Lukoil de financiar la insurgencia prorrusa en Donetsk y Luhansk. «Solo tengo una tarea que esté relacionada con la política, ayudar al país y a la empresa», dijo el CEO de Lukoil, Vagit Alekperov, respecto de su papel en la geopolítica.

De hecho, es probable que esa fuera la razón principal por la que se interesaron por SCL. La compañía tenía un largo historial en Europa del Este. En 2014 estaba en discusiones para otro proyecto de la OTAN, de propaganda antirrusa. SCL había trabajado previamente en campañas en el Báltico, y culpaba a los rusos de problemas políticos. «En esencia, a los rusos se les puede echar la culpa del desempleo y otros problemas que afectan a la economía», decía un antiguo informe del proyecto. Pero más allá de todo esto, igual que Lukoil estaba financiando insurgencias prorrusas en Donetsk, la división de defensa de SCL estaba empezando a contrarrestar el trabajo de «recoger datos de la población, llevar a cabo análisis y emitir una estrategia basada en los datos para el Gobierno ucraniano, para proseguir su objetivo de conseguir el control de Donetsk de nuevo». El proyecto estaba destinado a «erosionar y debilitar la República del Pueblo de Donetsk (DPR)» y habría convertido a la empresa en un objetivo significativo para la recogida de información rusa, que era conocida por operar a través de Lukoil en Europa.

En realidad, cuando Nix y yo nos reunimos con aquellos «ejecutivos de Lukoil», es más que probable que estuviéramos hablando con la inteligencia rusa. Probablemente, les interesaba saber más sobre esa empresa que también trabajaba para las fuerzas de la OTAN. Además, posiblemente quisieran saber más sobre nuestros datos de Estados Unidos. Y es probable que Nix les pareciera alguien a quien se podía convencer para que les contase cualquier cosa. Es posible que Nix no supiera con quién estaba hablando en realidad, igual que yo tampoco lo

191

sabía. Lo que hacía más preocupantes todos esos contactos es que no necesitaban *hackear* Cambridge Analytica para acceder a los datos de Facebook. Nix les había dicho dónde podían conseguirlos: en Rusia, con Kogan.

Con esto no quiero decir que Kogan lo supiera todo, pero conseguir acceso a los datos de Facebook habría sido tan sencillo como espiar su ordenador en uno de sus viajes a Rusia para dar unas conferencias. En 2018, después de que las autoridades de Gran Bretaña tomaran los servidores de Cambridge Analytica, la Oficina de Información del Comisionado afirmó que «algunos de los sistemas vinculados con la investigación tenían acceso por parte de direcciones IP que remitían a Rusia y a otras áreas de la Comunidad de Estados Independientes».

Resulta muy revelador resumir lo que pasó en los últimos meses que pasé allí. Nuestra investigación desbordaba preguntas acerca de Putin y Rusia. El psicólogo jefe que tenía acceso a los datos de Facebook también trabajaba para un proyecto financiado por Rusia en San Petersburgo; hacía presentaciones en ese país describiendo los esfuerzos de Cambridge Analytica por construir una base de datos de perfiles psicológicos de votantes estadounidenses. Ejecutivos de Palantir no paraban de entrar y salir de la oficina. Así pues, una importante empresa rusa, con vínculos con el Servicio Federal de Seguridad ruso, estaba hurgando en nuestros datos estadounidenses. Por un lado, estaba Nix, que hacía una presentación para los rusos sobre lo bien que se nos daba difundir falsas noticias y rumores. Y, por otro lado, también estaban los informes internos que subrayaban cómo estaba desarrollando Cambridge Analytica nuevas capacidades de *hackeo*, coordinado con los antiguos oficiales de inteligencia rusa.

El año después de que Steve Bannon se convirtiera en vicepresidente, Cambridge Analytica empezó a desplegar tácticas que prefiguraban de una manera muy inquietante lo que todavía estaba por venir en las elecciones presidenciales estadounidenses de 2016. Para poder acceder a los correos de sus oponentes, Cambridge Analytica utilizó *hackers*, algunos de los cuales eran rusos, según documentos internos. Los correos pirateados con los que se hizo CA se usaron para debilitar a su oponente (incluido un intento de filtrar rumores sobre la salud del candidato rival). Este *kompromat* robado se combinó con una amplia desinformación difundida *online*, echando mano de las redes sociales. La superposición de acontecimientos podía ser una total coincidencia, pero gran parte del personal que trabajó en Nigeria lo hizo también en las operaciones estadounidenses del CA. Un año después de Nigeria, nombraban a Brittany Kaiser directora de operaciones de la campaña Leave EU del Brexit. Por su parte, Sam Patten trabajaría más tarde con Paul Manafort en la campaña de Trump. En 2018, Patten fue acusado por el fiscal especial Robert Mueller; más tarde, se declaró culpable de no haberse identificado como agente extranjero. Su socio de negocios, Kilimnik, también fue acusado, pero se quedó en Rusia para evitar el procesamiento. Fue más tarde, después de que se revelase que Patten estaba relacionado con ciertos operativos sospechosos de la inteligencia rusa, cuando volví a preguntarme por aquellos proyectos de investigación tan raros sobre Vladimir Putin y Crimea.

Patten también condujo una investigación en Oregón, que incluía una cantidad enorme de preguntas sobre actitudes hacia la política extranjera y el liderazgo de Putin. ¿Por qué iba a preocupar a Rusia lo que sentía la gente de Oregón respecto a Vladimir Putin? Pues porque, una vez que la CA modelaba las respuestas de la gente a las preguntas, la base de datos podía identificar a cohortes de estadounidenses que ostentaban visiones prorrusas. El Gobierno ruso tiene sus propios canales de propaganda doméstica, pero una de sus estrategias globales es cultivar activos prorrusos en otros países. Si estás interesado en difundir tus narrativas digitalmente, ayuda mucho disponer de una lista de gente que te ayude a centrarte en aquellos que es más probable que apoyen el punto de vista de tu país. Usar Internet para sembrar propaganda rusa en poblaciones locales era una forma elegante de trascender las nociones occidentales de «seguridad nacional». En la mayoría de los países occidentales, los ciudadanos tienen derecho a la libertad de expresión, que incluye el derecho a estar de acuerdo con la propaganda de naciones hostiles. Esto sirve como un campo de fuerza mágico para la propaganda *online*. Las agencias de inteligencia de Estados Unidos no pueden impedir a ningún ciudadano estadounidense que exprese libremente un discurso político, aunque ese discurso esté impulsado por una operación rusa. Las agencias de inteligencia solo pueden realizar actos «preventivos» para bloquear las narrativas instrumentalizadas por parte de redes sociales estadounidenses.

Rusia siempre ha desdeñado el enfoque estadounidense de la libertad de expresión y la democracia en general. Cuando los líderes rusos miran la historia de movimientos y protestas de masas estadounidenses, no ven otra cosa que caos y desórdenes sociales. Cuando los tribunales de Estados Unidos citan los derechos civiles para permitir el matrimonio homosexual, ellos ven la decadencia occidental que conduce a Estados Unidos hacia la debilidad y el declive moral. Para Moscú, los derechos civiles y la primera enmienda son los puntos débiles más flagrantes del sistema político estadounidense. De este modo, el Estado ruso buscó explotar esa vulnerabilidad... para *hackear* la democracia de Estados Unidos. Pensaron que funcionaría porque esta democracia es un sistema inherentemente defectuoso. Los rusos crearon su profecía autocumplida de caos social mediante el *targeting* y la adaptación de su propaganda a los ciudadanos estadounidenses con visiones globales similares, que luego harían clic y compartirían. Tales narrativas se extendieron por un sistema de libre expresión constitucionalmente protegido. Y, por su parte, el Gobierno de Estados Unidos no hizo nada para detenerlos. Ni tampoco Facebook.

¿Estaba implicada Cambridge Analytica en la campaña de desinformación rusa en Estados Unidos? Nadie puede decirlo con seguridad, y no hay un «cañón humeante» que pruebe que Cambridge Analytica fuese la culpable, instigada y ayudada por Rusia. Sin embargo, siempre me ha parecido odiosa la expresión del «cañón humeante», porque para un investigador real no significa nada. Los investigadores, por el contrario, recogen pequeños fragmentos de información: una huella dactilar, una muestra de saliva, las huellas de un neumático, un cabello. En este caso, Sam Patten trabajaba para CA después de haberlo hecho en campañas prorrusas en Ucrania; CA puso a prueba las actitudes estadounidenses hacia Vladimir Putin; el trabajo de SCL para la OTAN hizo que Rusia fuera blanco de la inteligencia; Brittany Kaiser era consultora para el equipo legal de Julian Assange; el psicólogo jefe que estaba recogiendo los datos de Facebook para CA hacía viajes a Rusia para dar conferencias sobre perfiles de las redes sociales, una de las cuales se tituló: «Nuevos métodos de comunicación como instrumento político efectivo»; se accedía a los sistemas de CA mediante direcciones de IP que remitían a Rusia y a otros países de la CEI; había memorándums que hacían referencia a servicios de seguridad exsoviéticos, y teníamos a Alexander Nix hablándole a Lukoil de los grupos de datos de Cambridge Analytica en Estados Unidos y su capacidad de desinformación.

Cuando almorcé con Nix para decirle que me iba, él dejó muy claro cómo pensaba que serían las cosas.

—La próxima vez que me veas —dijo—, estaré en la Casa Blanca. Y tú no estarás en ninguna parte.

Y resultó que no andaba muy desencaminado. La siguiente vez que vi a Alexander Nix, casi cuatro años después de decirle que me iba, estaba en el Parlamento Británico, respondiendo preguntas sobre las mentiras que había dicho en una investigación parlamentaria. Su reputación quedó destrozada ante mis propios ojos; sin embargo, como solía suceder con él, no parecía darse cuenta de nada de eso…, o puede que, simplemente, no le importara. Cuando me vio sentado en la galería, me guiñó un ojo.

9

Crímenes contra la democracia

En enero de 2016, decidí aceptar una oferta para ser consultor en la Oficina de Investigación del Caucus Liberal (LRB) con base en el Parlamento canadiense. Justin Trudeau acababa de formar nuevo Gobierno después de conducir al Partido Liberal a una gran victoria en las elecciones federales de octubre de 2015. Uno de los puntales de la plataforma electoral de Trudeau fue reinstaurar el censo, que había sido abolido por el anterior Gobierno conservador, y dar nuevo vigor a los programas sociales canadienses con la adopción de unas políticas mucho más basadas en los datos. Justo después de aquella victoria, algunos de mis antiguos colegas liberales me preguntaron si estaba interesado en trabajar en el nuevo equipo de investigación y conocimiento, centrado sobre todo en el campo de la tecnología y la innovación.

Después de varios años excepcionalmente frustrantes, primero con los Liberal Demócratas en el Gobierno de coalición de Gran Bretaña, y luego con Cambridge Analytica, me sentía desesperado por encontrar una ocupación con la que pudiera contribuir a hacer algo bueno para el mundo. Eso significaba que tenía que volver a Canadá, pero negocié un arreglo por el cual solo tendría que estar en Ottawa para acudir a reuniones importantes. Llevaba más de cinco años fuera de Canadá y no tenía muchos amigos en el país. No obstante, todavía traumatizado por lo que había pasado, pensé que una temporada en casa, con un ritmo algo más pausado, me ayudaría a recuperarme.

Cuando llegué a Ottawa para mi reunión preliminar, me invadieron los recuerdos de mis años de juventud en el Parlamento, cuando intentaba establecer el VAN. Allí estaba el inicio de mis aventuras formativas, trabajando para el líder de la oposición, y ahora volvía para cerrar un capítulo de mi vida que había empezado siendo adolescente. Ottawa era la misma ciudad insulsa que había abandonado años antes, pero, al venir de Londres, todavía me parecía más monótona. Con un aire genuinamente canadiense, Ottawa era como una versión más sosa de Washington D. C.: la Coca-Cola *light* de las capitales.

La sede de la Unidad de Investigación Política del Gobierno, en el 131 de Queen Street, no era menos insulsa que el resto de Ottawa, con un aspecto entre estación espacial y purgatorio. Al recorrer los pasillos sin ventanas de aquel edificio y sus habitaciones beis sin decorar, me empapé de aquella estética burocrática, pasando de vez en cuando ante mostradores de recepción con letreros azules de ENGLISH/FRANÇAIS que recordaban a los usuarios que en Canadá también *parlons français*. La descripción de mi puesto de trabajo auguraba largas horas de aburrimiento: organización técnica básica, consejos electorales, monitorización de las redes sociales, un poco de trabajo sencillo de aprendizaje automatizado e investigación sobre política de innovación. Nada espectacular, e irónicamente, nada demasiado innovador, pero ya me parecía bien. Además, no estaba obligado a quedarme en Ottawa todo el tiempo. Podía huir de la oficina de LRB en Ottawa y trabajar en proyectos por todo Canadá, cosa que me mantendría cuerdo.

197

Mientras tanto, en Gran Bretaña, el primer ministro David Cameron, que era conservador, había anunciado la celebración de un referéndum sobre el futuro del país, en el cual se consultaría si debía seguir siendo miembro de la Unión Europea o continuar su camino solo. Desde que el Reino Unido se unió a la Comunidad Económica Europea (CEE) en 1972, los llamados euroescépticos habían hecho campaña para la retirada del país. Inicialmente, el movimiento lo dirigían las izquierdas. Muchos políticos laboristas y sindicalistas afirmaban que un pacto estilo bloque perjudicaría considerablemente sus sueños socialistas. Pero la mayoría de sus compatriotas estaban de acuerdo con el arreglo. En 1975, se preguntó en referéndum si querían permanecer dentro de la Comunidad Económica Europea: el 67% estuvo a favor.

Cuando la CEE se convirtió en la Unión Europea, la izquierda y la derecha estaban bastante de acuerdo en lo beneficioso que sería ser miembro. Sin embargo, a principios de los noventa, surgió el UK Independence Party (UKIP), partido de derechas que procedía de una creciente resistencia a las prioridades europeas. En 1997, Nigel Farage, antiguo comerciante de materias primas y miembro fundador del UKIP, desbancó al líder del partido. Farage se convirtió en su líder en 2006. Bajo su mandato, el UKIP empezó a atizar un violento sentimiento antiinmigración entre los blancos de clase trabajadora, así como a aprovechar la nostalgia de un pasado imperial británico en las comunidades blancas más adineradas. El mundo había cambiado tras los atentados del 11 de septiembre, por la creciente islamofobia y por los conflictos vividos en los años de Bush y Blair. A medida que el destino de los refugiados se plasmaba en forma de crisis europea, Cameron quiso apaciguar el sentimiento nacionalista para retener a los votantes de derechas. El Partido Conservador estableció un plan para hacer un referéndum, que se debía celebrar antes de finales de 2017. La fecha fijada fue el 23 de junio de 2016.

En su mayor parte, los referéndums en Gran Bretaña se financian con fondos públicos, y cada opción recibe la misma cantidad de dinero, tras la designación por parte de la Comisión Electoral de Gran Bretaña de un grupo de campaña de cada lado para que se conviertan en la campaña oficial. Asimismo, la ley electoral británica establece unos límites de gastos muy estrictos, aplicados por igual a ambos lados, para asegurar que un lado no tiene una injusta ventaja de dinero respecto al otro. De hecho, estas normas electorales británicas equivalen a las normas olímpicas antidopaje que aseguran una carrera justa. Tener más recursos significa ser capaz de llegar a un número desproporcionado de votantes con un solo mensaje; así pues, los recursos están regulados para que la elección sea justa. A otros grupos se les sigue permitiendo hacer campaña, pero no reciben fondos públicos y no pueden coordinar sus campañas sin declarar el gasto, que debe ser menor que el límite oficial.

Políticos y directores de campaña tenían hasta el 13 de abril de 2016 para ganar la designación como campaña oficial para «Irse» o «Quedarse». Vote Leave y Leave.eu estaban entre las principales campañas del «Irse». Desde el principio, Britain Stronger in Europe fue la campaña oficial para «Quedarse», con iniciativas especializadas como «Científicos por la UE», y «Conservatives In», que también hacían campaña para permanecer en la Unión. Vote Leave agrupaba sobre todo a conservadores y a un puñado de progresistas euroescépticos. La otra campaña pro-Brexit, Leave.eu, se centraba casi exclusivamente en la inmigración, y muchos de sus portavoces propagaban tópicos racistas y puntos de vista de extrema derecha, para enardecer al público. Cada grupo tenía sus propios objetivos y sus estrategias ideológicas. Y, según las leyes británicas, no podían funcionar juntos de ninguna manera. Al final, la Comisión Electoral aseguró un estatus de campaña oficial a Vote Leave y Britain Stronger in Europe. Sin embargo, los dos grupos principales del «Irse» se las arreglaron para pulsar distintas teclas entre los posibles partidarios, una táctica que resultó espectacularmente efectiva a la hora de generar votos.

Los habitantes de las ciudades y los universitarios, acostumbrados a vivir entre inmigrantes y trabajar en negocios que se beneficiaban de su trabajo especializado, rechazaban las campañas de miedo de la derecha, y generalmente apoyaban el «Quedarse». En cuanto a los británicos de menos ingresos y aquellos que vivían en zonas rurales o antiguos centros industriales, era mucho más probable que apoyasen el «Irse». La soberanía nacional siempre había sido una parte fundamental de la identidad británica, y la campaña del «Irse» afirmaba que ser miembro de la Unión Europea minaba esa soberanía. Los partidarios del «Quedarse» contrarrestaban esa idea señalando los beneficios económicos, comerciales y de seguridad nacional del *statu quo*.

Vote Leave estaba dirigido públicamente por el portavoz de la campaña, Boris Johnson, un hombre pomposo que antes fue alcalde de Londres y que siempre había sido el favorito de los conservadores, con las tasas más elevadas de aprobación entre esos votantes conservadores. Otro de los líderes era Michael Gove, que se podría caracterizar como lo opuesto de Johnson.

Carente de la pomposidad del primero, Gove era más comedido y era el favorito entre los liberales tipo libre mercado en Gran Bretaña. Su lema, «Vota Irse, recuperemos el control», suscitaba la risa en el campo del «Quedarse», pero, en realidad, no hablaba estrictamente de la UE. Estaba destinado a atraer a los votantes que sentían que sus vidas escapaban a su control. Su carencia de perspectivas de trabajo o de educación significaban que sus vidas, más que las de cualquier otro, eran más susceptibles de sufrir los embates de una mala economía y una sociedad británica que los ignoraba sistemáticamente. Vote Leave había sido cofundado en 2015 por Dominic Cummings, uno de los estrategas políticos de peor fama de Westminster, y por Matthew Elliott, fundador de varios grupos lobistas de derechas en el Reino Unido. En la oficina de Vote Leave no todos estaban de acuerdo en temas políticos, pero estaban unidos bajo el liderazgo de Cummings entre bastidores.

Mientras Vote Leave operaba desde el séptimo piso de la torre Westminster, en las orillas del río Támesis, justo enfrente del Parlamento, Leave.eu tenía su base a más de ciento sesenta kilómetros de distancia, en Lysander House, Bristol, por encima de una rotonda muy concurrida. El grupo compartía un edificio de oficinas con Eldon Insurance, una empresa propiedad del millonario Arron Banks, que también era el cofundador y principal financiador de Leave.eu. La campaña se lanzó durante el verano de 2015, y se asoció con Cambridge Analytica en octubre del mismo año. El euroescéptico Nigel Farage, prominente político de derechas, se convirtió en la figura visible de Leave.eu. Después de que Steve Bannon presentara a Banks y Farage al multimillonario estadounidense Robert Mercer, Cambridge Analytica firmó para la campaña del Brexit, para servir a Leave.eu con sus algoritmos y su *targeting* digital. Se anunció que Brittany Kaiser se convertiría en nueva directora de operaciones de Leave.eu, y que Kaiser y Banks lanzarían conjuntamente Leave.eu en una conferencia de prensa.

Poco antes de volver a Canadá, tomé unas copas con unas cuantas personas a las que conocí durante el tiempo que pasé en la política británica. Uno de ellos era un consejero especial de la entonces ministra de Interior, Theresa May, un conservador homosexual llamado Stephen Parkinson. Era un *tory*, pero si algo había aprendido a lo largo de los años en política es que normalmente es más fácil hacerse amigo de personas de fuera de tu propio partido, pues no compiten directamente por tu puesto de trabajo y es menos probable que intenten joderte. Parkinson me dijo que acababa de coger un permiso para ausentarse del Ministerio del Interior y trabajar por Vote Leave…, un grupo de campaña recién creado para el referéndum del Brexit. No me sorprendió que Parkinson trabajara en él, y le dije que conocía a otras personas que tal vez estuvieran también interesadas en unirse a su campaña.

Uno era un joven estudiante de la Universidad de Brighton llamado Darren Grimes. Yo había conocido a Grimes a través de los Liberal Demócratas, pero él acabó desencantado con el partido, que empezó a desmoronarse en la carrera por el liderazgo interno que siguió a su fracaso en las elecciones de 2015. Cuando Grimes decidió dejar los Lib Dem, me pidió que le introdujera en los *tories*, de modo que le presenté a Parkinson. Probablemente, jamás habrían oído hablar de Grimes, pero más tarde se convertiría en una figura central de la victoria de Vote Leave en el referéndum del Brexit, por puro accidente.

Parkinson y yo nos reunimos varias veces antes de que me fuera de Londres, porque le interesaba mi opinión sobre análisis de datos. Por aquel entonces, no me lo dijo tan claramente, pero sabía lo de Cambridge Analytica y se percató de lo valiosas que serían semejantes herramientas de *targeting* para la campaña del Brexit. Me dijo que quería presentarme a una persona.

—Se llama Dom Cummings —anunció, y yo me estremecí al oír ese nombre.

Dom Cummings (no era un nombre de actor porno, aunque habría sido bueno), se había forjado una reputación en el Departamento de Educación, en el Gobierno de coalición, como manipulador maquiavélico, de carácter muy difícil. Cameron, que era el primer ministro por aquel entonces, diría más tarde que Cummings era «un psicópata de manual». Haciendo honor a su fama, Cummings se convirtió en el cerebro que estaba detrás de la brecha más importante en la ley de financiación de campañas en la historia británica, usando algunas de las tecno-

201

logías desarrolladas por Cambridge Analytica para inclinar el voto del Brexit hacia el «Irse». Pero yo no me enteré de todo eso hasta que fue demasiado tarde: por aquel entonces, era solo un ambicioso y brusco funcionario conservador que disfrutaba irritando a todo el mundo en el sistema político británico.

Parkinson, Cummings y yo nos sentamos en una sala vacía en el futuro cuartel general de Vote Leave para hablar de *targeting* de votantes. Estaban renovando todo el suelo, que estaba cubierto con un plástico. Pero desde el Albert Embankment, tenía una vista espectacular del palacio de Westminster, directamente al otro lado del Támesis. Mi primera impresión de Cummings fue que iba despeinado, como si acabara de salir de un bote salvavidas después del hundimiento del *Titanic*. Cummings tiene la cabeza muy grande, y su pelo tiende a desparramarse en todas direcciones, con unos mechones ralos cruzando al azar su cabeza calva. Parecía un poco aturdido, o quizás un poco colocado, como si estuviera, o bien atascado intentando resolver un rompecabezas, o bien colocado por un fenomenal porro que se acabara de fumar… Nunca llegué a saberlo.

A su favor hay que decir que Cummings era una de las pocas personas inteligentes que había encontrado trabajando en el establo de Augías de la mediocridad que es la política británica. Lo que más me gustaba de reunirme con Cummings era que no hablábamos de lo que suele obsesionar a la gente de ese mundillo. Cummings comprendía que hay más personas ocupadas mirando a las Kardashian o Pornhub que siguiendo el escándalo político del día en la *BBC Newsnight*. Por el contrario, Cummings quería hablar de identidad, de psicología, de historia, y en realidad de inteligencia artificial. Y entonces mencionó Renaissance Technologies, el fondo de cobertura fundado por Robert Mercer. Obviamente, Cummings había leído algo sobre Cambridge Analytica, y se hacía un montón de preguntas sobre cómo funcionaba la empresa. Le interesaba crear lo que él llamaba «el Palantir de la política», un término que me hacía estremecer, después de oírselo decir tanto a Nix. Yo suspiré para mis adentros y pensé: «Ya estamos otra vez».

Vote Leave ni siquiera tenía todavía el registro electoral, de modo que le dije a Cummings que era extraordinariamente escéptico respecto a que pudiera desarrollar grupos de datos que se acercaran siquiera a los que tenía Cambridge Analytica. Y continué diciéndole que Steve Bannon estaba muy unido a Nigel Farage, de modo que había muchas posibilidades de que Cambridge Analytica ya estuviese trabajando con la campaña rival pro-Brexit, Leave.eu. Poco después de aquella reunión, Leave.eu anunciaba oficialmente su asociación con Cambridge Analytica, con lo que, aparentemente, estropeaba el plan de Cummings. Después de la reunión, Parkinson nos invitó a Gettleson y a mí a ir a trabajar para Vote Leave. Como yo ya había aceptado un proyecto para trabajar con Justin Trudeau, decliné. Por su parte, Gettleson, después de flirtear inicialmente con la idea de venirse conmigo a Canadá, decidió quedarse en Londres y trabajar para Vote Leave, porque no estaba en situación de hacer otro cambio brusco en su vida, como trasladarse a vivir a un país nuevo. Por cortesía, sin embargo, envió un mensaje de correo a Cummings señalando que probablemente podía probar un piloto de «unos cuantos miles» de encuestas de votantes. Por mi parte, estimé que eso era más o menos todo lo que podía conseguir en el poco tiempo que había antes del referéndum… Bueno, al menos lo que podían conseguir «legalmente».

Justo antes de irme a Ottawa, otro amigo mío de Londres llamado Shahmir Sanni me pidió si podía ayudarle a encontrar una beca. Nos habíamos conocido en la noche de Londres, y nos manteníamos en contacto por Facebook, sobre todo intercambiando ideas y opiniones sobre política, moda, arte, chicos guapos y cultura. Sanni acababa de terminar la universidad y necesitaba que alguien le proporcionara una buena recomendación. Le pregunté dónde quería trabajar, pero él dijo que el partido no le importaba, que lo que más le interesaba era coger experiencia. Cuando pedí contactos tanto en las campañas de «Irse» como de «Quedarse» para becas, solo uno me respondió: Stephen Parkinson. Parkinson me preguntó a quién quería recomendar, y yo les envié el perfil de Instagram de Sanni. Parkinson, seducido por las selectas fotos de Sanni, me respondió con tres palabras solamente: «¡Sí, por favor!». Y así fue como Sanni, que finalmente acabaría siendo uno de los dos denunciantes del Brexit, se apuntó a la campaña de Vote Leave.

Los líderes pro-Brexit sabían que no iban a ganar el voto hablando solo a los partidarios del Brexit de derechas, de modo que Vote Leave convirtió en prioridad atraer muchos más apoyos. En la política británica, las campañas de referéndum son únicas, en el sentido de que tienden a hacer un esfuerzo coordinado para ser tan interpartidistas como sea posible, pues lo que aparece en la papeleta son asuntos, no partidos. Nadie «gana el poder» al final de un referéndum; solo gana la idea, y el Gobierno del momento elige si implementar el resultado o no. Cummings y Parkinson comprendieron que la clave para una victoria del Brexit era identificar a los votantes laboristas y de los Lib Dem, así como a aquellos que no solían votar. Luego debían persuadirlos de, o bien que votaran Leave, o bien que permanecieran neutrales. Por ese motivo, el lado pro-Brexit estaba enormemente ansioso de reclutar a gente de los Lib Dem, a verdes, a laboristas, a LGBTQ, a inmigrantes… El objetivo era hacerse con tantos votantes tradicionalmente no conservadores como fuera posible. Sanni era el hombre perfecto para ayudar en esa misión.

Uno de los argumentos progresistas más atractivos para el Brexit era muy sencillo. La Unión Europea tendía a favorecer a los inmigrantes europeos (es decir, blancos) por encima de los de las naciones de la Commonwealth, que eran predominantemente gente de color. Bajo las normas de la Unión Europea, los migrantes a Gran Bretaña de países como Francia, Italia, España, Alemania y Austria no necesitaban visado para trabajar y vivir en Gran Bretaña. Sin embargo, los migrantes de, por ejemplo, la India, Pakistán, Nigeria o Jamaica sí que debían sufrir un escrutinio extenso y unos procedimientos de inmigración muy difíciles. Sin embargo, durante cientos de años, Gran Bretaña había construido su vasto imperio sobre todo usando el trabajo de la gente de color en toda la Commonwealth, conquistando sus tierras, quitándoles sus recursos y dejándoles que se las arreglaran como pudieran en casa, mientras las grandes ciudades británicas florecían con la riqueza creada en el extranjero. En las dos guerras mundiales, cuando la libertad británica se vio amenazada por otras naciones europeas, los ciudadanos de la Commonwealth fueron llamados a filas, para luchar por Gran Bretaña. Pocas películas de guerra, si es que había alguna, se habían hecho para honrar su sacrificio, pero muchas de las grandes victorias británicas se consiguieron con la sangre derramada de muchos soldados de la Commonwealth procedentes de la India, el Caribe y África. Entonces, décadas más tarde, cuando Europa parecía mucho más prometedora económicamente que los países jóvenes que surgían del gobierno colonial, Gran Bretaña volvía la espalda a esas naciones, cerraba sus fronteras y ponía en vigor unas nuevas normas de inmigración para los ciudadanos de la Commonwealth. Al mismo tiempo, Gran Bretaña empezó a abrir el movimiento migratorio, casi sin restricciones, de los ciudadanos europeos, que eran blancos en su inmensa mayoría.

Por esa idea de profunda injusticia, muchas personas de color, como, por ejemplo, los amigos de Sanni y sus familiares, que eran de Pakistán, no tenían afinidad alguna con la Unión Europea. Sabían lo que era tener que soportar un sistema de inmigración casi kafkiano que les obligaba a probar su valía hasta el detalle más ínfimo. Sabían lo que era vivir en un país que había explotado a sus antepasados para construirse, pero que ahora enviaba a camiones del Ministerio del Interior recorriendo los barrios de las comunidades indias y pakistaníes, con advertencias estampadas como «¿Estás aquí ilegalmente? Vuelve a tu país o enfréntate al arresto. Envía un texto al Ministerio del Interior al 78070». Mientras tanto, un alemán o un italiano, cuyo abuelo quizás hubiera disparado mortalmente contra los batallones de indios y nigerianos a los que Gran Bretaña enviaba a combatir en el frente, podía entrar en Gran Bretaña sin que le hicieran ninguna pregunta, y ponerse a buscar trabajo de inmediato.

Mientras la campaña del «Quedarse» iba pavoneándose por ahí con sus mensajes «a favor de la inmigración» para defender la Unión Europea, lo que muchas personas de color veían era que todos aquellos mensajes estaban destinados a los blancos, porque, en realidad, los derechos que se pedían eran solo para «algunos» inmigrantes. Para las personas como Sanni, el Brexit era una historia de marginalización y del legado no reconocido del colonialismo en Gran Bretaña, un intento de arreglar el error de negar acceso a los inmigrantes y a la gente de color al mismísimo país que les había

205

estado saqueando durante siglos. Y al identificar ese agudo resentimiento, el movimiento pro-Brexit consiguió crear una alianza contraintuitiva entre algunos sectores de las comunidades de inmigrantes y legiones de patrioteros partidarios del Brexit que querían que todos «se fueran a casa».

Parkinson le dio a Sanni un trabajo no remunerado, como becario. Empezó en la primavera de 2016 como voluntario. Como el equipo de alcance era muy pequeño, sus obligaciones rápidamente se multiplicaron. Gran parte de su trabajo se centraba en las comunidades de minorías y *queer*. Visitaba barrios empobrecidos para preguntar a los residentes cómo pensaban votar y por qué.

El primer día de Sanni en la oficina, vio a un dandi vestido con chaqueta verde y pantalones rosa: Mark Gettleson con todo su plumaje homosexual. Enseguida, Sanni y Gettleson empezaron a gastar bromas diciendo que eran los únicos hombres originales en aquel mar de hombres blancos conservadores. Gettleson se había unido a Vote Leave como consultor en primavera de 2016, e impresionó mucho al personal con su ingenio, inteligencia y comprensión intuitiva de los liberales británicos. De inmediato, empezaron a montar las páginas web para diversos grupos de alcance, a muchos de los cuales él puso nombre personalmente: Green Leaves, Out and Proud, etc. Cuando Darren Grimes, el estudiante de moda de veintidós años a quien yo conocía de los Lib Dem, se unió al equipo, Gettleson y él empezaron a concebir una rama progresista de Vote Leave que se llamaría BeLeave.

Por aquel entonces, yo estaba en Canadá, pero todos nos manteníamos en contacto a través de Facebook. Mientras diseñaba la marca para BeLeave, Grimes me envió su idea a través de Messenger. Aunque me preocupaba montar proyectos para el nuevo Gobierno liberal de Ottawa, quería echarle una mano después del mal rato que había pasado con los Lib Dem. Uno de los desafíos era elegir los colores adecuados. El color oficial para Vote Leave era el rojo, de modo que necesitaban algo distinto. Yo les dije: «¿Por qué no usar los colores Pantone del año?» (en 2016 resulta que eran el azul Serenity y el rosa

Quartz). Darren hizo una maqueta y yo le respondí: «Parece muy gay y muy milenial. Nada fascista en absoluto».

BeLeave intentó atraer al lado más suave del voto pro-Brexit concentrándose en temas como la paridad en el trato a los inmigrantes, para acabar con lo que llamaban «discriminación por pasaporte» entre los ciudadanos y los no ciudadanos de la UE, las políticas proteccionistas injustas que tenía la Unión sobre los campesinos africanos y la protección medioambiental. Después de que Parkinson le pidiera a Sanni desviar su atención del alcance de las minorías a BeLeave, los que llevaron la iniciativa fueron esencialmente Grimes y él, un par de becarios que tenían veintipocos años, con alguna intervención ocasional del personal de mayor edad de Vote Leave. Con los votos duros antiinmigración ya en el saco, el lado del «Irse» solo necesitaba asegurarse un pequeño porcentaje más de votantes liberales. Los datos eran la clave para centrarse en esos votantes.

Sin embargo, Vote Leave no tenía los datos que se necesitaban. Además, la única empresa que se los podía proporcionar, Cambridge Analytica, no era una opción, porque ya trabajaban con Leave.eu. Si Vote Leave hubiera trabajado con Cambridge Analytica, habría infringido las leyes que restringen la coordinación entre campañas. Lo que hicieron, como supe más tarde, fue contratar a una empresa cuyos orígenes estaban en intersección con mis antiguos días en SCL, cuando estaba empezando a reunir un equipo técnico.

Aquello fue en agosto de 2013, cuando buscaba gente que pudiera ayudar. Recordé mi época en el LPC y a mi mentor, Jeff Silvester, que se había interesado mucho por mí mientras todavía estaba en el instituto. Silvester, ingeniero informático de *software* de formación, había llegado a comprender muy bien los sistemas de datos de las empresas, mucho antes de empezar a defender una nueva estrategia de datos en el LPC. Era un hombre grande, con barba, que me recordaba a Ron Swanson en la serie *Parks and Recreation*. Silvester era siempre muy considerado y atento, pero también tenía el sentido del humor seco y cínico de alguien que ha pasado años en la política. Vivía en las afueras de Victoria, en la Columbia Británica, y los fines de semana hacía de tutor de los jóvenes de un grupo local de Boy Scouts. Los primeros meses que trabajé con Silvester como becario estuve ayudándole a procesar las solicitudes de asilo político y de refugiados. En esa época, él me enseñó cómo influir realmente en la vida de la gente. Era una de las personas más honradas que había conocido nunca.

Poco después de unirme a SCL, escribí a Silvester describiéndole la cartera de trabajos de la empresa, no solo los proyectos de guerra psicológica para la OTAN, sino sus esfuerzos para luchar contra el VIH en África. Él respondió enseguida: «¡Necesitas una oficina en Canadá!». Cuando salió el proyecto de Trinidad, se cumplió su deseo. SCL necesitaba a alguien que ayudara a construir y a manejar infraestructuras de datos, y Silvester contaba con los antecedentes adecuados. Silvester pescó a otro político canadiense, Zack Massingham (veterano del duro mundo de la política local de la Columbia Británica), para que fuera director de proyectos de la nueva empresa, que llamó AIQ. La compañía se registró en Canadá y se llamó legalmente AggregatedIQ, pero firmó un acuerdo de propiedad intelectual que aseguraba a SCL los derechos de su trabajo. SCL y, posteriormente, Cambridge Analytica solían aprovecharse de una red de empresas afincadas en paraísos fiscales y registradas bajo distintos nombres. Similar a las estrategias empleadas cuando se intenta eludir impuestos, esta red de empresas que tenía tentáculos por todo el mundo ayudó a Cambridge Analytica a saltarse el escrutinio de reguladores electorales o de datos que actuaban en el ámbito privado.

El cuartel general de AIQ era un edificio de ladrillo en la avenida Pandora, a solo una manzana de distancia del océano, en Victoria, en la isla de Vancouver. A los empleados de SCL y CA les encantaba visitar la oficina, porque estaba en un bonito paisaje. Era tranquila y nada estresante comparada con el ritmo frenético de Londres. A medida que AIQ fue creciendo, reclutó a un equipo fantástico y dispar de ingenieros para que trabajasen en proyectos de SCL.

El contrato de AIQ en Trinidad con SCL incluía construir infraestructuras para cosechar datos de Facebook, datos de sesiones de clics y *logs* de proveedores de servicios de internet (ISP), y cuadrar los ISP y los agentes de usuario con los domicilios, cosa que les ayudaría a desanonimizar los datos de búsquedas en Internet. A medida que SCL crecía y se convertía en Cambridge Analytica, AIQ llegó a ser en una parte indispensable del equipo de ingeniería técnica de respaldo. Una vez que se decidió que los modelos de CA tendrían que cargarse en una plataforma que lanzara *targeting* publicitario social y digital, a AIQ se le encargó la tarea de construir Ripon, la plataforma de *targeting* de anuncios de CA. Una vez que Kogan hubo cosechado los datos de Facebook, se pasaron a AIQ para que los cargaran en la plataforma Ripon, que permitía al usuario segmentar universos de votantes según cientos de factores distintos psicométricos y conductuales. Durante las primarias de Estados Unidos en 2016, los miembros del personal de AIQ viajarían al sur de Texas para construir una infraestructura para la campaña del senador Ted Cruz.

Cuando Brittany Kaiser y Sam Patten se unieron a Cambridge Analytica y se hicieron cargo del proyecto de Nigeria, se implicó a AIQ para que distribuyera la supresión de votantes de CA y la propaganda de intimidación. Después de descargar vídeos de mujeres quemadas vivas y hombres atragantándose con su propia sangre después de que alguien les cortara el cuello, AIQ quiso enfocar el contenido por regiones y perfiles de votantes que CA les había dado. En 2015, cuando averigüé que Silvester trabajaba en este proyecto, me pareció todo muy raro. Mi antiguo mentor no era en absoluto el tipo de persona que divulgaría alegremente vídeos de víctimas de tortura. Años más tarde, me encontré con Silvester y le pregunté por Nigeria. A menos que se cuente como tal una risa incómoda, no mostró remordimiento alguno. De alguna manera, había aceptado el caos que su empresa había causado en el mundo como contratista de Cambridge Analytica.

La tarde del 16 de junio de 2016, una diputada laborista partidaria del «Quedarse» llamada Jo Cox, iba andando a la biblioteca de la pequeña ciudad de Birstall, al oeste de Yorkshire. Iba a su «cirugía» quincenal, una tradición británica según la cual cada diputado regularmente mantiene reuniones abiertas con los votantes que necesitan ayuda con sus problemas de asistencia o quieren plantearle algún asunto. Sin embargo, cuando Cox estaba solo a unos pasos de la puerta de la biblioteca, un hombre que llevaba una gorra de béisbol se acercó a ella, levantó una escopeta recortada y gritó: «¡Gran Bretaña primero!» y le disparó a bocajarro. El hombre luego arrastró a Cox, de cuarenta y un años de edad, entre dos coches aparcados y empezó a apuñalarla, agitando el cuchillo ante los testigos aterrorizados que intentaban detenerlo. Siguió gritando: «¡Gran Bretaña primero! ¡Gran Bretaña primero!» durante todo el episodio. Finalmente, recargó el arma y disparó a Cox en la cabeza. La diputada, que tenía dos hijos pequeños, quedó agonizante en el suelo.

El asesinato de Jo Cox causó oleadas de terror en toda Gran Bretaña, donde la violencia con armas es mucho menos común que en Estados Unidos. Compañeros suyos diputados se reunieron para velarla en Parliament Square, donde la gente fue dejándole flores en un homenaje improvisado. Pronto se supo que el asesino era supremacista y simpatizante nazi, cosa que solo sirvió para elevar la tensión emocional entre los partidarios del «Irse» y los del «Quedarse». En un intento de calmar la tormenta y como homenaje a Cox, las campañas de «Irse» y «Quedarse» accedieron a detener todas las actividades de campaña por tres días, una decisión extraordinaria, ya que solo quedaba una semana para votar. Sin embargo, AIQ continuó desplegando secretamente anuncios digitales para Vote Leave, sabiendo que los medios británicos no podrían enterarse de si ellos continuaban emitiendo los anuncios *online* o no. Es de suponer que, después de distribuir vídeos en Nigeria de gente torturada y asesinada, un poco de campaña digital extra durante un periodo de luto público no les importó demasiado.

Por aquel entonces, el clima político en Gran Bretaña se había vuelto extremadamente tóxico. Se enviaban amenazas tanto a los diputados que apoyaban el «Quedarse» como el «Irse» (sobre todo del lado del «Quedarse»). Hubo un aumento desproporcionado de actos violentos racistas y las redes sociales ardían. Ya nadie se mostraba pasivo o despreocupado por lo que estaba pasando en la política británica. La gente estaba alerta y furiosa, muy furiosa.

Durante aquel tiempo, muchos mensajes del lado del «Irse» se centraban en las «élites metropolitanas», como las llamaban los políticos, así como en la gente de color y los migrantes europeos. Vote Leave eludió su responsabilidad, pero resultó evidente que habían dejado la carrera a Leave.eu, que de buena gana (y orgullosos de ello) recogieron el testigo de la causa. Pocos días antes de que Jo Cox fuera asesinada, Farage, de Leave.eu, desveló un cartel de campaña que mostraba una caravana de migrantes de piel morena bajo las palabras LÍMITE. Se establecieron comparaciones con la propaganda nazi de los años treinta en la que se veían columnas de judíos invadiendo Europa.

Mientras tanto, yo estaba en Canadá, viendo de lejos aquel drama. Me decía a mí mismo que Vote Leave no era lo mismo que Leave.eu, ya que muchos de mis amigos estaban trabajando para Vote Leave. «La campaña de Farage es la racista que usa Cambridge Analytica», pensé. «Vote Leave no puede estar haciéndole el juego a este tipo de retórica». Pero estaba equivocado.

Cuando llegaron las semanas finales de la campaña, Vote Leave había gastado casi por completo los siete millones de libras que tenía asignados. La ley británica le impedía aceptar más fondos o colaboraciones con otras campañas, pero Cummings quería seguir gastando dinero y decidió encontrar otra vía. AIQ había estado recibiendo el grueso de los gastos de Vote Leave, y Cummings estaba extremadamente impresionado con la capacidad del *targeting* digital de AIQ. Esta podía centrarse en determinados votantes, comprometerlos y encolerizarlos. Muchos de los objetivos de AIQ eran votantes infrecuentes. De este modo, incluso las encuestas públicas ponían por delante el «Quedarse», y eso significaba que AIQ estaba comprometiendo a nuevos nichos del electorado que se excluían sistemáticamente de las campañas tradicionales y las empresas de encuestas. Pero AIQ se dio cuenta de que, si tenía que sostener ese impulso, necesitaría más dinero del que Vote Leave estaba autorizado legalmente a gastar, y que lo necesitaría rápido. Su atención se volvió entonces al proyecto BeLeave. Hasta aquel momento, BeLeave había sido una operación totalmente orgánica manejada por un par de becarios en la oficina de Vote Leave. No había anuncios pagados, y todo el contenido creativo lo desarrollaban Sanni y Grimes en su tiempo libre. Vote Leave proporcionaba guía y dinero para determinadas cosas, pero solo en pequeñas cantidades, cien libras aquí y cien allá.

211

Más o menos por la misma época, Parkinson empezó a invitar a Sanni a quedarse con él en su casa después del trabajo, porque sabía que Sanni vivía en Birmingham. Entonces comenzaron una relación. Para Sanni, que tenía veintidós años y todavía no había revelado su sexualidad a su familia, todo aquello era muy nuevo y confuso. No sabía cómo lidiar con esa situación íntima en la que ahora se encontraba con su jefe. Pero, al mismo tiempo, estaba maravillado por recibir tanta atención y guía de un consejero político experto que trabajaba en los escalones más elevados del Gobierno británico. Parkinson sacaba a Sanni por ahí y le decía lo contento que estaba con su trabajo. Si seguía portándose así, tenía una gran carrera por delante. Sanni accedió a mantener en secreto la relación.

Los votantes también se habían fijado en el trabajo de BeLeave. Parte del contenido que habían creado Sanni y Grimes se hizo viral, e incluso superó a los anuncios pagados de Vote Leave. Los gráficos de BeLeave se centraban en temas progresistas como la «tasa de los tampones», y afirmaban que, si los británicos salieran de la UE, no necesitarían que los otros veintisiete Estados miembros dieran su aquiescencia cuando desearan librarse de una tasa que, obviamente, era misógina. Parecía que había un mercado claro para la rama progresista, alerta y orientada a la justicia social del euroescepticismo. Semanas antes del referéndum del 23 de junio, Cleo Watson, jefa de Alcance en Vote Leave, organizó una reunión para Grimes y Sanni con un posible donante. La pareja se reunió con ese mecenas en el cuartel general de Vote Leave. Hicieron una propuesta en la que subrayaban lo efectivas que eran sus publicaciones. Además, destacaban que, en algunos casos, su alcance orgánico sobrepasaba el impacto de los anuncios pagados de Vote Leave.

Grimes me había enviado aquella presentación y me había pedido consejo sobre cómo optimizar el *targeting online* para Facebook y cuál debía ser su presupuesto. Por mi parte, le proporcioné guía respecto de las métricas que debían usar y cómo presentarlo. Era una presentación muy buena. Sin embargo, finalmente, el donante decidió no dar más dinero. Una vez que se retiró, uno de los directores séniors de Vote Leave se acercó a los dos jóvenes becarios y les dijo que había encontrado una nueva forma de conseguirles dinero para BeLeave..., pero que primero tendrían que firmar unos documentos. Después de reunirse con los abogados de Vote Leave, Sanni y Grimes recibieron instrucciones de establecerse como campaña separada, abrir una cuenta bancaria y redactar un documento de constitución formal. Los abogados de Vote Leave redactaron los artículos de asociación de la nueva campaña y les entregaron los documentos internos para que los firmaran. En ese momento, Sanni y Grimes no se dieron cuenta de que no era legal que BeLeave se gastara ningún dinero extra porque trabajaba estrechamente con Vote Leave. Diciendo que la campaña BeLeave funcionaba aparte y que podía gastar su propio presupuesto, Vote Leave estaba poniendo en riesgo a esos jóvenes becarios por cualquier gasto ilegal de campaña que llevara a cabo esa campaña «separada». Sin embargo, a los dos becarios no se les dijo nada en aquel momento y continuaron igual que antes, trabajando en el cuartel general de Vote Leave, asistiendo a los actos de Vote Leave y ayudando con el reparto de panfletos.

A la semana siguiente, se les dijo a Grimes y Sanni que el dinero que les había prometido Vote Leave llegaba a su fin... y que era mucho más de lo que habían pedido. De hecho, iban a ser «cientos de miles de libras» más. Vote Leave empezó a organizar la transferencia de setecientas mil libras a BeLeave, en lo que se podía considerar el gasto más grande de la campaña entera de Vote Leave. Pero primero Grimes y Sanni tenían que aceptar una condición. El problema de Vote Leave era que, si recibían el dinero como campaña «independiente», quedarían facultados legalmente para gastar el dinero como quisieran. De este modo, Vote Leave dijo a los dos becarios que en realidad no verían el dinero en su nueva cuenta bancaria. Más bien Vote Leave transferiría el dinero directamente a AIQ. Grimes y Sanni se limitarían a firmar una serie de facturas de AIQ. Decepcionado, Sanni preguntó si al menos podrían cubrirle los gastos de viaje y de comida con parte de aquellos fondos (él era tesorero y secretario), pero su supervisor de Vote Leave le dijo que era imposible. Grimes y Sanni no tenían ni idea de que aquello a lo que acababan de acceder era totalmente ilegal. Habían confiado en los abogados y consejeros de Vote Leave, que les decían insistentemente que todo estaba en orden.

213

Y lo peor de aquel engaño es que los abogados de Vote Leave pusieron los nombres de esos becarios en los documentos de BeLeave, e hicieron responsable a Grimes de las posibles consecuencias legales que se derivaran. No era una estrategia extraña para algunas de las entidades más sucias de la campaña británica, sobre todo entre los *tories,* a los que habían pillado varias veces usando aquel mismo truco. Los consejeros expertos de la campaña, que no querían correr el riesgo personal de transgredir las leyes electorales, buscaban a alguien sin experiencia, a menudo un voluntario joven y lleno de ilusiones, y lo nombraban «agente» de la campaña. De ese modo, lo hacían legal y personalmente responsable de la campaña. Así, cuando se descubrían las actividades ilegales, había un chivo expiatorio al que echarle la culpa, mientras los verdaderos responsables podían quedar impunes y continuar disfrutando de su proximidad al poder, mientras dejaban atrás a los voluntarios traicionados y sus vidas rotas.

214

Finalmente llegó el día del referéndum. El 23 de junio, las lluvias torrenciales continuaban azotando el sur de Inglaterra. Los londinenses que iban a votar se enfrentaban a unos colas horribles, a estaciones de tren cerradas y, por la tarde, al metro clausurado debido a las inundaciones. La mayor parte del equipo de Vote Leave, incluidos Grimes y Sanni, pasaron el día yendo a lugares clave del «Irse» para pedir el voto. Dover era la puerta de salida de Europa para el Reino Unido por barco y por tren, y la última parada para los británicos antes de entrar en el Canal. Los voluntarios pasaron muchas horas en Dover llamando a las puertas en medio de una lluvia muy intensa. La primera plana del tabloide de derechas *The Sun* llevaba un único titular con grandes letras. Un titular muy familiar: *BELEAVE* IN BRITAIN.

No supe que AIQ estaba implicado en la campaña del «Irse» hasta la noche de la votación, cuando Parkinson me mandó un texto con una foto de sí mismo con Massingham en el del cuartel general de Vote Leave: sonreían ante unas ventanas empañadas con la silueta del Parlamento entre ellos. Extrañamente, aunque había hablado varias veces con Silvester desde que volví a Canadá, ni una sola vez me había mencionado la conexión de AIQ con las campañas del «Irse». Cuando se hicieron públicos los gastos, se reveló que AIQ había recibido el 40 % del presupuesto de Vote Leave…, y cientos de miles de libras más de las otras campañas pro-Brexit, incluida BeLeave.

Entonces comprendí que así era como Cummings había conseguido pasar por alto que Cambridge Analytica ya estaba trabajando con Leave.eu: había usado una de las subsidiarias de CA, con base en un país distinto, con un nombre que no conocía nadie. AIQ tenía la infraestructura de Cambridge Analytica, manejaba todos sus datos y podía realizar las mismas funciones, pero sin la etiqueta. (Vote Leave niega que tuviera acceso a los datos de Facebook de Cambridge Analytica.) Nadie había querido decírmelo porque todo el mundo sabía que yo me había ido de Cambridge Analytica de mala manera, igual que muchos otros. Silvester y Massingham decidieron mantenerlo en secreto porque era su mejor baza en política. Silvester hablaba sin ningún problema del trabajo turbio que habían hecho en África o en el Caribe, pero no del Brexit.

Como yo había trabajado en campañas de focalización, sabía que la mayor parte del contenido del que hablaban los medios no es lo que realmente ven los individuos y los grupos durante el referéndum. Casi al instante me di cuenta de que estaba ocurriendo algo profundamente siniestro en Gran Bretaña. Aun así, el 72 % de los votantes ejercieron su derecho al voto. Durante horas, la cosa estuvo bastante reñida como para saber a qué atenerse, pero al final ganó la opción de abandonar la Unión Europea con el 51,89 % de los votos. En aquellos momentos, yo no lo sabía, pero Vote Leave había nombrado a Thomas Borwick para que se convirtiera en jefe tecnológico oficial de la campaña. Antes de unirse a Vote Leave, Borwick había trabajado con Alexander Nix y SCL llevando unos cuantos proyectos de cosecha de datos en naciones-isla del Caribe. (Sin embargo, nada sugiere que Borwick participase en ningún trabajo ilegal de SCL en la región). Después del referéndum, Borwick reveló que, en las semanas anteriores al referéndum, Vote Leave y AIQ habían difundido juntos más de un centenar de anuncios distintos, con 1433 mensajes diferentes para sus votantes según el *targeting*. Con el tiempo, Cummings reveló que esos datos se vieron más de ciento sesenta y nueve millones de veces, pero que estaban focalizados en un estrecho segmento de unos pocos millones de votantes. Por tanto, sus contenidos acabaron dominados por los mensajes de Vote Leave.

La gente del Reino Unido fue objeto de una operación de información escalada desplegada por AIQ. El problema de los partidarios de permanecer en la Unión Europea fue que no consiguieron entender contra qué luchaban. Como identificó correctamente Cambridge Analytica, provocar ira e indignación reducía la necesidad de obtener explicaciones racionales, y predisponía a los votantes a un estado de ánimo más indiscriminadamente punitivo. CA averiguó que esa ira no solo hacía que determinados votantes se mostraran indiferentes ante la idea de que la economía iba a sufrir, sino que a algunas personas incluso les parecía bien que la economía sufriera si eso significaba que algunos grupos externos, como los liberales metropolitanos o los inmigrantes, sufrían en el proceso... Es decir, que, en efecto, usarían su voto como una forma de castigo.

Ese enfoque resultó efectivo contra los mensajes del «miedo» de los partidarios de quedarse en la Unión, que intentaban que los votantes se centraran en los riesgos catastróficos para la economía que supondría la salida de la Unión Europea. En resumen, es mucho más difícil que alguien que está furioso tenga miedo. El «sesgo afectivo» que surge de la ira condiciona la estimación de la gente de los resultados negativos. Por tal razón, la gente furiosa se suele implicar más en conductas de riesgo. Y esto es cierto tanto si están votando como iniciando una pelea en un bar. Si alguna vez han estado en una reyerta de este tipo, sabrán que la peor forma de intentar que tu oponente se lo piense dos veces antes de hacer un movimiento arriesgado es gritarle y amenazarle. Así lo único que consigues es azuzarlo.

Al centrarse en la economía, los partidarios de permanecer en la Unión Europea se olvidaron de preguntarle a la gente qué era la economía para ellos. Eso debería haber sido lo primero. Cambridge Analytica observó que mucha gente de las regiones no urbanas o de los estratos socioeconómicos más bajos solían externalizar la idea de «la economía» y la reducían a algo en lo que solo participaban los ricos y la gente de la ciudad. «La economía» no era su trabajo en una tienda local, sino algo que hacían los banqueros. De ese modo, a cierto grupo de gente le parecían bien los riesgos económicos e incluso las guerras comerciales, porque estaban convencidos de que el caos afectaría solamente a aquellos que trabajaban en «la economía». Y cuanto más contundente era el argumento económico que escuchaban, más seguros estaban de que, en realidad, aquello que oían eran los miedos de una élite acobardada a la que le preocupaba perder su riqueza. Ante eso se sentían poderosos. Y ese era un poder que querían mantener.

Después de que ganara el «Irse», una oleada de conmoción y consternación barrió Gran Bretaña y el mundo. David Cameron hizo unas declaraciones sombrías frente al número 10 de Downing Street, diciendo que en octubre dimitiría como primer ministro. Tanto el euro como la libra inglesa se desplomaron y los mercados globales cayeron en picado. Empezó a circular un manifiesto pidiendo un segundo referéndum. Al cabo de setenta y dos horas de las elecciones, lo habían firmado más de tres millones y medio de personas. En Estados Unidos, la respuesta fue sobre todo de sorpresa y confusión. Mientras los expertos intentaban analizar lo que significaría el Brexit para los estadounidenses, el presidente Obama adoptaba el enfoque de «*Keep Calm and Carry On*», asegurando a todo el mundo que «lo que no cambiará nunca es la relación especial que existe entre nuestras dos naciones».

Donald Trump, entonces posible candidato de los republicanos, estaba en Escocia por casualidad en aquellos momentos, visitando las instalaciones de golf del Trump Turnberry, de su propiedad. Afirmó que la victoria del Brexit era «algo grande» y que los votantes habían recuperado su país.

«La gente quiere recuperar su propio país, quieren tener independencia —dijo Trump—. La gente está enfadada, en todo el mundo [...] Por las fronteras, están enfadados porque la gente entra en su país y se lo quita todo, y nadie sabe ya quién es. Están enfadados por muchas, muchas cosas.»

El mundo no lo sabía entonces, pero el Brexit era la escena de un crimen. Gran Bretaña fue la primera víctima de una operación que Bannon había puesto en marcha años antes. Los llamados «patriotas» del movimiento del Brexit, con sus llamativas apelaciones a rescatar las leyes y la soberanía inglesas de las garras de una Unión Europea sin rostro, decidieron ganar una votación burlándose de esas mismas leyes. Y para hacerlo, desplegaron una red de empresas asociadas con Cambridge Analytica en jurisdicciones extranjeras, lejos del escrutinio de las agencias encargadas de proteger la integridad de nuestras democracias. Prefigurando lo que iba a ocurrir en Estados Unidos, emergió un modelo claro durante la debacle del Brexit, en el cual entidades extranjeras, hasta entonces desconocidas, empezaron a ejercer influencia en las elecciones domésticas desplegando grandes grupos de datos de origen inexplicado. Y como las empresas de las redes sociales no realizan ninguna comprobación de las campañas de publicidad que se difunden a través de sus plataformas, no hay nadie que haga guardia para impedir que entidades hostiles siembren el caos e interfieran en nuestras democracias.

10

El aprendiz

—*N*o les voy a mentir. Este es, ciertamente, uno de los casos más extraños de los que me he ocupado.

Eso fue lo que dijo mi abogado mientras estábamos sentados en su oficina de Londres leyendo una carta de acción previa en junio de 2015. En ella, Cambridge Analytica aseguraba (falsamente) que yo estaba intentando montar una empresa rival que iba a ayudar a la naciente campaña presidencial de Trump.

Donald Trump había entrado en mi vida por primera vez unos meses antes, en la primavera de 2015, cuando Mark Block me llamó con una propuesta refrescantemente alejada del trabajo que yo había hecho con Cambridge Analytica. Tal como me explicó Block, la organización Trump necesitaba ayuda para hacer una investigación de mercado, o bien para su programa de televisión *El aprendiz*, o bien para sus casinos. Block también había llamado a Jucikas y a Gettleson, que todavía estaban en Londres. Los tres hablamos y acordamos una reunión con los ejecutivos de Trump.

La Organización Trump nos llamó y nos hablaron de las cifras de audiencia de *El aprendiz*, que estaban decayendo. Además, nos dijeron que poca gente se alojaba en los hoteles Trump o jugaba en sus casinos. El juego *online* estaba en boga, y ellos dependían totalmente de la imagen pública de Trump como multimillonario listo y atractivo. Sin embargo, su equipo estaba empezando a darse cuenta de que un sistema de casinos anticuado y un famoso envejecido, teñido de naranja y en la lista «C» no sugería nada «atractivo y divertido» a los posibles nuevos clientes. La marca Trump estaba devaluada, y la empresa tenía que pensar cómo mejorarla.

El proyecto era frustrantemente vago. Los ejecutivos ni siquiera estaban seguros de lo que nosotros hacíamos o de cómo les podíamos ayudar. Eso me hizo sospechar de que lo que buscaban eran consejos gratis. Ni más ni menos. Aproximadamente al cabo de un mes, propusieron una reunión, pero yo decliné la invitación. Prefería que fueran Jucikas y Gettleson los que acudieran a la Trump Tower. La reunión tuvo lugar en el restaurante y estuvo marcada por aquella misma imprecisión. ¿Podríamos usar los datos para mejorar la imagen de Trump y sus productos…, para hacer que la marca Trump reviviera? Y si era así, ¿cuál sería el público objetivo para tal proyecto?

Cuando Gettleson llamó para decirme lo que se nos venía encima, se reía.

—No te lo vas a creer… —dijo—. Trump está planeando presentarse para presidente.

En la reunión estuvo Corey Lewandowski, que se identificó como jefe de campaña de Trump y aseguró a Gettleson y Jucikas que el magnate hablaba muy en serio sobre eso de presentarse a la presidencia. Nos invitó a tomar parte en la campaña, una oferta de la que no quise formar parte por diversos motivos. Uno: era una campaña política, y yo había abandonado Cambridge Analytica y Londres precisamente para apartarme de ese mundo. Dos: Trump me parecía un individuo absolutamente ridículo y un esperpento como candidato. Y tres: se presentaba por los republicanos, y ya estaba harto de hacerles el trabajo sucio a los políticos de derechas. Una cosa era explorar cómo mejorar la audiencia para un programa de televisión, y otra bien distinta ayudar a un republicano a presentarse a las elecciones presidenciales. Gettleson estuvo de acuerdo; Jucikas, que pronto sería consultor de campañas de los republicanos, no tanto. Así pues, creímos que la subtrama Trump llegaba a su fin.

Sin embargo, un par de semanas más tarde, el 5 de junio de 2015, supimos que Cambridge Analytica nos había puesto una demanda a Gettleson, Jucikas y a mí. Aseguraban que habíamos violado la cláusula de no captación de nuestro acuerdo de confidencialidad con la empresa. Según la demanda, habíamos contactado con uno de los clientes de Cambridge Analytica: Donald Trump. Las cartas que nos informaban de la demanda nos daban dos semanas para responder. Así pues, aunque todo aquello era meridianamente falso, decidí contratar a un abogado para librarme de aquello lo más rápidamente que pudiera. En nuestra primera reunión, los abogados quedaron desconcertados. Imagínense lo extraña que fue la conversación, mucho antes de que Cambridge Analytica o Steve Bannon se convirtieran en nombres habituales.

—Bueno, pues ahí tenemos a esa empresa dedicada a la guerra psicológica —les conté—. La adquirió un multimillonario republicano de Estados Unidos. Y después de que yo me fuera, me invitaron a hablar con Donald Trump, el de *El aprendiz*, ¿saben? Al parecer, se va a presentar para presidente, y es cliente suyo, aunque en secreto. Y ahora quieren demandarme...

Por aquel entonces, Cambridge Analytica se había propagado como una plaga por todo el Partido Republicano, aconsejando a destacados candidatos para el Congreso y el Senado, y emprendiendo proyectos para estudiar fenómenos culturales, como el militarismo entre la juventud estadounidense, para los intereses de la derecha. En apariencia, Cambridge Analytica había tenido un éxito brutal. Sin embargo, entre bastidores, la empresa estaba destrozando al Partido Republicano en general, y en concreto, a los Mercer. Para mí, la auténtica revelación de aquella demanda fue que Cambridge Analytica estaba conectada con Trump como cliente no registrado, y al mismo tiempo la empresa trabajaba para el candidato presidencial que preferían los Mercer, Ted Cruz. No solo era que Bannon tenía una agenda muy distinta a la de los Mercer, sino que no tenía interés alguno en apoyar a Cruz, a quien Bannon despreciaba.

Después de explicar a los abogados que yo ni siquiera trabajaba para Trump, ellos me dijeron algo así como:

—Bien, no se preocupe. Las empresas envían esas cartas todo el tiempo como advertencia, pero normalmente no pasa nada. Probablemente, se debe a la inseguridad de su director. Podemos hacernos cargo de esto.

Pero no iba a resultarme barato. En realidad, Cambridge Analytica me dejó bien claro que quería seguir fastidiándo-

221

me, costándome dinero y tranquilidad mental. Al menos hasta que me rindiera. Me ofrecí a firmar un documento diciendo que nunca más trabajaría para ningún republicano, pero Cambridge Analytica no quería eso. Querían que nunca más volviera a trabajar con datos, cosa que, por supuesto, era imposible. Siguieron forcejeando sin parar, durante meses interminables. Todo se volvió mucho más difícil. En el curso de la disputa legal, descubrí que, después de que Gettleson y yo dejásemos la empresa, CA se había inventado a dos personas falsas, «Chris Young» y «Mark Nettles», que continuaban usando en su web y con los clientes. Finalmente, accedí a firmar un compromiso de confidencialidad, que esencialmente era un superacuerdo que establecía que nunca jamás hablaría de lo que había visto y hecho en Cambridge Analytica. Sin que yo lo supiera, le habían puesto la primera trampa a mi futuro como denunciante.

Regresé a Canadá para trabajar con el equipo de investigación de Trudeau. Mi tiempo lo dedicaba sobre todo a mantener conversaciones telefónicas y a reuniones. Lo cierto es que agradecí mucho la estabilidad y la calidez que me daba un entorno que no era hostil, sobre todo uno en el cual el jefe no estaba empeñado en abusar psicológicamente de su personal.

En marzo de 2016, un funcionario importante del Gobierno canadiense me pidió una información que estaba ligeramente fuera de mis atribuciones. Quería una lectura sobre las primarias de los republicanos en Estados Unidos, que estaban en pleno funcionamiento. En concreto, quería saber si Donald Trump estaba subiendo en las encuestas. El 1 de marzo, Trump había ganado las primarias republicanas en siete de los once estados del «supermartes», y miles de partidarios vociferantes llenaban sus mítines en todo el país. Al parecer, cuanto más extravagantemente era el comportamiento de Trump, más subía en las encuestas: en el debate presidencial del 3 de marzo, se enzarzó con el senador Marco Rubio de Florida nada menos que sobre el tamaño de su pene. Trump alardeó: «Le aseguro que no tengo ningún problema». Dos semanas más tarde, ganó en cuatro de seis estados y territorios en un solo día..., y Rubio quedó fuera de la competición. A la gente de Trudeau todavía no le preocupaba, pero sentían curiosidad, porque aquella estrella de televisión convertida en candidato les parecía algo absolutamente ridículo y estrafalario. ¿Por qué le iba tan bien? ¿En qué estaban pensando los estadounidenses? Como muchos de sus conciudadanos canadienses, se complacían sacudiendo la cabeza ante el comportamiento de sus atrasados vecinos.

A los canadienses les cuesta mucho entender el populismo porque, a diferencia de Estados Unidos o Gran Bretaña, nunca han tenido unos medios de comunicación propiedad de Rupert Murdoch. En Canadá, no existe algo como Fox News o *The Sun*. Por su sistema bancario, más consciente de los riesgos, el país no ha experimentado ninguna crisis de vivienda ni ningún crac financiero. Y a diferencia del resto de la OCDE, Canadá es un lugar aislado donde patriotismo y apoyo a la inmigración se relacionan positivamente entre sí. Así pues, yo me encontraba repitiendo los mismos argumentos una y otra vez a unos canadienses desconcertados que, sencillamente, no podían comprender cómo eran posibles cosas como el Brexit o el auge de Trump.

223

En cierta ocasión, Pierre Trudeau, primer ministro de Canadá a finales de los sesenta y en los años setenta, dijo que vivir tan cerca de Estados Unidos era como «Dormir con un elefante. No importa lo amistoso y de buen carácter que sea el animal..., te afecta cada movimiento y cada gruñido». Aunque Trump no ganase (y poca gente en aquel momento pensaba que lo haría), su posición ante el comercio ya estaba creando problemas. Trump odiaba el Acuerdo de Libre Comercio Norteamericano (NAFTA) y estaba agitando al electorado en estados cruciales respecto a las relaciones comerciales con Canadá. El temor no era tanto que pudiera ganar Trump, sino que, cuanto más tiempo durase, más podía afectar su grandilocuencia anti-NAFTA a la vida ejecutiva y legislativa de esos estados, que a su vez trastocaría el diálogo nacional sobre el comercio.

Cambridge Analytica todavía no estaba instalada en la conciencia del gran público, pero no era ningún secreto entre mis colegas canadienses que mi trabajo en la empresa se había acabado aplicando en algunas campañas políticas de Estados Unidos. Mientras Trump continuaba ganando terreno, su curiosidad crecía. Describí las tácticas de Cambridge Analytica de manipulación de voto. Les expliqué cómo la empresa identificaba y ponía el foco en personas con predisposiciones neuróticas o conspirativas, y luego difundía propaganda destinada a profundizar y acentuar esos rasgos. Les conté que, después de obtener los datos de ciertos usuarios de Facebook, Cambridge Analytica podía predecir su conducta mejor que sus propios maridos o mujeres. Además, les hablé de cómo la empresa usaba esa información para radicalizar a la gente dentro del Partido Republicano.

Así pues, aunque era obvio que Trump tocaba la fibra de cierto porcentaje de votantes estadounidenses, Cambridge Analytica trabajaba entre bastidores para llevar su campaña a otro nivel. Por ejemplo, se centraban en aquellos que jamás votarían republicano, o que simplemente no votaban. Intentaban ampliar el electorado de ese modo, mientras, al mismo tiempo, se empeñaban en la supresión de cierto tipo de voto. En particular, centraban su interés en desconectar a los afroamericanos y a otras comunidades minoritarias. Solían hacerlo, por ejemplo, vendiendo la idea de que la concepción de justicia social de la izquierda era pura retórica representada por Hillary Clinton, buen ejemplo de la supremacía blanca... Todo a pesar de que ellos mismos trabajaban para un supremacista blanco. El objetivo era empujar a esa gente que tenía una ideología más de izquierdas a votar por el candidato de un tercer partido, como podía ser Jill Stein.

Yo había empezado a prestar atención al candidato Trump cuando Cambridge Analytica me demandó, porque fue entonces cuando supe que la empresa trabajaba para él. Al principio, su campaña era un desastre. Pero luego empezó a repetir frases como «Construyamos el muro», y «Cerremos el grifo». Entonces empezó a subir en las encuestas. Llamé a Gettleson, que me dijo:

—Todo eso suena muy familiar, ¿verdad?

Y es que eran las mismas frases que CA había probado e incluido en los informes enviados a Bannon mucho antes de que surgiera la candidatura de Trump. Y eso significaba que, a

lo largo de la primavera de 2016, cuando Cambridge Analytica supuestamente trabajaba para Ted Cruz, su objetivo era
(¡sorpresa!) abrir camino a Donald Trump.

A medida que las primarias seguían su camino, se hizo
evidente que las oportunidades de ganar de Trump crecían.
Fue entonces cuando la actitud de la gente en Ottawa empezó
a cambiar. Pasaron de un «Está loco, ja, ja» a un «Está loco...
y se puede convertir en el presidente del elefante que tenemos justo al lado».

A medida que se avecinaba el Brexit y Trump ganaba terreno, me di cuenta de que era hora de hablar. Decidí contactar con un par de amigos que trabajaban en Silicon Valley.
Una de ellas (la llamaré «Sheela») conocía a alguien en Andreessen Horowitz, la empresa de capital de riesgo cofundada
por el niño prodigio de la tecnología, Marc Andreessen. A
principios de los noventa, Andreessen, junto con Eric Bina,
había creado el navegador de páginas web Mosaic, que cambió para siempre la forma que tenía la gente de usar Internet.
Mosaic se convirtió en Netscape, que fue uno de los primeros superéxitos de Internet con su oferta pública de venta en
1995. Desde entonces, Andreessen había hecho cientos de millones de dólares invirtiendo en empresas como Skype, Twitter, Groupon, Zynga... y Facebook. También se sentaba en la
junta directiva de esta última.

Volé a San Francisco en la primavera de 2016 para empezar a informar a las partes relevantes de lo que había visto en Cambridge Analytica. Sheela organizó una reunión en
las oficinas de Andreessen Horowitz, en Sand Hill Road, en
Menlo Park. Desde el exterior, el edificio parece la consulta
de un dentista en una urbanización con ciertas pretensiones,
pero, por dentro, te encuentras un vestíbulo bastante soso
que daba paso a unas paredes en las que colgaban obras de
arte carísimas. Me reuní con los empleados de Andreessen en
una sala de conferencias y les hablé de Cambridge Analytica.
Les dije que se había apropiado de millones de perfiles de Facebook con malas artes y que los estaba usando de una forma
maliciosa para interferir en las elecciones.

225

—Chicos, vosotros trabajáis para un accionista importante y miembro del consejo —les dije—. Facebook ha de saber lo que está pasando.

Y sí: me dijeron que se ocuparían. Pero no sé si fue así.

Con un miembro del consejo de Facebook al parecer ya informado y siguiendo el caso, fui a una fiesta en el distrito de La Misión de San Francisco, donde se esperaba que asistiese como invitado un vicepresidente de Facebook. Resultó que la fiesta estaba llena de empleados de la empresa. La vestimenta era la habitual en Silicon Valley (camisetas grises perfectamente adaptadas), y era difícil entablar conversación con alguien sin que te explicara sus progresos en una dieta keto, hablara de las bebidas Soylent que reemplazan una comida o se quejara de que los alimentos se estaban convirtiendo en algo «sobrevalorado». Presentado como el tipo de Cambridge Analytica, rápidamente me convertí en el centro de atención, ya que todos ellos habían oído muchos rumores sobre la empresa. En aquel momento, todos parecían conocer la existencia de Cambridge Analytica. Más tarde, averigüé que ya en septiembre de 2015 los empleados hablaban de Cambridge Analytica internamente y habían pedido una investigación acerca de la posible recogida de datos por parte de la empresa. Los empleados reiteraron su petición en diciembre de 2015. Más adelante, se citaría también en una queja de la Comisión de Valores y Cambio presentada contra Facebook, que describía la compañía como «empresa de modelado de datos sospechosa (como mínimo) que ha penetrado profundamente en nuestro mercado». Sin embargo, a medida que yo respondía sus preguntas, me quedaba claro que las amenazas a la democracia no les interesaban tanto como la mecánica de lo que Cambridge Analytica había conseguido. Ni siquiera el vicepresidente de Facebook parecía inmutarse. Si yo tenía algún problema con Cambridge Analytica, me dijo, debía crear una firma rival, responder al Uber de la propaganda desarrollando un Lyft. Esa sugerencia me pareció perversa, por no decir irresponsable, viniendo del ejecutivo de una empresa bien posicionada para emprender acciones significativas. Pero pronto me di cuenta de que así actuaba Silicon Valley. La reacción a cualquier problema, incluso a uno tan grave como una amenaza a la integridad de nuestras elecciones, no es «¿cómo podemos arreglar esto?», sino más bien «¿cómo podemos monetizar esto?» Eran incapaces de ver más allá de las oportunidades de negocio. Sentí que estaba perdiendo el tiempo. Finalmente, la investigación regulatoria en la que más tarde tomé parte determinó que al menos treinta empleados de Facebook sabían algo de Cambridge Analytica. Sin embargo, antes de que mi revelación hiciera pública la historia, la empresa no puso en marcha ningún procedimiento para informar a sus reguladores.

Más tarde, el personal de Andreessen Horowitz me invitó a un chat privado de Facebook llamado «Futureworld», donde ejecutivos de las grandes empresas de Silicon Valley discutían problemas relacionados con el sector de la tecnología, incluidos temas que yo mismo había puesto sobre la mesa. Andreessen también empezó a hablar con otros ejecutivos de Silicon Valley acerca del posible mal uso de sus plataformas, y recibía en su casa a otros notables de Silicon Valley en unas cenas a las que empezaron a denominar «La Junta», en español, en referencia a los grupos autoritarios que suelen gobernar un país después de hacerse con el poder.

Como le dijo un miembro del grupo a Andreessen en un correo electrónico: «Sería irónico que nuestra correspondencia caiga en el radar del Gobierno porque sus algoritmos se han disparado a raíz de que hayamos usado sarcásticamente la palabra "junta"».

A principios del verano de 2016, empezó a surgir la narrativa rusa. A mediados de junio, Guccifer 2.0 filtró unos documentos que habían sido robados del Comité Nacional Demócrata. Una semana más tarde, justo tres días antes de la Convención Demócrata Nacional, WikiLeaks publicó miles de mensajes de correo robados, lo cual creó un distanciamiento entre Bernie Sanders, Hillary Clinton y la presidenta de la CDN, Debbie Wasserman Schultz, que dimitió casi inmediatamente. Y, claro está, Nix empezó a preguntar por los correos de Clinton a instancias de Rebekah Mercer. Y ofreció los servicios de Cambridge Analytica a WikiLeaks para que ayudara a difundir el material *hackeado*. Por mi parte, me enteré de todo esto por un antiguo colega que todavía estaba en la empresa. Mi pensamiento fue que se les estaba yendo de las manos.

Cuando los demócratas intentaron volver a encarrilar su convención, Donald Trump arrojó otra granada al partido. En una conferencia de prensa el 27 de julio, invitó despreocupadamente a Rusia a continuar su interferencia en la campaña. «Rusia, si me estás escuchando, espero que sepas encontrar los treinta mil mensajes de correo que faltan», rugió, haciendo referencia a los mensajes que Clinton había considerado personales y había borrado, en lugar de entregarlos a los investigadores que analizaban su uso de un servidor privado de correo.

A lo largo del verano y durante el otoño, Trump y Putin intercambiaron comentarios admirativos. Fue entonces cuando comencé a pensar nuevamente en las extrañas conexiones rusas que había observado en Cambridge Analytica. Los vínculos de Kogan con San Petersburgo. La reunión con los ejecutivos de Lukoil. Las fanfarronadas de Sam Patten sobre trabajar para el Gobierno ruso. Los memorándums internos de Cambridge Analytica aludiendo a la inteligencia rusa. Las preguntas de Putin insertas inexplicablemente en nuestra investigación. E incluso la aparente conexión de Brittany Kaiser con Julian Assange y con WikiLeaks. En su momento, había pensado que eran acontecimientos dispersos, que no tenían nada que ver entre sí. Pero ahora empezaba a parecer que había algo más.

Trump se convirtió en candidato de su partido en la Convención Nacional Republicana del 19 de julio. Si mi pálpito era correcto, Cambridge Analytica no solo estaba usando la herramienta de datos en la que yo había trabajado para manipular a los votantes estadounidenses para que le apoyaran, sino que, a sabiendas o sin saberlo, estaba trabajando con los rusos para alterar las elecciones. Ahora que estaba fuera de Cambridge Analytica como un observador más, parecía que tuviera visión de rayos X. Sabía hasta dónde estaba dispuesta a rebajarse la empresa. De hecho, conocía el vacío moral que anidaba en su mismísimo centro. Se me revolvía el estómago de pensarlo. Y sabía que tenía que decírselo a alguien..., dar la voz de alarma.

Me dirigí a alguien del Gobierno Trudeau (le llamaré

«Alan») y le hablé de mis preocupaciones. Empecé a describir todas las conexiones entre Rusia, WikiLeaks y Cambridge Analytica. Le dije que había llegado a creer que CA formaba parte de la historia de Rusia, y sugerí que compartiésemos los detalles con alguien del Gobierno de Estados Unidos.

No queríamos cruzar ninguna línea roja, y yo quería mantenerme a respetuosa distancia de las elecciones de Estados Unidos. Nos preocupaba incluso que pensaran que, aunque solo queríamos avisarles de posibles amenazas a su seguridad, particularmente de Rusia, nuestro ofrecimiento se pudiera interpretar como un caso de agentes extranjeros intentando interferir en las elecciones... Y eso no era así, desde luego. Trazamos un plan alternativo: un viaje a Berkeley con la excusa de una conferencia que versaba sobre datos y democracia, donde podríamos proponer una conversación discreta con un par de funcionarios de la Casa Blanca que sabíamos que estarían allí.

La otra persona con la que había hablado extensamente de todo esto era Ken Strasma, el antiguo director de *targeting* de Obama. Me había reunido con él en Nueva York y le hablé del *targeting* de datos de Cambridge Analytica. Como su firma había proporcionado servicios de *microtargeting* para Bernie Sanders en la campaña de 2016, estaba interesado, naturalmente.

Después de que Clinton fuera elegida candidata demócrata, a finales de julio, Strasma me llamó y me dijo:

—Ahora que hemos perdido, voy a ver si puedo hablar con el equipo de datos de Hillary.

Me preguntó si estaría interesado en reunirme con ellos para hablarle de mis sospechas acerca de lo que estaba ocurriendo con la campaña de Trump. Sí, por supuesto, le dije. Desgraciadamente, nunca pudimos llegar a contactar con el equipo de Clinton.

En agosto viajé a Berkeley para un congreso, junto con algunos consejeros de la oficina de Justin Trudeau. Estaríamos allí pocos días, así que pedí a otra amiga de Silicon Valley, a quien llamaré «Kehlani», que nos ayudara a concertar unas cuantas reuniones. La más importante sería con el personal de la Casa Blanca.

Sabía que la reunión con los funcionarios de la Casa Blanca sería corta, y eso significaba que solo tendríamos una oportunidad de presentar el tema que nos preocupaba. Y como era probable que los asistentes no estuvieran familiarizados con Cambridge Analytica, había muchas posibilidades de que no entendieran de qué estábamos hablando y que no tuvieran en cuenta su importancia. Así pues, le pedí a Kehlani que encontrara un lugar discreto donde pudiéramos establecer nuestra base y planear nuestra reunión.

—¿Lo quieres muy discreto? —replicó ella—. Porque te puedo conseguir un sitio donde los móviles no tienen cobertura.

—Un poco innecesario, pero bueno, de acuerdo —respondí entre risas.

Ella nos dio una dirección.

A la tarde siguiente, fuimos en coche hasta un lugar al que nos condujo el GPS y que resultó estar en medio de un astillero. Allí nos esperaba Kehlani, que nos guio más allá de un almacén, por el muelle. Aquello era muy raro. Y fue aún más raro cuando tuvimos que pasar en torno a unas enormes focas del puerto. Después llegamos a un ferri noruego de treinta y ocho metros, medio oxidado, que, definitivamente, no habría pasado ninguna inspección. El barco, que en tiempos fue blanco, se había vuelto gris. Estaba lleno de lapas pegadas por toda su base. Alguien sacó una escalerilla para que pudiésemos entrar en la embarcación, que se balanceaba y cabeceaba en el agua.

Kehlani había encontrado el entorno más seguro imaginable: un barco *hacker*. Fondeado junto a San Francisco, aquella embarcación era el refugio de un puñado de codificadores comprometidos en empresas nuevas y otras actividades tecnológicas no identificadas. No preguntamos nada. Teniendo en cuenta todo lo que estaba pasando, aquello no desentonaba. Durante nuestro viaje, ese barco fue la base de nuestras operaciones.

Al llegar al congreso al día siguiente, hicimos algunos preparativos para la reunión no oficial. Alan insistía mucho en que aquella conversación era a título particular, no como representantes de Trudeau. En la reunión participarían empleados del Gobierno canadiense que no representaban a ese Gobierno junto a personal de la Casa Blanca que no representaba a la Casa Blanca. El asunto que íbamos a tratar eran las elecciones de Estados Unidos y lo que estaba ocurriendo en el Partido Republicano en relación con Cambridge Analytica, incluida su base de datos de vigilancia masiva y sus posibles relaciones con agencias de inteligencia extranjeras.

Alguien del grupo de la Casa Blanca preguntó si podíamos hablar fuera, pues ellos llevaban todo el día encerrados en el congreso. Y así acabamos formando un cuadro realmente curioso: un grupo de consejeros de alto nivel del Gobierno apiñados en torno a una mesa de pícnic, junto al campus de la Universidad de Berkeley, hablando de la implicación de Cambridge Analytica y de Rusia en las elecciones presidenciales de Estados Unidos... Y todo eso mientras, a nuestro alrededor, pasaban estudiantes con mochilas y fumando hierba.

Fui directamente al grano: les advertí de la posible implicación de Cambridge Analytica en la interferencia de Rusia.

—Sabemos que hay individuos que trabajan en la campaña de Trump que tienen vínculos con servicios de inteligencia extranjeros —dije—. Han construido una base de datos enorme de redes sociales que se está desplegando sobre los votantes estadounidenses.

Detallé las conexiones de Cambridge Analytica con Rusia y describí la presentación que Nix le había hecho a Lukoil. Les hablé del trabajo de la empresa para socavar la confianza de la gente en el proceso electoral.

Su respuesta fue..., ejem. Uno de ellos dijo que no podían hacer gran cosa, por temor a que se les acusara de usar el peso del Gobierno federal para influir en el voto. (Recuerdo claramente la frase «mover el dial».) El grupo de Obama parecía extremadamente preocupado por no contaminar lo que creían que era una victoria casi segura de Clinton. Ahora parece ridículo, pero entonces los rumores decían que, después de su inevitable fracaso en las elecciones que se iban a celebrar, Trump pretendía lanzar una televisión de su propiedad para competir con Fox News. También se esperaba que asegurase que las elecciones

231

estaban amañadas…, que el *deep state* había influido en ellas, o bien que Clinton había hecho trampas, o ambas cosas. Preocupados de que pudiera usar cualquier irregularidad para deslegitimar las elecciones, la Administración Obama quería asegurarse de no darle ningún tipo de munición en ese sentido.

Cuando los chicos de la Casa Blanca me hablaron de lo de Trump TV, todo me pareció lógico. Me imaginé que sabían lo que se hacían. Además, todo aquello estaba pasando en su país, no en el mío. Nos estrechamos las manos y nos separamos. Y su respuesta no fue la única en ese sentido. A principios de 2016, ejecutivos de alto nivel de Facebook habían identificado que los *hackers* rusos habían tanteado la plataforma en relación con individuos conectados con las campañas presidenciales, pero decidieron no advertir de ello al público ni a las autoridades, ya que eso causaría problemas de reputación para la empresa. (La primera vez que Facebook habló públicamente de la envergadura de las operaciones rusas de información en su plataforma fue en septiembre de 2017, más de un año después de identificar por primera vez el asunto, y siete meses después de empezar a investigar lo que se llamaba un «fuego de alarma cinco» de desinformación que se difundía en su web). Al final, entre la indiferencia de los demócratas a la amenaza y la incapacidad de Silicon Valley de comprender cómo resolver un problema sin crear otro «Uber de X», mis esfuerzos por advertir a los estadounidenses quedaron en nada. Cuando intentas hacer sonar la alarma y la gente te dice «no te preocupes por eso» o «no lo hagas más grande de lo que es», empiezas a preguntarte si no estarás exagerando. En realidad, yo no estaba en la campaña de Clinton ni en la Casa Blanca. Solo era un canadiense gritando al viento.

El corolario nada gracioso, por supuesto, es que después de la inmensa renuencia de los equipos de Clinton y Obama a «interferir» en las elecciones, el director del FBI James Comey iría por ahí pavoneándose y lo echaría todo por la borda con su decisión de última hora de reabrir la investigación de los correos electrónicos de Clinton. En ese momento, ya en Canadá, me sentía como si estuviera viendo a un amigo autodestructivo traspasar por fin su límite. No se puede hacer otra cosa que mirarlo lleno de horror y pensar: «¡Intenté decírtelo!». Sin embargo, lo que sucedía es que, en este caso, el amigo no estaba quemando solo su propia casa, sino que estaba arrasando el barrio entero.

A finales de agosto, el senador Harry Reid instó públicamente al FBI a investigar las interferencias rusas en las elecciones. Sin embargo, en ese momento, la mayoría de la gente todavía pensaba que aquello podía perjudicar la carrera de Clinton. Al mismo tiempo, Cambridge Analytica anunció oficialmente que estaba trabajando en la campaña de Trump. En Ottawa se pusieron muy nerviosos, porque yo les había dejado bien claro el poder y el alcance que tenían los datos de Cambridge Analytica. El trabajo de la empresa a favor de Trump ya preocupaba bastante, pero si además se unía la conexión rusa a la ecuación, toda la situación resultaba muy alarmante.

En la oficina de Trudeau se hablaba mucho de la posibilidad de que ganase Trump, aunque todavía se tomaba a risa. La cosa se movía en una escala que iba de lo inimaginable a lo impensable y lo terrorífico. Mantuvimos una reunión en la cual un par de personas se burlaron de Trump. «¡Dios mío, esos estadounidenses! ¡No dejan de superarse!» Y todo el mundo se reía. Bueno, casi todo el mundo. Yo no me reí, porque comprendía el poder de la guerra psicológica a gran escala.

Los alemanes tienen una expresión que dice, *Mauer in Kopf*, que significa algo así como «el muro en la mente». Después de que se reunificaran el este y el oeste en 1990, la frontera legal entre las dos Alemanias se disolvió. Desaparecieron los controles, se quitaron las alambradas y el Muro de Berlín por fin se vino abajo. Pero quince años después de la reunificación, muchos alemanes todavía sobrestimaban las distancias entre las ciudades del este y del oeste. Al parecer, se seguía manteniendo una distancia psicológica, contradiciendo la geografía de la nación, que creaba una frontera virtual en la mente de la gente. Aunque el muro de cemento y acero había desaparecido hacía tiempo, su sombra seguía viviendo, grabada en la psique del pueblo alemán. Cuando este nuevo candidato salió de la nada, exigiendo que Estados Unidos construyese un muro, me di cuenta de que no se trataba de una petición literal. Los de-

233

mócratas y los republicanos parecían igual de despistados, no sabían cómo reaccionar ante una plataforma de campaña tan absurda. Sin embargo, a diferencia de este nuevo caballo oscuro, no eran capaces de ver lo que estaba ocurriendo en la mente de los estadounidenses. No se daban cuenta de que la gente no exigía solo un muro físico. No se trataba de construir un muro literal: la simple idea de un muro bastaba para conseguir los objetivos de Bannon. Lo que ellos exigían era la creación de un auténtico *Mauer in Kopf* propio de los estadounidenses.

Alan tampoco se reía. En una reunión dijo:

—Me parece que Trump puede ganar.

La gente le miró. Alguien hizo un gesto displicente y dijo:

—Venga, hombre…

Alan me miró a mí.

—Sí, yo también creo que puede ganar —dije.

Ese fue el momento en el que realmente comprendí, para mi absoluto horror, que las herramientas que había ayudado a crear podían tener un papel fundamental a la hora de convertir a Donald Trump en el siguiente presidente de Estados Unidos.

Un par de semanas más tarde llegó una carta de Facebook a casa de mis padres. Ignoro cómo consiguieron su dirección. Mi madre me reenvió la carta. La había enviado una firma legal a la que Facebook había contratado, Perkins Coie. Era la misma firma que en la campaña de Clinton se usó para financiar la investigación privada de lo que más tarde se convirtió en el dosier Trump-Rusia. Los abogados de Facebook querían confirmar que lo que había obtenido Cambridge Analytica se usó solamente para objetivos académicos, y que ya lo habían eliminado. Ahora que Cambridge Analytica trabajaba oficialmente en la campaña de Trump, Facebook había decidido, al parecer, que quedaría bastante mal que los perfiles personales de millones de usuarios suyos fueran saqueados para obtener un rédito político, por no mencionar el asombroso enriquecimiento comercial de Cambridge Analytica. La carta no mencionaba lo de usar los datos de la empresa para volver el mundo del revés. Desde luego, la carta era ridícula, un gesto débil, porque Facebook había dado «permiso expreso» a la aplicación que usaba Cambridge Analytica para recoger datos y usarlos con objetivos no académicos. Era una petición que yo le había hecho específicamente a la empresa, mientras trabajaba con Kogan. Todavía me sentí más confuso ante la reacción exagerada y fingida de Facebook, cuando en noviembre de 2015, contrataron al socio de negocios de Kogan, Joseph Chancellor, para que trabajase como «investigador cuantitativo». Según Kogan, la decisión de Facebook de hacerse con los servicios de Chancellor vino después de que la compañía le hablase del proyecto de perfiles de personalidad. Más tarde, cuando la historia se hizo pública, Facebook representó el papel de víctima conmocionada. Pero no quedó claro que había contratado de buen grado a alguien que había trabajado con Kogan. Sin embargo, en unas declaraciones posteriores, desde Facebook dijeron: «El trabajo que hizo previamente no tenía relación alguna con el trabajo que hace en Facebook».

Cambridge Analytica no habría borrado los datos de Facebook, claro. Pero yo había abandonado la empresa hacía más de un año, y ellos me habían puesto una demanda. En definitiva, no tenía ninguna gana de hablar por ellos. Contesté diciendo que yo ya no disponía de los datos en cuestión y que no tenía ni idea de dónde estaban esos datos, quién más tenía acceso a ellos o qué estaba haciendo Cambridge Analytica con ellos…, ni tampoco Facebook. Pero me puse tan paranoico por que se me relacionara todavía con Cambridge Analytica que, en lugar de poner la carta simplemente en el correo saliente del Parlamento canadiense, me fui al centro a enviarla personalmente. No quería que Cambridge Analytica manchase mi trabajo para Trudeau.

El 22 de septiembre de 2016, la senadora Dianne Feinstein y el congresista Adam Schiff emitieron una declaración en la que decían que Rusia estaba intentando socavar las elecciones. Y en el primer debate presidencial, el 26 de septiembre, Hillary Clinton hizo sonar la alarma. «Sé que Donald alaba mucho a Vladimir Putin», dijo. Putin había «usado a ciberatacantes que han *hackeado* archivos del Gobierno, archivos personales, el Comité Demócrata Nacional… Y recientemente hemos sabido que este es uno de los métodos preferidos para intentar provocar el caos y recoger información».

«No creo que nadie sepa que fue Rusia la que se metió en el CDN», respondió Trump. «Ella dice todo el rato: Rusia,

Rusia, Rusia. Quizá lo fuera. O sea, que podía ser Rusia, pero también podía ser China, podían ser otras muchas personas. También podría ser alguien que pesa doscientos kilos, sentado en su cama, ¿no?»

El 7 de octubre, menos de una hora después de que se hiciera pública la grabación de *Acces Hollywood* en el que Trump decía aquello de «cógelas por el coño», WikiLeaks empezó a publicar correos electrónicos *hackeados* de la cuenta del jefe de la campaña de Clinton, John Podesta. Siguieron difundiendo mensajes de correos, bit a bit, hasta el día de las elecciones. Las consecuencias para los demócratas fueron desastrosas. Surgieron escándalos sobre detalles de los discursos de Clinton en Wall Street, entre otras revelaciones. Además, la parte más lunática de la *alt-right* empezó a usar los correos para alimentar la teoría demente de que la campaña de Clinton, en sus niveles más elevados, estaba implicada en un escándalo de pederastia que tenía su sede en una pizzería de Washington D. C. Mi mente volvía una y otra vez a las conexiones entre Cambridge Analytica, el Gobierno ruso y Assange. Cambridge Analytica parecía haber puesto sus sucias manos en todo lo que sonara a campaña electoral.

La noche de las elecciones, yo estaba en una fiesta electoral en Vancouver. Teníamos la CNN puesta en una pantalla gigante, y otros canales de noticias en pantallas más pequeñas. Al mismo tiempo, estaba al teléfono con Alistair Carmichael, el diputado de las Shetlands de quien me había hecho muy amigo durante mi estancia en Londres. Iba recogiendo las reacciones de Estados Unidos, Canadá y Gran Bretaña a tiempo real, mientras las cifras empezaban a parecer cada vez más desfavorables para Clinton. Cuando la CNN hizo una proyección de Trump como ganador, la sala quedó conmocionada.

Mi teléfono empezó a hervir, lleno de mensajes de texto de personas que sabían que había trabajado para Cambridge Analytica. Algunos partidarios de Hillary Clinton, desconcertados, en la fiesta de la victoria, parecían enfadados conmigo. No recuerdo bien los detalles, solo un abrumador tono de rabia y desesperación. Sin embargo, me acuerdo de un comentario porque me llegó a lo más hondo. Un demócrata que era bastante amigo me escribió: «Esto quizás haya sido un juego para ti, pero nosotros seremos los que tendremos que soportarlo».

Aquella noche y el día después, los consejeros de Trudeau estaban destrozados, porque todo lo que pensaban que sabían sobre el elefante del sur había cambiado de repente. ¿Cancelaría Trump el NAFTA? ¿Habría disturbios? ¿Era Trump un hombre de paja de los rusos? ¿Un auténtico «candidato de Manchuria, en referencia a la película *El mensajero del miedo*»? La gente quería respuestas, y como yo era el único que sabía algo de Steve Bannon, que ahora tenía un poder inmenso, me preguntaban una y otra vez qué iba a pasar. Querían saber cómo tratar con esos nuevos consejeros de la *alt-right* con quienes pronto tendrían que negociar temas de enorme importancia nacional e internacional. Por mi parte, lo único que pensaba en aquellos momentos era: «¡Joder!». El hombre a quien había conocido en una habitación de hotel en Cambridge tres años antes ahora era consejero íntimo del futuro presidente de Estados Unidos.

Cuando Carmichael me llamó, el día después de las elecciones, fue un alivio oír su tranquilo acento escocés.

—Pensemos con detenimiento lo que vas a hacer —dijo.

A lo largo de los años, le había confiado todo lo de Cambridge Analytica a Carmichael, que era una de las pocas personas en este mundo en las que confiaba plenamente. Él me conocía lo bastante bien como para comprender que era muy improbable que yo pudiera quedarme quieto mientras Trump y Bannon tomaban el control, después de haber vencido en unas elecciones contaminadas. Se habían elevado las apuestas exponencialmente. La ridícula estrella de un *reality* de televisión ya no era simplemente un desvergonzado agitador de masas. Iba a ser el líder del mundo libre.

A lo largo de noviembre y diciembre, pensé en lo que iba a decir, y a quién se lo podía decir. La elección de Trump todavía no me parecía real, porque Obama seguía siendo presidente. Era como si todo el mundo estuviera conteniendo el aliento, esperando a ver lo que podía ocurrir después del 20 de enero.

Antes de las elecciones, unos amigos del Partido Demócrata se habían ofrecido a ayudarme a conseguir entradas para el baile de investidura de Clinton. Sin embargo, en lugar de

viajar a D. C. para celebrar una fiesta con unos demócratas de-
lirantemente felices, contemplé la investidura de Trump, muy
poco concurrida, por la CNN. Y fue entonces cuando vi algo
que resultaba difícil de creer. Ahí estaban todos. Bannon, que
parecía un gremlin despeinado. Kellyane Conway, a quien había conocido a través de los Mercer, con el disfraz completo de
Revolución estadounidense. Rebekah Mercer, con un abrigo
forrado de piel y unas gafas de sol de estrella de Hollywood.
Y luego recordé que Nix me había dicho, un par de años antes, en el restaurante donde le dije que me iba de Cambridge
Analytica: «Solo lo entenderás cuando estemos todos sentados en la Casa Blanca —me dijo—. Todos y cada uno de nosotros, excepto tú». Bueno, pues Nix no estaba en Washington,
pero los demás sí: ahí estaban.

Aquel enero, nombraron a Bannon miembro del Consejo
de Seguridad Nacional. Así pues, la advertencia que me hizo
Carmichael de que «tuviera cuidado» parecía aún más valiosa,
ya que Bannon tenía las palancas de todo el aparato de seguridad y de inteligencia estadounidenses a su disposición. Si hacía
que se enfadara, o bien revelando secretos, o bien mediante
cualquier otra provocación, podría destrozarme la vida.

Igual de inquietante resultaba que Bannon pudiese ayudar
a Cambridge Analytica a conseguir contratos con el Gobierno
de Estados Unidos. La compañía madre de Cambridge Analytica, SCL Group, ya estaba trabajando en proyectos del Departamento de Estado. Eso significaba que CA podía acceder a los datos de Estados Unidos, y viceversa. Para mi horror, me di cuenta
de que Bannon podía crear su propio aparato de inteligencia
privado. Y lo estaba haciendo para una Administración que no
confiaba en la CIA, el FBI o la NSA. Era una pesadilla. Peor
aún: me sentía como en los sueños húmedos de Richard Nixon.
Imagínense que Nixon hubiera tenido acceso a ese tipo de datos
importantes e íntimos de todos y cada uno de los ciudadanos
estadounidenses… No se habría limitado a engañar a los demócratas, sino que se habría cargado la Constitución entera.

Las entidades gubernamentales solían necesitar una orden judicial para poder recoger los datos privados de la gente.
Pero como Cambridge Analytica era una empresa privada,
no estaba sujeta a ese control de poder. Entonces empecé a

recordar las reuniones con los empleados de Palantir, y por qué algunos de ellos estaban tan emocionados con Cambridge Analytica. En Estados Unidos, no había leyes de privacidad que pudieran impedir que Cambridge Analytica recogiera tantos datos de Facebook como quisiera. Me di cuenta de que una unidad de inteligencia privatizada permitiría a Bannon saltarse las protecciones limitadas de las agencias de inteligencia federales con las que contaban los estadounidenses. Se me ocurrió que el *deep state* no era solo una narrativa más de la *alt-right*, sino la profecía autocumplida de Bannon. Él quería «convertirse» en el Estado profundo.

239

11

Salir del armario

$\mathcal{D}$os meses después de la investidura de Trump, la mañana del 28 de marzo de 2017, me desperté ligeramente grogui por haber estado trabajando hasta tarde en un informe. Eran justo las seis de la mañana. Allí de pie, en ropa interior, esperando a que se hiciera el café, abrí mi página Facebook y vi un mensaje privado de una cuenta llamada «Claire Morrison». Marqué el perfil, que no tenía foto.

> Hola, Christopher, espero que no te importe que me ponga en contacto contigo. Soy periodista y me llamo Carole Cadwalladr. He intentado hablar con antiguos empleados de Cambridge Analytica/SCL para intentar esbozar un retrato más preciso de cómo funciona la empresa, etc., y me han dicho que tú eras el cerebro de la operación…

Tenía que ser Cambridge Analytica, pensé. Otra vez no… «Sabía» que lo de Cambridge Analytica me acabaría volviendo loco. Ningún periodista había contactado nunca conmigo, todas mis advertencias se habían ignorado, y esta era exactamente el tipo de mierda que Nix sacaría. No quería saber nada de esa «Claire Morrison» sin cara; no sabía quién podía estar detrás de su perfil. Así que le contesté que necesitaba pruebas de que realmente era una periodista del *Guardian*.

Aquel mismo día, Cadwalladr me envió un largo mensaje desde su dirección de correo electrónico de *The Guardian* sobre Vote Leave, BeLeave, Darren Grimes, Mark Gettleson y cómo todo en sus campañas parecía pasar a través de esa pequeña empresa de Canadá, AggregateIQ. Le habían dicho que yo conocía a las personas y las empresas implicadas. Cadwalladr escribía que había estado investigando AIQ y el Brexit, y que, una tarde de principios de 2017, una fuente le había dado una clave bastante extraña. El número de teléfono que aparecía en las devoluciones de gastos oficiales para AIQ aparecía en una versión archivada de la web de SCL como número de teléfono de «SCL Canadá». Por aquel entonces, casi no había información pública de SCL, excepto el artículo de 2005 en *Slate* que Cadwalladr había encontrado sobre la empresa, cuyo título era: «No sabes cuál es la verdad: la propaganda psicológica se vuelve habitual». El artículo empezaba planteando una situación en la que «una oscura empresa de redes sociales entra en escena para ayudar a orquestar una sofisticada campaña de engaño de masas».

Mientras Cadwalladr seguía tirando de los hilos de aquella historia cada vez más extraña, encontró a un antiguo empleado de SCL en Londres que estaba dispuesto a hablar. El informador insistía en que se reunieran en algún lugar discreto y que ella tenía que mantenerlo todo en secreto. El informador temía lo que podía hacer la empresa si averiguaban que estaban hablando. Cadwalladr escuchó y el informador le contó algunas historias muy raras de lo que había hecho SCL en África, Asia y el Caribe: trampas con chicas guapas, sobornos, espías, *hackers*, muertes extrañas en habitaciones de hotel… El informador le dijo que buscara a alguien con el nombre de Christopher Wylie, porque era yo el que había reclutado a AIQ para el universo de Cambridge Analytica. Al examinar las complejas relaciones entre todas aquellas personas y entidades (Vote Leave, AIQ, Cambridge Analytica, Steve Bannon, los Mercer, Rusia y la campaña Trump), Cadwalladr vio que yo estaba en medio de todos ellos. Aparecía por todas partes, a ella le parecía el Zelig de 2016.

Al principio, yo no quería hablar con Cadwalladr. No tenía ningún interés en ser el centro de un enorme artículo de investigación del *Guardian*. Estaba exhausto, me había quemado muchísimo. Lo único que deseaba era dejar atrás el martirio de Cambridge Analytica. Y además, Cambridge Analytica ya no era solo una empresa. Mi antiguo jefe, Steve

Bannon, ahora estaba sentado en la Casa Blanca y en el Consejo Nacional de Seguridad, en la nación más poderosa de la Tierra. Yo había visto lo que les había pasado a denunciantes como Edward Snowden y Chelsea Manning, que acabaron a merced de la fuerza del Gobierno de Estados Unidos. Ya era demasiado tarde para cambiar el resultado del voto del Brexit, o las elecciones presidenciales de Estados Unidos. Yo había intentado advertir a la gente, y a nadie pareció importarle. ¿Por qué se preocupaban ahora?

Sin embargo, a Cadwalladr sí que le importaba. Cuando leí lo que ya había publicado, pude ver que estaba en la pista de Cambridge Analytica y AIQ, pero todavía no había entendido lo grandes que eran sus fechorías. Después de dudar un par de días, le devolví el mensaje y accedí a hablar, pero estrictamente *off the record*. Cuando llegó la hora de nuestra llamada, el corazón me iba a mil. Esperaba una desagradable conversación en la cual ella me iba a hacer acusaciones y a escuchar a regañadientes mis respuestas, después de lo que cual escribiría lo que le diera la gana.

Por el contrario, oí una voz de mujer que decía:

—Ah, ¿eres Chris? ¡Hola! —También oí ladridos de fondo, y ella dijo—: Lo siento, es que acabo de sacar a pasear a mi perro, y estoy haciéndome un poco de té.

Empecé a hablar, pero oí que ella hacía unos ruiditos para intentar calmar a su perro. Había pensado concederle unos veinte minutos, pero cuatro horas más tarde seguíamos al teléfono. Debía de ser bien pasada la medianoche en Londres, pero la conversación seguía y seguía. Fue la primera vez que realmente hablé con alguien sobre todo lo que había ocurrido.

—Pero ¿qué es Cambridge Analytica? —me preguntó.

—Es la herramienta de control psicológico de Steve Bannon —le dije, bruscamente.

Al principio, incluso a una periodista bien informada como Cadwalladr le costaba comprender todas las conexiones de Cambridge Analytica. ¿Formaba parte SCL de Cambridge Analytica, o bien era al revés? ¿Dónde encajaba AIQ en todo eso? Y aunque hubiese captado bien todos los detalles, seguía habiendo muchas más cosas que compartir. Le hablé de los perfiles psicométricos, de la guerra de la información y de la inteligencia artificial. Le expliqué el papel de Bannon, que había usado Cambridge Analytica para construir herramientas de guerra psicológica para luchar en su guerra cultural. Le hablé de Ghana, de Trinidad, de Kenia y de Nigeria, así como de los experimentos que fueron moldeando el arsenal de datos objetivos de Cambridge Analytica. Finalmente, ella empezó a comprender hasta dónde llegaba la maldad de la empresa.

El primero de sus artículos vio la luz el 7 de mayo de 2017. Su título fue: «Robo del Brexit en Gran Bretaña: cómo fue secuestrada nuestra democracia». Causó sensación y se convirtió en el artículo más leído de la web de *The Guardian* de ese año. El reportaje de Cadwalladr era sólido, pero ella no había hecho otra cosa que rozar la superficie de una historia mucho más turbia. El 17 de mayo, Robert Mueller fue nombrado consejero especial para supervisar la investigación de Rusia y la campaña de Trump. Empezaba a verse con claridad que entre los demócratas e incluso entre algunos republicanos había ganas de llegar al fondo del asunto de por qué Trump había despedido tan fulminantemente al director del FBI, James Comey, después de ordenarle que dejara la investigación de su antiguo consejero nacional de seguridad, Michael T. Flynn..., que resultó que tenía un acuerdo de consultoría con Cambridge Analytica. La historia completa abarcaba mucho más que el Brexit: era sobre Bannon, Trump, Rusia y Silicon Valley. Trataba de quién controla tu identidad y a las empresas que trafican con tus datos.

Pero yo tenía un problema. Si quería ayudar a sacar aquella información y persuadir a otros en Cambridge Analytica de que me imitaran, no podía hacerlo en Canadá. Hablé con el equipo de Justin Trudeau. Inmediatamente, comprendieron la gravedad del asunto y me animaron a revelarlo todo e ir al Reino Unido para trabajar con *The Guardian*. Y eso hice.

No tenía ningún plan ni un sitio donde quedarme, de modo que viajé a la circunscripción de Alistair Carmichael en las islas Shetland, la más septentrional de las islas británicas, que en tiempos fue parte de los antiguos reinos nórdicos, antes de su anexión a Escocia. En el aeropuerto, cuando bajé de un diminuto avión de propulsión por hélices con mi vida entera en una sola maleta, Carmichael me estaba esperando, dispuesto para llevarme a una pensión…, pero no sin antes hacerme un recorrido por las mejores vistas del lugar. Como miembro local del Parlamento y escocés extremadamente orgulloso, estaba decidido a llevarme a ver la isla, sin importar la lluvia y los fuertes vientos. Estábamos rodeados por acantilados cortados a pico. Por allí cerca pasaban ponis de Shetland y ovejas. Y entonces me preguntó qué planeaba hacer.

—Todavía no tengo ningún plan —le respondí—. Veré a Carole la semana que viene… ¿Crees que es buena idea, Alistair?

—No…, ¡es una locura! —me dijo, casi a gritos. Luego se quedó callado—. Pero es importante, Chris. Lo único que puedo decir es que haré todo lo que pueda para ayudarte.

Había pocos políticos con los que pudiera recorrer kilómetros de prados fríos y empapados en el norte gélido de Escocia. Y Alistair siempre había sido alguien en quien podía confiar. Se convirtió en mi confidente, en mi mentor, en mi amigo.

Un par de semanas más tarde, Cadwalladr y yo finalmente nos vimos en persona, junto a Oxford Circus, en Londres, en el Riding House Café, un espacio moderno y grande con sofás color morado junto a las ventanas y con una barra con taburetes color turquesa intenso. Cadwalladr me esperaba ya dentro, y parecía una motorista, con el pelo rubio revuelto, gafas de sol, un top de estampado de leopardo y una cazadora de cuero muy gastada. Desde el otro lado de la calle, podía verla en el gran ventanal del restaurante. No estaba seguro de que aquella mujer fuese la misma periodista de *The Guardian* con la que llevaba meses hablando por teléfono, así que busqué más fotos de Cadwalladr en mi teléfono. Las levanté un poco para compararlas con la mujer que estaba sentada dentro. Cuando me vio, dio un salto y exclamó:

—¡Ay, Dios mío! ¡Eres tú de verdad! ¡Eres más alto de lo que había imaginado!

Se levantó y me dio un abrazo. Me dijo que *The Guardian* quería que su siguiente artículo tratase de cómo había recogido Cambridge Analytica los datos de Facebook. Y me preguntó si estaría dispuesto a dar la cara.

No era una decisión fácil. Si se hacía público, me arriesgaba a la ira del presidente de Estados Unidos, de Steve Bannon, el representante de la *alt-right* que le susurraba al oído, de Downing Street, de los militantes del Brexit y del sociópata de Alexander Nix. Y si contaba la verdad que había detrás de Cambridge Analytica, me arriesgaba a enfurecer a rusos, *hackers*, WikiLeaks y a una legión más que no habían mostrado el más mínimo reparo a la hora de transgredir las leyes de África, el Caribe, Europa y lo que fuera necesario. Había visto a gente enfrentarse a graves amenazas a su seguridad; varios de mis antiguos colegas me habían advertido de que fuera extremadamente cuidadoso cuando me marchara. Antes de unirme a SCL, mi predecesor, Dan Mureşan, había aparecido muerto en una habitación de un hotel en Kenia. Era una decisión que no podía tomar a la ligera.

Le dije a Cadwalladr que me lo pensaría y continué dándole información. Pero la confianza que tenía en *The Guardian* quedó destrozada, porque el periódico no apoyó finalmente a su propia reportera. Cadwalladr había empezado su artículo del 7 de mayo explicando que Sophie Schmidt, hija del CEO de Google Eric Schmidt, había presentado a Nix a Palantir, poniendo en marcha la cadena de acontecimientos que condujeron a la incursión de SCL en la guerra de datos. Yo ya conocía esa historia, aunque no sabía de qué fuente provenía; alguien se la había contado a Carole. Lo que explicaba el artículo era cierto. De hecho, yo tenía mensajes de correo sobre la implicación de Sophie Schmidt en SCL. La historia no era ni remotamente calumniosa, pero Schmidt lanzó a un batallón de abogados a por *The Guardian*, con la amenaza de consumir mucho tiempo y emprender una carísima batalla legal. En lugar de disputar un pleito que obviamente era espurio, el periódico accedió a eliminar el nombre de Schmidt varias semanas después de la publicación.

Entonces Cambridge Analytica amenazó con demandarles por el mismo artículo. Y aunque *The Guardian* tenía documentos, mensajes de correo y archivos que confirmaban todo lo que yo les había contado, otra vez se echaron atrás. Los editores accedieron a marcar determinados párrafos como «controvertidos», para apaciguar a Cambridge Analytica y mitigar la posible responsabilidad del periódico. Cogieron la historia de Cadwalladr, que estaba perfectamente documentada, y la aguaron.

Aquello fue tremendamente descorazonador Pensaba: «Vale, acabo de trasladarme a Londres, no tengo trabajo y me piden que arriesgue el cuello para un periódico que ni siquiera defiende su propio periodismo…». Una complicación adicional era el superacuerdo que me prohibía revelar detalles de mi trabajo para Cambridge Analytica. Precisamente, Cambridge Analytica me había hecho firmarlo para aumentar gravemente mi responsabilidad legal. Por mi parte, no tenía duda alguna de que, si intentaba romper el acuerdo, mis antiguos empleadores intentarían demandarme para que lo olvidara todo. Mis abogados decían que yo tenía una defensa fuerte: dando aquella información a *The Guardian*, estaba descubriendo una conducta ilegal. Pero una buena defensa no impide que se presente una demanda, y luchar contra Cambridge Analytica en los tribunales podía significar cientos de miles de libras en facturas legales…, un dinero del que no disponía.

De todos modos, estaba decidido a que toda esa historia saliera a la luz. Lo mejor que podía hacer, como descubrí bien pronto, pasaba por la ciudad natal de Donald Trump. Carole me pasó el contacto de Gavin Millar QC, un conocido abogado de Londres de las Matrix Chambers que había trabajado en el caso de Edward Snowden para *The Guardian*. Me sugirió que le diera la noticia a algún periódico estadounidense. La primera enmienda proporcionaba a los periódicos de Estados Unidos una defensa mucho más fuerte contra las acusaciones de libelo, según dijo. *The New York Times* era mucho menos probable que se echara atrás que *The Guardian*, y nunca borraría partes de un artículo después de publicado. Era una sugerencia brillante. Así también me aseguraba de que la historia tuviera eco tanto en Estados Unidos como en el Reino Unido.

Les dije a los de *The Guardian* que planeaba compartir la noticia con *The New York Times*. No les gustó. Me dijeron que, si esperábamos mucho, el interés por la historia acabaría por desaparecer, o tal vez lo publicara alguna otra persona antes que nosotros. Pero la elección era mía, no suya, y me mantuve firme. Daría la misma información a los periodistas de ambos diarios, con la condición de que la publicasen el mismo día…, y solo después de que yo diera el visto bueno. Había demasiado en juego. Además, cómo habían actuado en *The Guardian* respecto al caso de Schmidt me había vuelto precavido en relación con el riesgo de las leyes por libelo de Gran Bretaña, extremadamente favorables al demandante. Reiteré a los editores del periódico que no cooperaría ni les entregaría documento alguno hasta que hubiese un acuerdo con *The New York Times*. De hecho, Cadwalladr apoyaba completamente dejar entrar al *Times* en aquello. Finalmente, *The Guardian* accedió: no le quedaba otro remedio. Los editores desconfiaban de la idea de compartir algo con sus rivales, pero es de justicia decir que se tragaron su orgullo y prepararon una reunión con los editores del *Times* en Manhattan para empezar las discusiones sobre cómo iba a llevarse a cabo todo aquello. Los periódicos llegaron a un acuerdo inicial en septiembre de 2017. Poco después, me reuní con el reportero que *The New York Times* había asignado al artículo.

247

El día que estaba previsto que me reuniera con el periodista estadounidense, entré en el concurrido bar que hay en el vestíbulo del hotel Hoxton, en Shoreditch, y vi a Cadwalladr, que me saludó y me hizo señas de que me sentara a su mesa. Estaba sentada frente a Matt Rosenberg, del *Times*. Completamente calvo y ligeramente robusto, y al parecer divorciado, aun así era bastante atractivo.

—¿Así que eres tú? —me dijo Rosenberg, que se levantó de su asiento y me dio la mano—. Supongo que… debemos dejar los teléfonos a un lado, ¿no?

Todos sacamos nuestras cajas Faraday, que evitan que los teléfonos reciban o transmitan señales electrónicas. Todas mis reuniones con periodistas empezaban con ese ritual. Luego metimos las cajas cerradas en una bolsa a prueba de sonido que había traído, por si había *software* malicioso de escucha preinstalado que pudiera encenderse sin activación remota. Con mis antiguos socios de Cambridge Analytica ahora trabajando para la Administración Trump, y dada la experiencia de la compañía con los *hackers* y con WikiLeaks, debíamos extremar las precauciones.

Después de más de dos horas de conversación sobre mi historia en Cambridge Analytica, Rosenberg dijo que tenía lo suficiente para ir a ver a sus editores. Pidió algo de vino y nos contó historias de la guerra, de su época en Afganistán. Parecía un hombre bastante decente, y me sentí esperanzado, pensando que quizá la cosa funcionara. Antes de que acabara la reunión me dio su tarjeta: «Matthew Rosenberg. Corresponsal de Seguridad Nacional. *New York Times*». Había escrito un número por detrás.

—Es mi teléfono de usar y tirar. Llámame a Signal. Funcionará durante unas pocas semanas.

Con *The New York Times* implicado ya en el asunto, empecé a conectar a los periodistas con otros antiguos empleados de Cambridge Analytica. Me señalaron un tema recurrente: todo el mundo pensaba que si hablasen directamente con Nix, mi exjefe no podría contenerse y seguiría fanfarroneando sobre las operaciones de Cambridge Analytica. Acabaría por hacerle una paja a su ego ya tan desmesuradamente hinchado. Aunque, sin duda, esto era cierto, me parecía mala idea informarle de que planeábamos hacer determinadas revelaciones.

—Quizá debería entrevistarlo yo —me dijo Cadwalladr una tarde.

Luego se le ocurrió una idea mejor: pillarlo *in fraganti*. Si poníamos a Nix en una situación en la que intentase conseguir un nuevo cliente, seguro que revelaba sus turbias tácticas con la esperanza de impresionarlos. Le había visto hacer algo parecido al menos una docena de veces. Y si conseguíamos una cinta de él haciendo eso, ante el mundo quedaría demostrado que mis acusaciones eran ciertas. Así pues, además de *The Guardian* y *The New York Times*, decidimos acercarnos a *Channel 4 News*. Como televisión pública que era, tenía la obligación estatutaria de ofrecer unos programas más diversos, innovadores e independientes que la BBC, que tendía a ser extremadamente adversa a los riesgos a la hora de difundir nuevas noticias.

Una tarde de finales de septiembre, Cadwalladr y yo nos

reunimos con el editor de investigación de Channel 4, Job Rabkin, y su equipo, en la parte trasera de un pub vacío en Clerkenwell, a unas pocas manzanas de su estudio. Cadwalladr nos presentó, y Rabkin nos describió la experiencia de su equipo con el trabajo encubierto. Cuando empecé a hablarles de los proyectos de Cambridge Analytica en África, los ojos de Rabkin se abrieron mucho.

—Todo eso parece muy retorcido y colonial —exclamó.

Rabkin fue el primer periodista que usó conmigo la palabra «colonial». La mayoría de las personas a las que les hablé de Cambridge Analytica estaban fascinados con Trump, el Brexit o Facebook, pero cuando me refería al tema de África, solían encogerse de hombros: «Son cosas que pasan. Es África, después de todo». Sin embargo, Rabkin no. Lo que estaba haciendo Cambridge Analytica en Kenia, en Ghana, en Nigeria... era una nueva forma de colonialismo, en la cual poderosos europeos explotaban a africanos por sus recursos. Y aunque los minerales y el petróleo seguían formando parte de la ecuación, un nuevo recurso ocupaba el eje central de aquella trama: los datos.

249

Rabkin prometió respaldar completamente a la unidad de investigación de Channel 4. Además, añadió que su equipo estaba dispuesto a asumir el riesgo de trabajar en secreto para infiltrarse en Cambridge Analytica. Empecé a trabajar con ellos en una operación que sentía que haría volar la tapadera de las corruptas tácticas de Nix. Sin embargo, era una empresa increíblemente complicada y delicada, que podía tener resultados desastrosos si Nix descubría lo que estábamos tramando.

Con tantas partes implicadas, el de denunciante se estaba convirtiendo en un trabajo a tiempo completo para mí. También debía enfrentarme a la posibilidad de tener que afrontar enormes problemas legales si hacía algo indebido. Así pues, les mandé un mensaje a los abogados que me habían estado ayudando todo el verano. Su respuesta era lo último que quería oír. Había sobrepasado los límites de la ayuda legal gratuita; tenía que encontrar efectivo, o bien cambiar de abogados. Aquello me hizo polvo. No tenía trabajo, estaba a punto de meterme en un enorme embrollo y me arriesgaba a enfrentarme a consecuencias legales graves..., y todo ello sin abogado. Sin embargo, igual que ocurre con tantas cosas en la vida, a veces tienes suerte, y las malas noticias te conducen a algo maravilloso. Y ese fue uno de esos momentos, porque de otro modo no hubiera contactado con Tamsin Allen.

Gavin Millar había oído hablar de lo ocurrido y, en otoño de 2017, me había enviado a ver a Allen, una abogada de medios del más alto nivel en el Reino Unido que trabajaba en la firma Bindmans LLP, experta en casos relacionados con la difamación y la privacidad. Su lista de clientes incluía a antiguos espías del MI5 y a famosos a los que les habían *hackeado* el teléfono en el infame caso de News Corp. Parecía perfecta para mi problema. Además, enseguida conectamos. Cuando iba al colegio, la expulsaron por bañarse en público desnuda; cuando la escena punk empezaba a despegar, se trasladó a Londres, donde vivió con unos okupas en Hackney. «Tengo muchas historias por contar que, en realidad, no puedo contar», recordaba una noche, a última hora, mientras preparábamos las pruebas. Allen era una rebelde y no se inmutaba ante un tipo con el pelo rosa y un aro en la nariz que le contaba historias de espías, *hackers* y manipulación de datos. De camino a convertirme en un denunciante, Allen se convirtió en mi aliada número uno.

Allen reconocía que mis intereses no estaban totalmente alineados con los de Channel 4, *The Guardian* y *The New York Times*. Los reporteros se centraban en la exclusiva del año, quizá de la década, mientras que yo necesitaba contar aquella gran historia y, al mismo tiempo, permanecer al margen de cualquier riesgo legal. Ella me aconsejaba que me centrase sistemáticamente en el aspecto del interés público de la historia de Cambridge Analytica, sobre todo por el superacuerdo de confidencialidad, ya que la ley británica permite que se rompa ese acuerdo si se requiere revelar una ilegalidad, o si va manifiestamente en favor del interés público. Habíamos discutido muchísimo qué podía ser «el interés público» y cómo podríamos ceñirnos a esa línea, evitando revelar cosas que se pudieran considerar cotilleos o que supusieran un riesgo para los intereses legítimos de seguridad de los Gobiernos británico o estadounidense. Sin embargo, Allen me dijo que, aunque nos atuviéramos estrictamente al estándar legal, era probable que Cambridge Analytica me demandara igualmente. Me dijo que

Facebook también podía presentar una querella, y sus recursos eran casi ilimitados. Y dijo que era posible que Facebook o CA pudieran conseguir un mandamiento judicial para evitar la publicación. Tales mandatos no son habituales en Estados Unidos, pero sí en el Reino Unido. Luchar contra esa orden consumiría mucho tiempo. Por otro lado, aunque finalmente ganáramos, los periodistas británicos podían sentir que el tema se había enfriado y podían retirarse… Allen me dijo que ella misma había visto cosas parecidas muchas veces.

Y esos eran solo los aspectos legales. La historia también implicaba a muchos personajes que operaban fuera de la ley, por lo que a Allen le preocupaba mi seguridad personal. En una de nuestras primeras reuniones, me preguntó si tenía familia en Londres y qué precauciones de seguridad había adoptado.

—¿A quién llamarías, en caso de emergencia? —me preguntó.

Teníamos que trazar un plan. Pero, a medida que pasaba el tiempo y nos dedicábamos más el uno al otro, decidí que a la única persona a la que llamaría, si se torcían las cosas, sería a Allen.

Con mi situación legal ya decidida, empecé a mantener conversaciones con Sanni sobre lo que había sucedido entre BeLeave y Vote Leave. Él se mostró muy comunicativo. Sin comprender del todo las profundas implicaciones de lo que estaba describiendo (connivencia y engaño), dibujó un arreglo por el cual Vote Leave transfería cientos de miles de libras a través de BeLeave a una cuenta de AIQ. Cuando le hice ver los delitos subyacentes, Sanni, por fin, comprendió que le habían utilizado. No tenía ni idea de que AIQ formaba parte de Cambridge Analytica, y se mostró visiblemente disgustado cuando le hablé de los vídeos que AIQ le había entregado a CA durante las elecciones de Nigeria.

Unos días después, me enseñó una unidad informática compartida que contenía documentos estratégicos de BeLeave, Vote Leave y AIQ. Bajo las leyes británicas, aquello probaba la existencia de una coordinación fuera de la ley. En el registro de actividad, se veía que alguien había estado usando la cuenta del administrador para borrar los nombres de los funcionarios dirigentes de Vote Leave de la unidad. El borrado se hizo la misma semana que la Comisión Electoral lanzó su investigación sobre la campaña, me dijo Sanni. Después, Vote Leave había asegurado que era una simple limpieza de datos, pero a mí me parecía que intentaban borrar las pruebas del sobregasto. Además, posiblemente habían cometido otro delito más: destrucción de pruebas. Empezó a parecer que intentaban curarse en salud. Cuando Sanni me enseñó quién más figuraba en esa unidad, la cosa se agravó todavía más. Dos de las cuentas de la unidad compartida eran las de dos consejeros de alto nivel que ahora estaban sentados en el despacho del primer ministro, aconsejando sobre el proceso de negociación del Brexit. Le insistí en que podía estar en posesión de pruebas de un delito; de varios delitos, en realidad. Si no quería tener problemas bastante serios, debía andarse con muchísimo cuidado. Sanni ya sabía que yo estaba colaborando con *The Guardian* y *The New York Times*. Al darse cuenta de cuán grave era lo que había descubierto, accedió a reunirse con Cadwalladr y contarle lo que sabía. Por otro lado, también le puse en contacto con Tamsin Allen, para que le asesorara desde el punto de vista legal.

Al principio, Allen trabajaba gratis para nosotros. Sin embargo, a medida que la situación se volvía cada vez más compleja, no pudo dedicarme todas las horas que necesitaba sin recibir algún pago. También le preocupaba lo que podía ocurrir si Cambridge Analytica me llevaba a los tribunales cuando averiguara que yo iba a hacerlo público. Allen se negó a dejarme por culpa del dinero, pero teníamos que ser creativos. Decidimos acercarnos a alguno de sus conocidos bien conectados, ya que Allen sabía que sería importante crear un cuerpo de apoyo. El primero fue Hugh Grant (sí, «ese» Hugh Grant, el de *Cuatro bodas y un funeral* y *El diario de Bridget Jones*). Comiendo, Allen le explicó mi situación. Sanni se unió a nosotros para contar todo lo que había pasado con Vote Leave. Grant se mostró muy afectuoso y comprensivo, y me pareció como uno de los personajes que interpreta. A su vez, tenía experiencia con datos robados: el *News of the World* de Rupert Murdoch le había *hackeado* los mensajes de teléfono. Pareció muy preocupado por la envergadura de las actividades de Cambridge Analytica y dijo que nos ayudaría a pensar quién podría apoyarnos.

La pieza de apoyo crucial vino unas pocas semanas después, cuando nos presentaron a lord Strasburger, un Lib Dem que estaba en la Cámara de los Lores y era fundador de Big Brother Watch, un grupo activista a favor de la privacidad. A su vez, él me conectó con un individuo excepcionalmente rico que vino a Londres para conocerme. Le pregunté por qué quería ayudar, y me dijo que era porque conocía la historia de Europa. Me dijo que sabía lo que ocurre cuando a alguien se le pone una marca. La privacidad es esencial para protegernos de la amenaza creciente del fascismo, y, por lo tanto, dijo que me ayudaría. Pocos días después, dedicó a ello unos fondos y me dio el respaldo que necesitaba.

Esta fue solamente parte de la ayuda que me permitió soportar el suplicio que conllevó dar la alerta y seguir de una sola pieza. Preparándome para declarar contra Goliats políticos y corporativos, me sentía como un David respaldado por abogadas y periodistas comprometidas, un fondo legal de defensa y un enorme capital de apoyo moral. A menudo, se etiqueta a los denunciantes como activistas solitarios, que se oponen a los gigantes para defender lo que está bien. Sin embargo, he de decir que yo no estuve nunca solo y que en diversas ocasiones tuve una suerte increíble. Sin esa ayuda, jamás habría podido salir adelante.

En octubre de 2017, Allen y yo nos reunimos con los productores de *Channel 4 News*, con Job Rabkin y con su editor, Ben de Pear. Les describí a Nix y les hablé de las actividades ilegales en las que solía estar metido. Contemplaron la posibilidad de grabarlo, pero, cuando hablamos de los detalles del montaje, no lo vieron demasiado claro. Necesitarían el permiso del departamento legal del canal, que podía considerar que era demasiado arriesgado, tanto desde el punto de vista legal como en lo que tenía que ver con su reputación. Sobre todo si salía mal.

Empezamos a trabajar con nuestros abogados sobre un documento legal preparatorio. Gran Bretaña tiene leyes que protegen ese tipo de operaciones encubiertas, pero los periodistas deben demostrar que lo que proponen es de interés público, que no van a incitar a nadie a cometer un delito y que el montaje, por el contrario, va a revelar posibles delitos. Preparar ese documento por anticipado podría proteger a Channel 4 en el caso de que Nix los demandara.

El montaje requeriría una atención microscópica a todos los detalles. Llamé a Mark Gettleson, que accedió a ayudarnos sin dudarlo. Nix tendría que creer que la gente con la que se estaba reuniendo eran clientes de verdad, que el proyecto que se le pedía que emprendiese era verdadero, así como que la conversación que estaba teniendo lugar iba a ser totalmente privada. La persona que representaba al «cliente» tendría que recibir amplia información de cómo funcionaba Nix. Tendría que saber exactamente lo que debía preguntar. Además, debía estar bien versado en la situación política del país donde debía basarse el proyecto que eligiésemos.

Decidimos establecer el escenario en Sri Lanka por un par de motivos. El primero es que SCL tenía una oficina en la India y había trabajado allí, de modo que un país vecino podría parecer a Nix lo suficientemente familiar. Y dos: la naturaleza laberíntica de la política y la historia de Sri Lanka hacían que fuera más fácil crear un escenario político falso, basado en la realidad. Cualquier proyecto que creásemos tendría que implicar a unos cuantos jugadores reales, de modo que, cuando un ayudante de Cambridge Analytica hiciera un poco de investigación en Google, antes de la reunión, pareciera legítimo y pasara los controles de sus diligencias.

Después de que Channel 4 contratara a un investigador de Sri Lanka para que hiciera el papel de cliente, «Ranjan», Gettleson y yo enseñamos al equipo de Channel 4 las costumbres y peculiaridades de Nix, les enseñamos cómo investigaba Cambridge Analytica a los posibles clientes, y les mostramos algunos correos de Nix para ayudarlos a determinar cómo funcionaba la empresa y él mismo. Habría cuatro reuniones en total: tres preliminares, con otros ejecutivos de Cambridge Analytica, y luego una final, para cerrar el trato con Nix. Ranjan tendría que dejar que Nix sacara las ideas ilegales él solito, para que no se arguyera aquello de incitación al delito.

Ranjan debía encarnar a un agente que representaba a un ambicioso joven de Sri Lanka que vivió en Occidente, hizo mucho dinero y ahora quería volver a casa y presentarse a un cargo político. Sin embargo, debido a una rivalidad familiar, un determinado ministro del Gobierno había congelado los bienes de su familia. Usaría el nombre de un ministro real y aportaría los suficientes detalles sobre la política de Sri Lanka para que Nix y los demás ejecutivos se tragasen el anzuelo. Channel 4 tenía que investigar mucho por anticipado, porque cualquier paso en falso podía hacer saltar por los aires todo el asunto. La zanahoria, para Cambridge Analytica, era el 5 % del valor de los bienes del hombre, si conseguían que se liberasen esos fondos imaginarios. Sabíamos que Alexander no podría resistirse.

En las dos primeras reuniones, Ranjan se reunió con el oficial jefe de datos Alexander Tayler y el director gerente Mark Turnbull en unas habitaciones privadas de un hotel cercano a Westminster. Los ejecutivos presentaron el trabajo de análisis de datos de Cambridge Analytica y sugirieron servicios de recogida de inteligencia, pero no surgió nada concreto de esas dos reuniones. Parecían muy reservados, dando rodeos a la hora de hablar de lo que hacía realmente Cambridge Analytica. Los de Channel 4 se sentían muy frustrados, pero tuvimos una idea para arreglarlo.

255

Siempre que gente de ese tipo entra en una habitación privada de un hotel piensa que hay micrófonos ocultos. Así pues, Channel 4 tenía que apañárselas para mantener esas reuniones en un espacio público. Los ejecutivos del canal se echaron atrás, diciendo que era logísticamente imposible. Si intentábamos grabar una reunión en un restaurante o bar, el ruido ahogaría el audio. Además, ¿dónde pondríamos las cámaras, para asegurarnos de grabar en vídeo a los ejecutivos? No podíamos llevarlos a una mesa específica…, sería demasiado sospechoso.

El equipo de Channel 4, con gran mérito por su parte, tomó una decisión audaz. Alquilaron buena parte de un restaurante, lo llenaron con extras para que comieran y hablaran bajito, colocaron docenas de cámaras ocultas en todas las mesas. Nix y los demás ejecutivos podían elegir la mesa que quisieran: eso ayudaría a que bajaran la guardia. Sin embargo, en casi todas partes a su alrededor habría cámaras…, incluso en algunos de los centros de mesa y en algunos bolsos. Incluso los «comensales» sentados en torno a ellos estarían grabando la conversación.

En el restaurante, se celebraron dos reuniones. Al principio, Turnbull allanó el terreno para algunos de los servicios más cuestionables que ofrecía Cambridge Analytica. Le dijo a Ranjan que Cambridge Analytica podía investigar un poco al ministro de Sri Lanka, y añadió: «Nosotros encontraremos todos los muertos que tiene en el armario, tranquilamente, discretamente, y le daremos un informe». Sin embargo, al final se echó un poco atrás, diciendo que «no enviaríamos a una chica guapa para seducir a un político, y luego lo filmaríamos en su dormitorio y luego haríamos pública la filmación. Hay empresas que hacen eso, pero, para mí, eso es traspasar el límite». Y al describir lo que Cambridge Analytica supuestamente no pensaba hacer, conseguía poner la idea en bandeja a Ranjan.

Finalmente, semanas después de que empezara el montaje, Nix hizo su aparición. Para esta cuarta reunión, Channel 4 tuvo un cuidado especial en asegurarse de que todo estaba perfectamente arreglado. En todas las mesas tenían micrófonos. Además, había cámaras colocadas en toda la sala. Incluso había cámaras ocultas en los bolsos de un par de mujeres que comían en la mesa de al lado. Todo estaba preparado. Contuvimos el aliento temiendo que quizás Alexander cancelara o pospusiera el encuentro.

Pero no lo hizo. Cavó su propia tumba. Ranjan hizo un trabajo perfecto, formuló las preguntas adecuadas y mostró interés en los momentos más oportunos. Y, simplemente, Alexander apareció y abrió su enorme bocaza.

Pasaron dos meses antes de que Channel 4 estuviera listo para enseñarnos la cinta del restaurante. Una mañana, a principios de noviembre, tenía una cita con Allen y decidí ir andando porque hacía sol y la mañana otoñal era preciosa. Mientras la esperaba en el vestíbulo de la recepción, observé que había recibido varios mensajes de un número desconocido. Los abrí y pegué un grito casi inconscientemente: «¡Qué cojones…!». La recepcionista se levantó y me preguntó si estaba bien, y le dije que no. Los mensajes eran fotos mías andando por la calle, aquella misma mañana. Alguien me había seguido hasta la oficina de mi abogada, y quería que yo lo supiera.

Sospechamos que Cambridge Analytica podía haber averiguado que me había trasladado de nuevo a Londres y que había contratado a una empresa para que averiguaran qué estaba haciendo. Desde aquel momento, Allen dijo que tenía que cambiar todas mis rutinas, adónde iba, cómo me reunía con mis abogados. Unos días más tarde, Leave.eu puso en Twitter un videoclip de la película *Aterriza como puedas* donde una mujer «histérica» recibe golpes repetidos. La mujer llevaba superpuesta la cara de Cadwalladr. De fondo sonaba el himno nacional ruso. Ella me dijo que había averiguado que podían estar usando una empresa de inteligencia privada para investigarla. Asimismo, me advirtió de que si a ella la habían estado siguiendo por ahí, quizá también me hubieran seguido a mí. Entonces empezarían a atar cabos. Si Cambridge Analytica averiguaba lo que estaba haciendo, me avisó Allen, la empresa podía acudir a los tribunales y aplicar un mandamiento judicial para impedirme que pudiera entregar más documentos a *The Guardian* o *The New York Times*. Cada vez estaba más preocupado por lo que podía suceder. Pocos días más tarde, el 17 de noviembre, el mismo día que Cadwalladr publicaba un artículo en *The Guardian* sobre las amenazas que había recibido, yo tuve un ataque en una calle de Londres, perdí el conocimiento y me llevaron a un hospital. Los médicos dijeron que la causa no estaba clara.

Poco después de darme el alta en el hospital, le pregunté a Allen si podía hacer algo para evitar que la información que yo tenía se apartase del público. ¿Había alguna forma infalible de protegerse contra el mandamiento judicial, en Gran Bretaña? Ella dijo que no, pero luego hizo una pausa, señalando que la única excepción está dentro del Parlamento, donde las antiguas leyes de inmunidad parlamentaria protegen a los parlamentarios de mandatos judiciales o demandas por difamación ante los tribunales. La explicación de los principios legales se remonta al siglo XVII y, al principio, parece algo académica, pero Allen me dio la idea de aceptar la oferta de ayuda de Alistair Carmichael. Me reuní con Carmichael en su oficina del Parla-

257

mento y le dije que, probablemente, me estuvieran vigilando. Necesitaba que guardase bajo llave algunos discos duros para proteger las pruebas, por si yo no era capaz de publicarlas. Carmichael accedió y me dijo que, llegado el momento, haría todo lo necesario para que esa información saliera a la luz, aunque eso significase usar su inmunidad parlamentaria. Le pasé varios discos duros y guardamos las pruebas clave en su caja fuerte.

También le ayudé a asegurar algunas grabaciones importantes. La doctora Emma Briant es una profesora británica experta en guerra informativa y que se topó con varios ejecutivos de Cambridge Analytica durante el curso de su investigación del trabajo de CA para la OTAN. Aunque estaba acostumbrada a los círculos de propaganda militares, quedó muy conmocionada por las conversaciones con la empresa, y empezó a grabarlas. Cadwalladr nos había presentado porque Briant necesitaba ayuda para conseguir el mismo tipo de protección que yo me había asegurado con Carmichael a través del Parlamento. Me encontraba en la oficina de Alistair cuando Briant puso en marcha una grabación de Nigel Oakes, el CEO del grupo SCL, compañía madre de Cambridge Analytica.

—Hitler atacó a los judíos porque, aunque él no tenía ningún problema con los judíos, en absoluto, a la gente no le gustaban los judíos —dijo Oakes—. De modo que lo único que hizo fue potenciar un enemigo artificial. Bueno, pues eso es exactamente lo que ha hecho Trump. Ha potenciado a un musulmán.

La compañía de Oakes estaba ayudando a Trump a hacer lo mismo que hizo Hitler, pero a él todo aquel asunto le parecía divertido. En otro fragmento de discusiones entre Briant y Wigmore, el director de Comunicación de Leave.eu también parecía estar interesado en revisar la naturaleza estratégica de las campañas de comunicación de los nazis. A Wigmore se le grabó diciendo:

—La maquinaria de propaganda de los nazis, por ejemplo […], si se le quita todo el horror y espanto y esas cosas, la verdad es que la forma que tenían de hacer lo que hicieron era bastante inteligente. En cuanto al *marketing* puro y duro, se puede ver la lógica de lo que están diciendo, por qué lo están diciendo, y cómo presentaban las cosas, la imaginería… Y mi-

rándolo ahora, con la perspectiva del tiempo, habiendo estado
en el lado más duro de esta campaña [referéndum de 2016 de
la UE], piensas, caramba, esto no es nuevo, es solo… Es usar las
herramientas que tienes en cada momento.

Mientras reproducíamos aquellas grabaciones, Carmichael
se limitaba a escuchar, sentado y en silencio.

Finalmente, en febrero de 2018, nos invitaron a Allen y a
mí a asistir a una sala de proyecciones en el edificio de la ITN,
que por pura coincidencia estaba justo enfrente de la oficina de
Tamsin, en Gray's Inn Road. Allí vi que Nix se revolvía en su
asiento, en nuestro comedor de pega, intentando satisfacer los
deseos y caprichos de sus invitados. Vi cómo pronunciaba cada
frase, cada error que cometía. Era una locura. Veía a Nix en
todo su esplendor, reconociendo algunas de las cosas más gro-
tescas que había hecho Cambridge Analytica y que estaba dispuesta a hacer. Dijo que se había reunido con Trump «muchas
veces» durante la campaña de 2016. Turnbull fue más allá: y
reveló que Cambridge Analytica había inventado la narrativa
de la «Hillary retorcida».

—Simplemente, pusimos información en la corriente san-
guínea de Internet, y luego vimos cómo iba creciendo —dijo—.
De este modo, estas cosas se filtran en la comunidad *online*,
pero sin marca, para que no se pueda atribuir a nadie ni rastrear.

Mientras veía aquello, apenas podía contenerme. Mi experiencia por fin quedaba validada por las propias palabras de
Alexander Nix.

La grabación era perfecta. Nix y Turnbull habían quedado retratados, ofreciéndose despreocupadamente a encontrar
kompromat y a chantajear al ministro de Sri Lanka. Nix, cruzando las piernas y tomando una bebida, dijo:

—La investigación a fondo es interesante. Pero, ya sabe,
puede resultar igual de eficaz limitarse a ir y hablar con los ti-
tulares y ofrecerles un trato que sea demasiado bueno para ser
cierto, y asegurarse de que queda grabado en vídeo. Ya sabe, ese
tipo de tácticas son muy eficaces. Tienes pruebas en vídeo de la
corrupción. Se pone en Internet… Ese tipo de cosas. Pondre-
mos a un promotor inmobiliario rico…, alguien que finja que
es un promotor inmobiliario rico… Le ofreceremos una gran

259

cantidad de dinero al candidato, para financiar su campaña a cambio de tierras, por ejemplo. Haremos que lo graben todo unas cámaras. Borramos la cara de nuestro hombre, y luego lo mandamos a Internet.

Sí, Nix propuso llevar a cabo un montaje, justo con nosotros allí mirando. Me quedé sentado, con Allen y el equipo de Channel 4, saboreando lo irónico que era todo eso. Y entonces Nix siguió hablando:

—Se pueden enviar a algunas chicas a la casa del candidato… Tenemos muchas posibilidades… Podemos llevar a algunas ucranianas que están de vacaciones con nosotros, ya sabe a qué me refiero. Son muy guapas. Me parece que eso funcionará muy bien… Simplemente le estoy dando ejemplos de lo que se podría hacer …y de lo que se ha hecho antes… Quiero decir que suena fatal, pero son cosas que no tienen por qué ser verdad, mientras se las crean.

Tras meses de trabajo y discusiones interminables, finalmente tuvimos todos los elementos. La grabación de Channel 4 serviría como golpe de gracia. Finalmente, en ese momento, sentí la confianza de que verdad podíamos parar Cambridge Analytica.

Al final, se acordó que el artículo impreso y la correspondiente emisión televisiva de la investigación saldrían durante las últimas dos semanas de marzo de 2018. Un par de semanas antes de la publicación, me reuní con Damian Collins, presidente del Comité Digital, de Cultura, Medios y Deportes del Parlamento (DCMS) en su oficina de Portcullis House, un edificio moderno de cristal en el Parliamentary Estate. Collins había abierto una investigación oficial sobre la desinformación de las redes sociales, y varios parlamentarios y presidentes de comités con los que yo había hablado me recomendaron que me reuniera con él. Collins era extremadamente educado y pijo. Hablaba con el encanto que parecen tener todos los *tories* ingleses de cierta clase. Me impresionó de buen principio. Era mucho más consciente de lo que era Cambridge Analytica que cualquier otro diputado que hubiera conocido. De hecho, ya había llamado a Nix a testificar varios meses antes. Nix había negado ante el comité (estaba registrado) que Cambridge Analytica usara datos de Facebook. Le confirmé que aquello era mentira. Nix había engañado al comité, cosa ya bastante grave de por sí, porque podía ser acusado de desacato al Parlamento. Introduje uno de los dispositivos de la caja fuerte de Carmichael en mi portátil y encendí la pantalla para que Collins pudiera verlo. En la pantalla apareció un contrato plenamente ejecutado para los datos de Facebook con la firma de Nix y Kogan impresa en tinta azul. Pasamos varias horas examinando documentos internos de CA que establecían que la empresa usaba datos de Facebook y que mantenía relaciones con empresas rusas. Además, le mostramos parte de aquella truculenta propaganda en la que se veía a personas asesinadas que ellos se habían encargado de difundir. Cuando Collins y el personal del comité identificaron los documentos que necesitaban, hice una copia y la pasé a un dispositivo. Estuvimos de acuerdo en que dos semanas después de que se publicara aquella información, su comisión de investigación me llamaría a testificar en público. Ese día empezaría un volcado de documentos, a través del comité, de los que yo previamente le había entregado.

Al mismo tiempo que ocurría todo esto, había estado poniendo al corriente a la Oficina de Información del Comisionado (la agencia gubernamental que investiga los delitos de datos) acerca de las pruebas que estábamos recogiendo en relación con las actividades ilícitas de Cambridge Analytica. Después de ver la filmación de Channel 4, le dije a la comisionada Elizabeth Denham que CA todavía estaba en activo y que proponía cometer delitos para favorecer a posibles clientes. El ICO nos pidió que todavía no revelásemos la noticia, porque querían llevar a cabo una redada antes de que todo se hiciera público. No querían que CA tuviese la oportunidad de borrar pruebas. Les proporcioné todas las pruebas que tenía, incluidas copias de los archivos de ejecutivos de CA, documentos de proyecto y correos internos, que ellos pasaron a la Agencia Nacional de Delitos, el equivalente británico del FBI. Yo tenía que supervisar las pruebas (pues todo aquello era bastante complicado) para que el ICO ejecutase unas órdenes de registro adecuadas para la redada. Por otro lado, Tamsin y yo también estuvimos preparando declaraciones de testigos y un escrito completo que se presentaría ante la Comisión Electoral y que hablaría de los delitos cometidos por la campaña a favor del Brexit. Apenas dormíamos, trabajando con los documentos legales, aconsejando a los agentes de la ley, lidiando con los periodistas. Resultó una época agotadora. Pero al final todo fue cuajando.

Aproximadamente, una semana antes de la publicación, *The Guardian* envió unas cartas de derecho a réplica a las personas y empresas nombradas en su reportaje. Las cartas son una práctica habitual en el periodismo británico, cuyo objetivo es que la gente tenga la oportunidad de responder a las acusaciones, antes de que se publiquen los artículos. El 14 de marzo recibí una carta de los abogados de Facebook pidiendo que les entregara mis dispositivos para inspeccionarlos, citando la Ley de Abuso y Fraude Informático y el Código Penal de California. Era un intento de intimidarme sobre una presunta responsabilidad criminal. El 17 de marzo, el día antes de la publicación, Facebook amenazó con demandar a *The Guardian* si seguía con la idea de publicar los artículos, insistiendo en que no había habido ninguna filtración de datos. Cuando la empresa se dio cuenta de que la publicación era inevitable, en un intento de adelantarse a la noticia y cambiar el centro de interés, anunció que nos impedía a mí, a Kogan y a Cambridge Analytica usar la plataforma. *The Guardian* y *The New York Times* se enfurecieron al ver que Facebook estaba usando el aviso que se les había dado, de buena fe, para intentar causar perjuicios al artículo.

La noche del 17 de marzo, *The Guardian* y el *Times* trabajaron toda la noche para acelerar la publicación de sus artículos. El titular del *Times* decía: «Cómo explotaron los consultores de Trump los datos de millones de usuarios de Facebook». Los editores de *The Guardian* eligieron un titular más dramático: «Yo creé la herramienta de guerra psicológica de Steve Bannon: conozca al denunciante de la guerra de datos». Los artículos se volvieron virales al instante. Aquella noche, Channel 4 empezó a emitir sus reportajes, incluido el montaje devastador que desenmascaraba a Nix. El canal también emitió una entrevista con la candidata demócrata derrotada en las elecciones de 2016, Hillary Clinton, que decía que las acusaciones contra Cambridge Analytica eran «muy preocupantes». En la entrevista, Clinton decía: «Si se hizo un esfuerzo enorme de propaganda para evitar que la gente pensara correctamente, porque estaban inundados de falsa información y... todos los motores de búsqueda, todas las webs a las que iban repetían esas mentiras... , pues, en efecto, sí, eso afectó realmente al proceso de pensamiento de los votantes». Después de todo eso, el artículo de Cadwalladr cayó como una bomba. Otras dos periodistas del *Guardian*, Emma Graham-Harrison y Sarah Donaldson, escribieron artículos explicando cómo se conectaba todo. Obviamente, su brillante relato tuvo eco entre las personas que no dominaban la tecnología y causó un enorme escándalo en las redes sociales (excepto en Facebook, que por el contrario, promovió su propio comunicado de prensa en su sección de noticias). El artículo del *Times* se centraba en la filtración de datos de Facebook y lo identificaba como «una de las fugas de datos más grandes de toda la historia de las redes sociales». Los reporteros Matthew Rosenberg y Nicholas Confessore, que firmaban con Cadwalladr, también ataban cabos y relacionaban a Bannon, Mercer y Cambridge Analytica, y explicaban detalladamente cómo habían usado los datos de Facebook para llevar a la victoria a Trump.

En Londres, las autoridades británicas ya habían estado investigando tanto a Cambridge Analytica como a Facebook durante meses, pues yo les había enseñado las pruebas antes de que surgiera la noticia. Sin embargo, mientras la Oficina de Información del Comisionado del Reino Unido estaba intentando hacerse con mandatos judiciales en los tribunales británicos (para poder registrar las oficinas de Cambridge Analytica y hacerse con las pruebas), Facebook ya había contratado a «una firma digital forense» para que examinara los servidores de Cambridge Analytica, adelantándose así a las autoridades en el cuartel general de CA. Aunque el ICO requería una orden judicial para entrar, Facebook no, ya que CA le había concedido acceso. Cuando Facebook averiguó que el artículo estaba a punto de salir a la luz, contactó con Cambridge Analytica, que accedió a proporcionarles acceso a sus servidores y ordenadores. En ese momento, el ICO todavía estaba pendiente de conseguir una orden. Cuando el ICO recibió el soplo de que Facebook ya había entrado en el cuartel general de CA, se subieron por las paredes. Era insólito que

263

una empresa diera tales pasos para manipular unas pruebas que pronto podrían examinar ellos mismos gracias a una orden judicial de registro. Lo que empeoraba la situación era que Facebook no era alguien sin importancia: sus propios datos también eran sujeto de la investigación; además, la empresa podía estar manipulando pruebas que tal vez afectaran a su propia responsabilidad legal. El ICO envió agentes a la escena, escoltados por la policía. Aquella misma noche hubo un dramático enfrentamiento entre los agentes de la ICO, la policía británica y los «auditores forenses» de Facebook. Se ordenó a los auditores que lo dejaran todo en el acto y que abandonaran de inmediato las oficinas de Cambridge Analytica, y ellos accedieron a retirarse. Elizabeth Denham, la comisionada de información del Reino Unido, se enfadó tanto al ver la actuación de Facebook que hizo una aparición extraordinaria al día siguiente en televisión, afirmando que la actuación de Facebook podía «comprometer una investigación reguladora».

La reacción a ambos lados del Atlántico fue explosiva e instantánea. Se me convocó ante la investigación parlamentaria por «falsas noticias y desinformación». Sería la primera de varias vistas públicas y secretas. Se hablaría de todo, desde el uso de *hackers* y sobornos de Cambridge Analytica hasta la brecha de información de datos de Facebook y las operaciones de inteligencia rusas. Mark D'Arcy, corresponsal parlamentario de la BBC que cubría la vista, dijo: «Creo que la vista [del comité del DCMS] con Chris Wylie es, de lejos, lo más asombroso que he visto en el Parlamento».

En Washington, la Comisión Federal de Comercio y la Comisión de Valores y Cambio promovieron investigaciones. Por su parte, los legisladores de Estados Unidos y el Reino Unido llamaron al CEO de Facebook, Mark Zuckerberg, para que testificara bajo juramento. El Departamento de Justicia y el FBI volaron a Gran Bretaña para reunirse conmigo en persona en una base de la Fuerza Naval, pocas semanas después de que estallara la noticia. La NCA había pedido prestado el edificio a la Marina Real.

Mientras las acciones de Facebook se desplomaban, Zuckerberg permanecía oculto. Finalmente, apareció en público el 21 de marzo, publicando en Facebook que estaba «trabajando para comprender exactamente qué era lo que había pasado». Además, aseguraba que había habido «una brecha de confianza entre Kogan, Cambridge Analytica y Facebook». El hashtag #DeleteFacebook empezó a ser *trending topic* en Twitter. Por su parte, Elon Musk atizó el fuego tuiteando que había borrado las páginas de SpaceX y Tesla en Facebook.

Y a todo esto, yo me preparaba para dar mi testimonio público. Mientras escuchaba a Cardi B, el rapero estadounidenses que había sacado su álbum de debut solo unas pocas semanas después de que saltara la noticia. El título del disco (pura coincidencia) era *Invasion of Privacy*. Rápidamente circularon memes en las redes sociales con la cara de Mark Zuckerberg pegada en una versión editada de la cubierta del álbum, ahora ya de platino. Empezó a parecer que la historia bebía del espíritu de los tiempos. La gente que ya se sentía intranquila sobre la actuación de Facebook veía confirmados sus temores de la manera más pública imaginable. Agobiado por esa pesadilla en el campo de las relaciones públicas, Zuckerberg compró espacio en los principales periódicos para publicar una carta de disculpa, solo un par de semanas después de que Facebook hubiera amenazado con demandar a *The Guardian* en un intento de silenciar la historia. No obstante, aquella carta no consiguió disipar la ira. Dos semanas más tarde, se enfrentó a dos largos días de interrogatorio de los líderes del congreso de Estados Unidos.

En Gran Bretaña, todavía había más cosas de las que informar. Esta vez era sobre el Brexit. Al aparecer las noticias en Estados Unidos, se envió una nueva remesa de cartas de «derecho a réplica» a los implicados en el Vote Leave. Dom Cummings y Stephen Parkinson estaban entre los receptores. Solo cuando Sanni llegó a la oficina de nuestra abogada aquella noche, después de recibir un montón de llamadas de antiguos miembros del personal de Vote Leave, nos dimos cuenta realmente de lo que había hecho Parkinson como respuesta. Había respondido de la forma más cruel que se podía imaginar, personalmente. Por aquel entonces, Parkinson estaba trabajando como consejero sénior de la primera ministra Theresa May. Un día antes de que *The Guardian* publicase la noticia, el Departamento Oficial de Prensa de Downing Street emitió un comunicado oficial, que descubrimos solo cuando *The New York Times* nos pidió que lo comentásemos. En esa declaración, Parkinson revelaba su relación con Sanni y aseguraba que sus acusaciones eran una simple revancha por su ruptura personal. Sanni es pakistaní y musulmán, y todavía no había revelado a su familia que es homosexual, porque habría puesto en peligro físico a sus parientes en Pakistán, algo que Parkinson conocía perfectamente. A pesar de eso, decidió exponer a Sanni ante los medios de comunicación y dejar que su antiguo becario lidiara con las consecuencias. Era la primera vez, al menos en la historia reciente, que la oficina de prensa del primer ministro sacaba del armario públicamente a alguien para vengarse. Cuando Sanni oyó la declaración, nos miró solemnemente a todos y se echó atrás en su silla. Finalmente, Allen y Cadwalladr convencieron a Cummings de que eliminara una publicación que había escrito en su blog como respuesta sobre el asunto, pero el daño ya estaba hecho. Parkinson había conseguido lo que se proponía.

266

Las revelaciones de Vote Leave tenían que competir con la primera plana de la edición del domingo del *Daily Mail*: «Ayudante de un diputado en tóxica disputa sexual sobre el complot del dinero pro-Brexit». La prensa británica de derechas, continuando con su acoso a la gente LGBTQ, había reducido el mayor atentado contra la ley de financiación de campaña de la historia británica a un simple caso de «sexo tóxico». Por aquel entonces, la familia de Sanni en Karachi había tenido que adoptar medidas de seguridad en casa, por las amenazas a las que se enfrentan las personas LGBTQ y sus familiares en Pakistán. Su vida y las de las personas que amaba habían sido puestas en peligro. Nunca olvidaré la imagen de Sanni a través de una ventana, sentado allí, solo, en el despacho de Allen, a las doce y media, llamando a su madre para decirle que sí, que era homosexual. Se habían unido su valor y las consecuencias de convertirse en denunciante. Durante los siguientes días, la situación empeoró: le empezaron a seguir con cámaras ocultas y, en webs británicas de la *alt-right*, se publicaron fotos suyas y mías en el interior de un bar de ambiente, con un comentario increíblemente homófobo. En el Parlamento, la propia primera ministra Theresa May defendió el comportamiento de Parkinson. Ser testigo de aquello fue desolador, pero me sentí orgulloso de que Sanni fuera mi amigo.

La noche del 20 de marzo, tres días después de que saltara la noticia de Cambridge Analytica, fui al Frontline Club, en Londres, con Allen y Sanni, para hacer mi primera aparición pública. Enseguida me vi rodeado por una nube de fotógrafos. El lugar estaba lleno de reporteros de todo el mundo. Los periodistas se habían situado lo más cerca posible. En la parte trasera había cámaras de más de veinte nuevos canales. Con tanta gente apelotonada allí dentro, hacía mucho calor. El periodista y activista de privacidad Peter Jukes me entrevistó ante la multitud, y luego contesté preguntas. Cuando no pude resistir tanta atención, me escabullí de allí. Para no montar una escena, el plan era que Allen se fuera unos minutos más tarde. Fuera, giré hacia la derecha y me dirigía por Norfolk Place. Entonces un hombre se acercó a mí. Sujetó un teléfono iluminado justo delante de mi cara. Yo di un paso atrás, confuso y un poco alarmado. Le pregunté qué quería, y me dijo que simplemente mirase el teléfono.

Fijé la vista y vi una foto de una factura de Cambridge Analytica a UKIP. Luego cambió a lo que parecía ser un mensaje de correo de Andy Wigmore (el director de Comunicación de Leave.eu) a alguien con nombre ruso. No tuve mucho tiempo para mirarlo, pero parecía que el mensaje hablaba de oro. «Trabajaban con los rusos», me dijo el hombre. En aquel momento, Allen y los demás salieron con otra gente. Cuando vieron al hombre, se preocuparon por mi seguridad y echaron a correr, intentando agarrarlo. El hombre se los quitó de encima y se alejó. Yo estaba aturdido. Antes había estado en una entrevista de televisión en directo y me habían perseguido unos fotógrafos. El día estaba resultando abrumador. En el coche, de vuelta a la oficina de Allen para recoger mi bolsa, le dije que no estaba seguro del todo, pero que aquellos mensajes parecían reales: reconocí los detalles de la cuenta bancaria. Aquella misma semana, Allen recibió un mensaje críptico y llamó para decir que pensaba que el hombre que me había parado en la calle estaba intentando contactar conmigo.

En aquel momento, pensaba que gran parte de mi trabajo como denunciante ya había concluido. Sin embargo, lo que surgió a continuación me condujo a una información tan delicada que mi reunión con el Comité de Inteligencia del Congreso, aquel día de junio de 2018, tuvo que llevarse a cabo en el SCIF, bajo el Capitolio. Durante los dos meses anteriores a aquella sesión secreta, me reuní con el hombre del teléfono en diversas ubicaciones de Londres. Me quedó bien claro que él tenía acceso a archivos que pertenecían al cofundador de Leave.eu Aaron Banks y al director de Comunicaciones, Andy Wigmore. Los documentos constituían un extenso registro de comunicaciones entre Leave.eu, una importante campaña *alt-right* pro-Brexit, y la embajada de Rusia en Londres, durante la campaña del Brexit. En cuanto nos aseguramos de su autenticidad, Allen y yo contactamos con el MI5 y la Agencia Nacional del Crimen.

En abril, Allen se reunió con un oficial de la NCA en una de sus oficinas anónimas, en el interior de una importante estación de tren de Londres. Quería ponerles al día en lo que respectaba a mí, pues no podíamos estar seguros de que no me siguieran. Estábamos muy preocupados porque nos habíamos enterado de que aquel hombre viajaba con esos documentos (que contenían posibles pruebas de una operación de inteligencia rusa) por toda Ucrania y Europa del Este. La NCA notificó la situación a la embajada británica en Kiev. Luego perdimos la pista del hombre y su teléfono quedó desconectado. La preocupación por su seguridad era máxima.

Varias semanas más tarde, el hombre reapareció y quiso reunirse de nuevo. Allen y yo decidimos que grabara secretamente mis reuniones. Entregamos unas copias de los registros y las capturas de pantalla de los documentos a las autoridades británicas. También lo notificamos a los estadounidenses, porque estábamos viendo pruebas que demostraban que los rusos estaban hablando con clientes de Cambridge Analytica inmediatamente antes y después de que los clientes se reuniesen con la gente de la campaña de Trump. Finalmente, nos reunimos con el congresista de California, Adam Schiff, que luego sería miembro de grado superior del Comité de Inteligencia del Congreso. Fue en la oficina de Nancy Pelosi, en el Capitolio.

Allen y yo le hablamos de la existencia de esos documentos. Yo accedí a volver a D. C. con los documentos, que seguían a salvo en la caja fuerte de Carmichael, en el Parlamento.

Poco después de aquella reunión, entró en contacto conmigo Fusion GPS, la empresa de inteligencia privada que había preparado el dosier Trump-Rusia elaborado por Christopher Steele. A través de una fuente británica, la firma de Steele se había enterado de que yo tenía aquellos documentos y esas grabaciones. Fusion GPS nos dijo que tenía documentos e información propios que iluminaban el mismo conjunto de conexiones: entre los rusos, el Brexit y la campaña de Trump. Accedimos a reunirnos en el despacho del presidente del comité de DCMS Damian Collins. Como un rompecabezas, Collins, Fusion GPS y yo habíamos conseguido cada uno diferentes juegos de documentos sobre los mismos hechos, y empezamos a unirlos todos. Allen contactó de nuevo con la NCA, pero ellos declinaron emprender acciones. Así pues, se lo entregamos todo al Comité de Inteligencia del Congreso de Estados Unidos, que accedió a pasarlo por los canales adecuados de la inteligencia estadounidense. Si las autoridades del Reino Unido no querían tocar las pruebas que teníamos sobre el Brexit y la embajada rusa, al menos esperábamos que las agencias de Estados Unidos tuvieran acceso a los documentos y que presionaran a sus colegas británicos para que se activaran.

Los documentos cuentan una historia que no tiene desperdicio. En 2015, no mucho después de que yo dejara Cambridge Analytica, la campaña pro-Brexit respaldada por Leave.eu siguió con la empresa, según afirmó Leave.eu, para «hacer un mapa del electorado británico y aquello en lo que creen, permitiéndonos así un mayor compromiso con los votantes». La relación CA-UKIP estaba promovida por Steve Bannon. Una vez que Banks y Wigmore habían estado hablando con Bannon sobre Cambridge Analytica, Nigel Farage los presentó a su amigo Robert Mercer. Este se sentía ansioso por ayudar a su movimiento *alt-right*, que entonces empezaba a tomar ímpetu, pero el multimillonario estadounidense, como todos los extranjeros, tenía prohibido por ley donar o interferir sustancialmente en las campañas políticas británicas. Así pues, el multimillonario dijo a los del Brexit que los datos y los servicios de Cambridge Analytica podían serles útiles, y Bannon se ofreció a ayudar. Farage, Banks y compañía aceptaron la oferta de Bannon, lo cual consumó la emergente alianza anglo-estadounidense de la *alt-right* con bases de datos y algoritmos.

Esa relación se convirtió en punto central de interés para el Comité de Inteligencia del Congreso, pues parecía que la embajada rusa explotaba esa relación como vehículo discreto en la campaña de Trump. En noviembre de 2015, Leave.eu lanzó públicamente su campaña de referéndum con Brittany Kaiser, que, además de trabajar en Cambridge Analytica, fue nombrada nueva directora de Operaciones de Leave.eu. En la campaña, Kaiser puso una atención especial en desplegar los algoritmos de *microtargeting* de CA.

Poco antes del lanzamiento público de Cambridge Analytica, los donantes principales de UKIP y Leave.eu (Arron Banks y Andy Wigmore) empezaron sus flirteos con el Gobierno ruso. Todo empezó en la conferencia de UKIP 2015, en Doncaster, donde se encontraron con Alexander Udod, un diplomático ruso que los había invitado a reunirse con el embajador en la embajada rusa. Unas pocas semanas después de lo que describían en su correspondencia como un «almuerzo etílico que duró seis horas» con Alexánder Vladimírovich Yakovenko, el embajador ruso en Londres, Banks y Wigmore se volvieron a reunir con el embajador por segunda vez. Entonces se les hizo una oferta tentadora, que Banks extendió también a diversos asociados suyos, incluido Jim Mellon, un importante inversor que apoyaba el Brexit. La embajada rusa estaba interesada en facilitar el contacto para hacer algunas inversiones potencialmente lucrativas, invirtiendo en lo que Banks describía en un correo como «El juego dorado ruso». A los hombres se les vendió la idea a través del embajador, que los presentó a Siman Povarenkin, un hombre de negocios ruso. Povarenkin indicó que varias minas de oro y diamantes rusas estaban a punto de fusionarse y ser parcialmente privatizadas. La embajada dejó claro que el negocio contaría con el respaldo de Sberbank, un banco estatal ruso, sujeto a sanciones de Estados Unidos y la Unión Europea. La ventaja de trabajar a través de la embajada y de Sberbank, se les dijo a los donantes de UKIP, es que «conduce a determinadas oportunidades que no están disponibles para otros».

Mientras llegaba el momento de anunciar que Cambridge Analytica trabajaría en la campaña de Leave.eu, el contacto con la embajada rusa continuó. Banks escribió un correo a la embajada, respondiendo a una invitación a reunirse con un funcionario ruso:

«Gracias. A Andy y a mí nos encantó asistir a la comida para informar al embajador, el 6 de noviembre. También en Estados Unidos existe un enorme interés por ese referéndum. Dentro de poco visitaremos Washington para elaborar un informe clave [sic] sobre la campaña». El 16 de noviembre de 2015, el día después del anuncio, Banks y Wigmore estaban invitados a volver a la embajada para celebrar más reuniones. No sabemos exactamente qué ocurrió en la embajada aquel día, pero sabemos que los partidarios del Brexit volaron entonces a Estados Unidos para reunirse con sus homólogos republicanos. Y sabemos que la embajada rusa conocía esos viajes. También sabemos que Banks y Wigmore tenían mucho interés en mantener al tanto al embajador Yakovenko. En un mensaje de texto al embajador, en enero de 2016, decían: «A Andy y a mí nos encantaría verte y ponerte al día sobre la campaña. Está pasando. Con mis mejores deseos, Arron».

No queda nada claro por qué Banks hablaba al embajador ruso de sus contactos políticos en Estados Unidos, o de la campaña de referéndum del Brexit, si con los rusos trataba estrictamente de negocios. No obstante, las reuniones, ciertamente, tuvieron un efecto sobre los partidarios del Brexit. En una cadena de correspondencia, uno de estos hombres hablaba de ayudar a crear un movimiento estilo Brexit en Ucrania, con el objetivo de luchar contra las narrativas que eran favorables a la Unión Europea en un país que Rusia siempre ha querido mantener dentro de su esfera de influencia. Más tarde se pronunciaron en contra de una incursión en Ucrania; en un mensaje de correo, incluso discutían si una frase en un borrador de un comunicado de prensa se podía tomar como «demasiado rusófila». Pero Wigmore respondió sugiriendo que se debía «enviar una nota de apoyo al embajador».

271

Banks y Wigmore se mantuvieron en contacto con la embajada rusa. Wigmore escribió para invitar a los diplomáticos rusos a que asistieran a los actos organizados por Leave.eu…, incluida su fiesta de la victoria del Brexit, en junio de 2016. Aunque se sabe que Banks consultó a expertos sobre las ofertas de inversión en minas de oro y de diamantes rusas, aseguró a los reporteros que finalmente las rechazó. Asimismo, Wigmore había decidido «no seguir adelante» con la inversión. Sin embargo, poco después de que concluyera la campaña del Brexit, se dice que un fondo de inversiones asociado con Jim Mellon, uno de los principales donantes del UKIP, hizo una inversión en Alrosa, la compañía estatal de diamantes, que estaba parcialmente privatizada. No obstante, un representante de la empresa afirmó que los detalles de la inversión se realizaron sin conocimiento de Mellon, y que el fondo había hecho una inversión inicial en Alrosa cuando se le ofrecieron acciones en 2013. A finales de julio de 2016, un mes después de que el Brexit venciera en el referéndum y justo semanas después de que se filtrara el *hackeo* de los archivos y correos del Comité Demócrata Nacional por parte de la inteligencia rusa, Alexander Nix asistió a un partido de polo en el que le fotografiaron compartiendo una botella de vodka rusa con el embajador Yakovenko. Casualmente, eso fue también en torno a la época en que Nix quería tener acceso a la información de WikiLeaks para la campaña de Trump.

272

Una vez ganado el referéndum, Farage y Banks pusieron sus miras en Estados Unidos, que estaba en plena campaña electoral. A lo largo de 2016, se volcaron en ayudar a Trump. De hecho, Farage asistió a un millar de actos públicos en favor del candidato republicano. A los ojos de un observador casual, parecía normal que alguien como Trump, que se llamaba a sí mismo «Míster Brexit», invitase a las principales figuras de UKIP a sus mítines. Sin embargo, lo que realmente no entendían muchos estadounidenses es lo conectada que está la *alt-right*. Es un movimiento global coordinado que se convirtió en un enorme riesgo para la seguridad en 2016.

El 20 de agosto de 2016, Sergey Fedichkin, tercer secretario de la embajada rusa, recibió un correo electrónico de Andy Wigmore. En el asunto se podía leer: «Envío documentos Cottrell. Confidencial». Había un par de archivos adjuntos y un mensaje críptico de una sola línea: «Que te diviertas con esto». Los adjuntos contenían documentos legales que pertenecían al arresto de George Cottrell a manos de agentes federales de Estados Unidos. En aquel momento, Cottrell era el jefe de personal de Nigel Farage y quien se encargaba de recaudar fondos para UKIP. Farage dijo más tarde que no sabía nada de las actividades ilegales de Cottrell. Después de volar a Estados Unidos para celebrar su reciente victoria del Brexit, y antes de un gran mitin en la Convención Nacional Republicana de 2016, Cottrell y Farage estaban en el aeropuerto de Chicago, a punto de volver a Inglaterra. Antes de despegar, varios agentes abordaron el avión y arrestaron a Cottrell, que estaba acusado de múltiples cargos de conspiración en una trama de lavado de dinero y fraude electrónico. También se le relacionó con Moldindconbank, ese banco moldavo que se suponía que era un pilar básico en el plan de lavado de dinero «Lavandería Rusa». A Wigmore se le registró, y en unos correos electrónicos que obtuve de mi contacto, enviaba a los diplomáticos rusos copias de las acusaciones del Departamento de Justicia de Estados Unidos. Después de una petición de acuerdo, Cottrell se declaró culpable de fraude electrónico.

273

Desde luego, la embajada rusa sabía lo estrechamente conectadas que estaban las figuras clave del movimiento Brexit con la campaña de Trump, y la embajada siguió cultivando su relación hasta el punto de que recibieron documentos de Wigmore sobre el arresto por parte del FBI de sus asociados de UKIP. ¿Por qué tenía que preocupar a los estadounidenses lo que estuviera haciendo Rusia en Gran Bretaña? Porque esos partidarios del Brexit compartían la misma empresa de datos, Cambridge Analytica, y el mismo consejero, Steve Bannon. Además, estaba claro que mantenían a los rusos informados de cada paso que se daba. Por otro lado, esos mismos partidarios del Brexit fueron los primeros invitados a la Trump Tower, después de la sorprendente victoria de Trump en las elecciones. El presidente electo de Estados Unidos se reunió con ciudadanos británicos que solían informar al Gobierno ruso.

Mientras los periodistas celebraban haber desenmascarado a Cambridge Analytica y haber hecho que se desplomasen las acciones de un Facebook intransigente, yo no me sentía nada feliz. Estaba como entumecido. Me sentía como si estuviera contemplando la muerte de alguien a quien le ha llegado la hora. Era la cosa más extenuante y dura por la que jamás había pasado. Hasta meses después, no empecé a procesar lo que había sucedido. Tuve que esperar a que la adrenalina remitiera. Comprendí el enorme trauma que había tenido que soportar y me permití a mí mismo sentir el dolor de la experiencia, un dolor que era mucho más agudo por el papel que había desempeñado en ese desastre.

Cuando vi a Trump alzarse con el poder y cuando comprobé que prohibía entrar en Estados Unidos a los ciudadanos de los Estados musulmanes y justificaba a los movimientos supremacistas blancos, no pude evitar pensar que era yo quien había puesto la semilla para que todo aquello ocurriera. Había jugado con fuego, y ahora el mundo estaba ardiendo. Cuando me dirigí al Congreso, no lo hice simplemente para ofrecer un testimonio, sino también para confesar.

12

Revelaciones

No les diré dónde vivo exactamente. Es un lugar entre Shoreditch y Dalston, al este de Londres. Soy el tío ese del pelo rosa que vive en el ático, pero, en realidad, no destaco demasiado. El barrio es de clase trabajadora, en su origen, y muchos edificios fueron fábricas en tiempos de la era industrial de Londres. La pintura desvaída en unos ladrillos sucios por el humo anuncia productos desaparecidos hace mucho tiempo, hace un siglo. Hay una tregua entre las comunidades india, pakistaní y caribeña que se trasladaron aquí en la última oleada de inmigración de la Commonwealth, y la nueva oleada de artistas, homosexuales, estudiantes y bichos raros que han sido expulsados del centro de Londres por el coste de la vida. Hay cines *art déco*, terrazas y una cacofonía incesante de gente colocada y con ganas de marcha, que bebe latas de Red Stripe hasta las cuatro de la mañana, todos los fines de semana. A menudo, se ve a mujeres musulmanas completamente cubiertas por el velo comprando en la misma tienda de vinos y licores y verdulería que chicos de club tatuados y con el pelo asimétrico. Todavía es un lugar donde puedo salir a la calle en un relativo anonimato.

Mi edificio es viejo y se construyó en una época en que Internet no era ni siquiera imaginable aún; cuando las tuberías de agua en el interior de las casas eran todavía algo novedoso. El suelo es de madera, sólido, pero, de vez en cuando, cruje si das un paso. Hay más cerrojos de la cuenta, instalados después de que un grupo de hombres empezaran a acudir a mi puerta, la semana después de que me diera a conocer. Mis vecinos se quejaban hasta que se dieron cuenta de quién era yo. Ahora, cuando ven gente merodeando por aquí cerca, me lo hacen saber.

Faltan muchas cosas donde vivo. En mi salón hay un soporte vacío en un rincón donde antes había un televisor. Los cables todavía cuelgan de las paredes. Era una Smart TV que se conectaba con Netflix y las redes sociales, y tenía también micrófono y cámara. En mi habitación hay una mesilla con un cajón forrado con una tela especial metalizada que impide que cualquier dispositivo que esté dentro envíe o reciba señales electrónicas. Cada noche, cuando me voy a dormir, dejo todos mis dispositivos ahí. Al otro lado de la habitación, en mi armario, están guardados todos los aparatos electrónicos de mi vida anterior. Una Alexa de Amazon, desenchufada, está ahí, sola, enterrada entre una pila de otros cacharros electrónicos: tabletas, teléfonos, un reloj Smart... Todavía tengo que deshacerme de todo eso. En otra caja guardo los restos de discos duros, desimantados, rotos a golpes o sumergidos en ácido después de entregar las pruebas que contenían a las autoridades. Los datos han desaparecido para siempre y podría tirarlos sin problema alguno, pero siento hacia ellos un apego extrañamente sentimental.

En el salón tengo un antiguo escritorio de madera de una fábrica vieja, y en él hay un ordenador portátil protegido que nunca se ha conectado a Internet. Lo usaba para trabajar con las pruebas entregadas al Comité de Inteligencia del Congreso. En el cajón está el portátil que uso para viajar y que no tiene nada dentro, por si lo registran en la frontera. Mi ordenador personal está en el salón, encriptado y cerrado con una llave U2F física. Las cámaras están tapadas, aunque el micrófono incorporado no se puede eliminar. En el suelo hay un servidor VPN privado conectado a la pared, que a su vez se conecta con otros servidores.

Hay una cámara de seguridad en la entrada de mi edificio que transmite datos a una empresa de seguridad. No tengo ni idea de si ese sistema está encriptado, así que no sé quién está mirando. Cuando me voy de casa, me llevo un botón del pánico portátil, pero todavía no he tenido que usarlo. La NCA me puso en una lista de vigilancia conectada con uno de mis teléfonos. Si llamo, priorizarán una respuesta, aunque yo no diga nada al operador. Mi mochila siempre lleva un router portátil VPN, por si necesito conectarme a alguna red wifi no segura, así como varias cajas Faraday de color rosa (el color me pareció mono). A menudo, llevo sombrero, pero, aun así, un año después la gente me reconoce. Casi diariamente me preguntan: «¿Eres tú… el denunciante?».

Mi vida ahora parece la de un paranoico, pero después de ser atacado en plena calle, de recibir amenazas de falsas empresas de seguridad privada, de que entrasen en mi habitación del hotel por la noche, cuando estaba durmiendo, y de experimentar dos intentos de *hackeo* en mi correo electrónico en los últimos doce meses, creo que resulta sensato ser precavido. Cuando hice que comprobaran mi piso buscando posibles problemas de seguridad, el televisor se consideró un riesgo, porque podría usarse para verme o escucharme sin que yo lo supiera. Cuando lo desmontamos, sonreí ante la ironía de un televisor que te vigila.

Los días anteriores a la publicación del artículo, cuando Facebook empezó a enviarme amenazas legales y mi caso alcanzó a su consejero general adjunto y vicepresidente, mis abogados se dieron cuenta de que la empresa veía mi alerta como una amenaza importante a su negocio. Como tenían experiencia en otros casos de *hackeo*, mis abogados sabían lo que están dispuestas a hacer las empresas que se sienten acorraladas. Pero Facebook era distinta. No tenían ninguna necesidad de *hackearme*; simplemente, podían localizarme allí donde iba por las aplicaciones de mi teléfono. Dónde estaba, quiénes eran mis contactos, con quién me reunía.

Eliminé mi teléfono y mis abogados me compraron teléfonos nuevos y limpios que jamás habían tocado Facebook, Instagram o WhatsApp. La aplicación de móviles de Facebook, a través de sus términos y condiciones, pedía acceso al micrófono y la cámara. Aunque la compañía se ha tomado mucho trabajo para negar que extrae datos de audio de los usuarios «para anuncios programados», hay un permiso técnico instalado en sus teléfonos que permite acceso a las capacidades de audio. Y yo no era un usuario cualquiera: era la mayor amenaza a la reputación de la empresa, en aquellos momentos. Al menos en teoría, se podía activar el audio, y a mis abogados les preocupaba que la empresa pudiera escuchar mis conversaciones con ellos o con la policía. Facebook ya tenía acceso a mis fotos y a mi cámara, cosa que les colocaba en la posición no solo de escucharme, sino también de ver dónde estaba. Aunque estuviera solo en el baño dándome una ducha, en realidad nunca estaba totalmente solo. Si mi teléfono estaba allí, también estaba Facebook. No había forma de escapar.

Sin embargo, librarme de mi teléfono no iba a ser suficiente. Mi madre, mi padre y mis hermanas tuvieron que quitar Facebook, Instagram y WhatsApp de sus teléfonos por el mismo motivo. Pero Facebook también sabía quiénes eran todos mis amigos, sabían que nos gustaba salir, que escribíamos sobre ello en algunos mensajes, y sabían dónde vivíamos todos. Incluso salir con mis amigos era un riesgo, ya que Facebook tenía acceso a sus teléfonos. Si un amigo tomaba una foto, Facebook podía acceder a ella, y sus algoritmos de reconocimiento fácil podían, al menos en teoría, detectar mi cara en las fotos que estaban en los teléfonos de otras personas, aunque fueran desconocidas para mí.

Cuando me deshice de mis antiguos aparatos electrónicos, mis amigos bromearon que era como si estuviera exorcizando los demonios que vivían dentro de esas máquinas, y un amigo incluso trajo un poco de salvia para quemarlas, «solo por si acaso». Un gesto divertido, claro, pero, de alguna manera, sí, aquello era un exorcismo. Vivimos en un mundo en que hay espíritus invisibles hechos de códigos y datos que pueden vigilarnos, escucharnos y pensar en nosotros. Y yo quería que esos espectros desaparecieran de mi vida.

El 16 de marzo de 2018, un día antes de que *The Guardian* y *The New York Times* publicaran mi historia, Facebook anunció que me desterraba no solo de Facebook, sino también de Instagram. Facebook se había negado a prohibir el acceso a supremacistas blancos, neonazis y otros soldados del odio, pero a mí me prohibían el paso. La empresa exigía que les entregara mi teléfono y mi ordenador personal, y decían que la única forma de que me volvieran a aceptar era darles a ellos la misma información que estaba proporcionando a las autoridades. Facebook se comportaba como si fuera una nación-Estado, en lugar de una empresa. No parecían comprender que el sujeto de la investigación no era yo..., sino «ellos». Mis abogados me aconsejaron que me negara a sus exigencias, para no interferir con una política legal y una investigación regulatoria. Más tarde, cuando trabajaba con las autoridades, la prohibición me hizo mucho más difícil entregar pruebas que estaban en mi cuenta de Facebook. Como resultado, la investigación de lo que ocurrió durante el referéndum del Brexit salió perjudicada.

Dicen que solo aprecias algo cuando ya no lo tienes, y solo cuando me borraron de Facebook me di cuenta realmente de la frecuencia con que mi vida tocaba su plataforma. Varias aplicaciones de mi teléfono dejaron de funcionar, una de citas, otra de taxis, otra de mensajería, porque usaban la autenticación de Facebook. Suscripciones y cuentas que tenía en webs dejaron de funcionar por el mismo motivo. La gente suele hablar de dualismo: el mundo cibernético y nuestras «vidas reales». Pero después de tener confiscada la mayor parte de mi identidad digital, puedo asegurarles que no están tan separadas. Cuando uno se borra de las redes sociales, se pierde el contacto con la gente. Dejé de recibir invitaciones a fiestas, no intencionadamente, sino porque los que invitaban lo hacían por Facebook o por Instagram. A amigos que no tenían mi nuevo número de teléfono se les hizo casi imposible ponerse en contacto conmigo, excepto intentando enviar un mensaje de correo electrónico a mis abogados. Cuando hubo pasado lo más grave de mi denuncia, solo podía acceder a encuentros casuales en clubes o bares donde entraba en contacto con gente a la que no había visto en meses.

Y ahora, cuando los tíos de las aplicaciones de citas quieren comprobar mi perfil de Instagram, tengo que dar una explicación extraña de por qué me echaron y asegurar que no estoy engañando con perfiles falsos, lo prometo. Es como si mi identidad hubiera quedado confiscada y la gente ya no creyera que soy quien digo ser. A veces, me reconocen como «ese tío», y a la gente le preocupa que alguien pueda empezar a vigilarlos, si deciden reunirse conmigo. Siempre les digo que no tienen de qué preocuparse, porque esas empresas ya les están vigi-

279

lando las veinticuatro horas. La prohibición no fue más que un movimiento jodido por parte de Facebook, y yo me sentía como si me hubieran troleado unos matones asustados. Para mí, supuso como mucho un molesto lío personal, pero no tuvo unas consecuencias tan graves como las represalias que habían experimentado otros delatores. (Sin mencionar, claro está, el daño a la sociedad moderna que la plataforma había creado y cobijado.) Pero me demostró lo integrada que estaba mi propia identidad en muchas facetas de mi vida... Además descubrí que a mi identidad no se le concedían derechos de procesamiento ni una adjudicación imparcial. Cuatro días después de mi destierro, durante un debate de urgencia en el Parlamento, el secretario británico de Cultura dijo que la capacidad de Facebook de desterrar unilateralmente a los delatores era «escandalosa», porque suscitaba graves cuestiones sobre si una empresa debería o no ejercer ese tipo de poder sin control.

Cientos de millones de estadounidenses habían entrado en la arquitectura invisible de Facebook pensando que era un lugar inocuo donde intercambiar fotos y seguir a sus famosos favoritos. Se veían atraídos por la posibilidad de conectar con amigos y por la capacidad de luchar contra el aburrimiento con juegos y aplicaciones. A los usuarios, Facebook les dijo que la empresa lo que quería era unir a la gente. Pero la «comunidad» de Facebook estaba construyendo barrios separados solo para «gente que es como ellos». Mientras la plataforma los observaba, leía sus mensajes y estudiaba cómo interactuaban con sus amigos, sus algoritmos tomaban decisiones sobre cómo clasificar a los usuarios en los barrios digitales «para ellos», lo que Facebook llamaba «Lookalikes». El motivo, por supuesto, era permitir a los anunciantes focalizar a esos Lookalikes homogéneos con narrativas separadas, solo para personas de su tipo. La mayoría de los usuarios no saben cuál es su clasificación, ya que los demás barrios de gente que no es como ellos permanecen ocultos. La segmentación de Lookalikes, cosa nada sorprendente, separaba cada vez más y más a los conciudadanos. Creaba la atmósfera en la que ahora estamos viviendo.

Como lugar de origen de las redes sociales, Estados Unidos se encuentra a gusto en esa nueva comunidad digital de sitios de noticias, seguidores, «me gusta» y compartir. E igual que con los efectos cada vez mayores del cambio climático en nuestras costas, bosques y naturaleza, puede ser difícil representarse plenamente la escala del cambio de algo que nos envuelve. Pero hay casos en los que podemos ver los efectos más crudos de los medios sociales, casos que, de repente, golpean a un país con todas sus fuerzas. A mediados de la década de 2010, Facebook entró en Birmania y fue creciendo con rapidez. Enseguida llegó a veinte millones de usuarios en un país de cincuenta y tres millones de personas. La aplicación de Facebook venía preinstalada en muchos *smartphones* vendidos en el país. De hecho, una investigación de mercado identificó la web como una de las fuentes principales de noticias para los birmanos.

En agosto de 2017, surgió en Facebook un discurso de odio con el *targeting* de los rohinyás, un grupo minoritario y predominantemente musulmán de Birmania. Se fomentaron relatos de una Birmania «libre de musulmanes» y llamadas a la limpieza étnica de la región que se hicieron virales. En gran medida, era propaganda creada y distribuida por personal militar que llevaba a cabo operaciones de información. Después de que los militantes rohinyás lanzaran un ataque coordinado contra la policía, los militares birmanos capitalizaron el repentino aumento de apoyo que recibían en la Red y procedieron a matar, violar y mutilar sistemáticamente a decenas de miles de rohinyás. Otros grupos se unieron a la masacre, y en Facebook continuaron apareciendo llamadas a la acción para matar a los rohinyás. Se quemaron los pueblos rohinyás, y más de setecientos mil refugiados de este grupo minoritario tuvieron que cruzar la frontera hacia Bangladés. Organizaciones internacionales y locales avisaron repetidamente a Facebook sobre la situación en Birmania. La empresa desterró a un grupo de resistencia rohinyá de la plataforma, pero dejó a los grupos militares y progubernamentales en la web. Eso les permitió seguir difundiendo su propaganda de odio. Y eso a pesar de que los funcionarios de las Naciones Unidas dijeron que se trataba de «un ejemplo de manual de limpieza étnica».

En marzo de 2018, Naciones Unidas concluyó que Facebook había representado un «papel determinante» en la limpieza étnica del pueblo rohinyá. La violencia la permitió la arquitectura sin fricciones de Facebook, que propulsó los discursos de odio a través de la población a una velocidad que anteriormente resultaba inimaginable. La apática respuesta de Facebook fue positivamente orwelliana. «En Facebook, no hay lugar para el discurso de odio o para contenidos que promocionen la violencia, y trabajamos para mantener todo eso fuera de nuestra plataforma», dice la declaración de la empresa sobre su papel facilitador en la limpieza étnica de cuarenta mil seres humanos. A todo el mundo le pareció que, si querías mantener un régimen opresivo, Facebook era una empresa excelente que tener en cuenta.

Se suponía que lo bueno de Internet era que la gente podía suprimir de repente todas las barreras y hablar con cualquiera, en cualquier lugar. Pero lo que ocurrió realmente fue una amplificación de las mismas tendencias que se habían apoderado de los espacios físicos de un país. La gente pasaba horas en las redes sociales, siguiendo a gente como ellos, leyendo artículos periodísticos «comisariados» para ellos por algoritmos cuyo único requisito moral es la cantidad de clics…, artículos que no hacen otra cosa que reforzar un punto de vista unidimensional, y llevar a los usuarios a extremos para que sigan haciendo clic. Lo que estamos viendo es una «segregación cognitiva», donde la gente existe en sus propios guetos informativos. Lo que vemos es la segregación de nuestras realidades. Si Facebook es una «comunidad», se trata de una comunidad completamente cerrada.

La experiencia compartida es la base fundamental para la solidaridad entre ciudadanos en una democracia moderna y plural, y la historia del movimiento de derechos civiles es, en parte, la historia de la capacidad de compartir el espacio entre todos: estar en el mismo sitio de la sala de cine, o usar la misma fuente de agua, o el mismo baño. La segregación en Estados Unidos siempre se ha manifestado de maneras insidiosamente triviales: asientos separados en el autobús, fuentes distintas, o en las escuelas, en los cines o en los bancos de los parques. Y quizás ahora también en las redes sociales. Para Rosa Parks, que le ordenaran que cediera el asiento del autobús era solo una de las incontables maneras de los blancos estadounidenses de asegurarse sistemáticamente de que su piel oscura fuera separada e invisible, de que ella siguiera siendo «el otro», lo que no era parte de «su» Estados Unidos. Y aunque ya no se permite a los edificios que segreguen sus entradas basándose en la raza del visitante, la segregación reside en el mismísimo corazón de las arquitecturas de Internet.

Del aislamiento social proviene la materia prima tanto del conspiracionismo como del populismo: la desconfianza. Cambridge Analytica era el producto inevitable de ese ciberespacio balcanizado. La empresa era capaz de dirigirse a sus objetivos, adictos a la ira, solamente porque no había nada que impidiera que pudieran hacerlo... De ese modo, libre de todo obstáculo, la empresa los ahogaba en un torbellino de desinformación, con unos resultados prediciblemente desastrosos. Pero detener a CA solamente no basta. La reciente crisis de percepción de Estados Unidos continuará empeorando hasta que nos ocupemos de las arquitecturas subyacentes que nos han traído aquí. Las consecuencias de la inacción serían duras. La destrucción de la experiencia mutua es el primer paso esencial para la «alteridad», para negar al otro la perspectiva de lo que significa ser «uno de nosotros».

283

Steve Bannon reconocía que los mundos «virtuales» de Internet son mucho más reales de lo que percibe la mayoría de la gente. Los estadounidenses comprueban sus móviles una media de cincuenta y dos veces al día. Muchos ahora duermen con sus móviles cargándose a su lado, y duermen con sus teléfonos más que con personas. Lo primero y lo último que ven en sus horas de vigilia es una pantalla. Y lo que ve la gente en esa pantalla puede motivarlos para cometer actos de odio y, en algunos casos, incluso de extrema violencia. No existe ya eso de «solo *online*», y la información (o desinformación) *online* que compromete a sus objetivos puede conducir a horribles tragedias. Como respuesta, Facebook, como la NRA, elude toda responsabilidad moral invocando el mismo argumento de que «no son las armas lo que mata a la gente». Levantan las manos y aseguran que no pueden controlar si sus usuarios abusan de sus productos, aunque tengan como resultado crímenes de masas. «Si la limpieza étnica no basta para que reaccionen, ¿qué puede hacerlo?» Cuando Facebook se dedica a hacer otra ronda de disculpas, exclamando en voz alta que «intentarán mejorar», su retórica hueca no es más que «pensamientos y plegarias» de una empresa de tecnología que se complace en aprovecharse de una situación de inacción. Para Facebook, las vidas de las víctimas se han convertido en una consecuencia ajena de su constante intención de «moverse rápido y romper las cosas».

Cuando me convertí en denunciante, la maquinaria de la rabia de la *alt-right* digital se centró en mí. En Londres, partidarios furibundos del Brexit me empujaron delante de los coches. Acosadores de la *alt-right* me siguieron y me hicieron fotos en los clubes con mis amigos, que publicaron luego en webs de la *alt-right* con información de dónde encontrarme. Cuando llegó el momento de testificar ante el Parlamento Europeo, se empezaron a filtrar en foros de la *alt-right* teorías conspiranoicas sobre los críticos de Facebook. Mientras yo testificaba, se oía corear el grito «Soros, Soros, Soros» de fondo. Cuando me iba del Parlamento Europeo, un hombre vino hacia mí en la calle gritando: «¡Dinero judío!». En aquel momento parecía que esas historias salían de la nada. Más tarde se supo que Facebook, movido por el pánico tras un caso que podía afectar tanto a su imagen, había contratado a la empresa de comunicaciones secretas Definers Public Affairs, que empezó a filtrar falsas historias llenas de tópicos antisemitas, diciendo que sus críticos formaban parte de una conspiración financiada por George Soros. Los rumores se sembraron en Internet y, como descubrí personalmente, sus objetivos se lo tomaron como una señal para «ocuparse personalmente» del asunto.

En febrero de 2013, un general ruso llamado Valery Gerasimov escribió un artículo en el que desmentía las ideas predominantes de la guerra. Gerasimov, que era jefe ruso del Estado Mayor General (más o menos equivalente al presidente de la Junta de Jefes del Estado Mayor de Estados Unidos), escribió sus pensamientos en el *Military-Industrial Kurier* bajo el título «El valor de la ciencia está en la previsión». Es un conjunto de ideas que, más tarde, algunos apodarían la «doctrina Gerasimov». Gerasimov escribía que las «normas de la guerra» han cambiado, y que «el papel de los medios no militares para conseguir objetivos políticos y estratégicos ha aumentado». Se refería a los usos de la inteligencia artificial y de la información en la guerra: «El espacio de la información —escribía— abre unas posibilidades asimétricas para reducir el potencial de lucha del enemigo». Esencialmente, Gerasimov tenía en cuenta la lección de los levantamientos de la Primavera Árabe, que se vieron propulsados por el hecho de compartir información en las redes sociales, y alentó a los estrategas militares a adoptarlos. «Sería lo más fácil decir que los acontecimientos de la Primavera Árabe no eran guerras y que, por tanto, nosotros, que somos militares, no tenemos nada que aprender de ellos. Pero quizá sea cierto lo contrario: que precisamente son esos acontecimientos los típicos de la guerra en el siglo XXI».

Al artículo de Gerasimov le siguió otro documento de estrategia militar rusa, escrito por el coronel S. G. Chekinov y el teniente general S. A. Bogdanov. Su documento tomaba la idea de Gerasimov y la llevaba todavía más allá. Los autores decían que era posible atacar a un adversario «obteniendo información para comprometerlo en propaganda de los servidores de Facebook y las redes públicas de Twitter», y que con esas «potentes tecnologías de la información a su disposición, el agresor hará todos los esfuerzos posibles para implicar a todas las instituciones públicas del país que se propone atacar, principalmente los *mass media* y las organizaciones religiosas, culturales, organizaciones no gubernamentales, movimientos públicos financiados desde el extranjero y estudiosos implicados en becas de investigación extranjeras». En aquel momento era una idea radical y nueva. Hoy en día se ve como un mapa preciso para la interferencia de Rusia en las elecciones de 2016.

La historia de la guerra es la historia de nuevas invenciones y estrategias, muchas de las cuales nacieron de la necesidad. Según la mayoría de las mediciones, el Ejército ruso es significativamente más débil que el de Estados Unidos. El presupuesto militar de Estados Unidos, con 716 miles de millones de dólares, es diez veces superior al de Rusia. Estados Unidos tiene un total de 1,28 millones de personal militar activo; Rusia, apenas un millón. Tiene más de trece mil aviones, mientras que Rusia cuenta con cuatro mil. En cuanto a portaaviones, Estados Unidos tiene veinte; Rusia, solo uno. Según todas las medidas convencionales existentes, Moscú

285

nunca habría sido competitiva con respecto a Estados Unidos en términos de guerra de «grandes potencias», y Vladimir Putin lo sabía perfectamente. Así pues, los rusos tenían que buscar otra forma de obtener ventaja…, una que no tuviera nada que ver con el campo de batalla físico.

Para los estrategas militares es difícil contemplar nuevas formas de combate cuando están centrados en las que tienen a mano. Antes de que se pudiera volar, los comandantes militares solo se preocupaban de cómo llevar a cabo el combate por tierra o por mar. Hasta 1915, cuando el piloto francés Roland Garros voló en un aeroplano que iba equipado con una ametralladora, los estrategas militares no se dieron cuenta de que la guerra se podía librar también en los cielos. Entonces, una vez que los aviones empezaron a atacar, las unidades del ejército en tierra tuvieron que cambiar y crearon armas antiaéreas compactas y rápidas. Y así continuó la evolución de la guerra.

La guerra de la información ha evolucionado de una manera similar. Al principio, nadie podría haber imaginado que Facebook o Twitter podían ser herramientas de combate; la guerra se libraba por tierra, mar o aire, y potencialmente en el espacio. Pero el quinto dominio (el ciberespacio) ha resultado ser un campo de batalla muy fructífero para aquellos que han tenido la imaginación y la visión de contemplar el uso de las redes sociales para la guerra de la información. Se puede trazar una línea en el trabajo preliminar de Gerasimov, Chekinov y Bogdanov, que se relaciona con Cambridge Analytica y las victorias de las campañas del Brexit y de Trump. En solo cinco años, el Ejército y el Estado ruso han conseguido desarrollar la primera arma nueva y devastadoramente efectiva del siglo XXI.

Sabían que funcionaría porque empresas como Facebook nunca darían el paso «antiestadounidense» de coartar a sus usuarios. Así pues, Rusia no tenía que difundir la propaganda; simplemente, podía esperar a que los estadounidenses lo hicieran ellos mismos, clicando, poniendo «me gusta» y compartiendo. Los estadounidenses de Facebook les hicieron el trabajo a los rusos, lanzando su propaganda a través de la primera enmienda.

Sin embargo, esta nueva era de desinformación no se limita al reino de la política. Empresas como Starbucks, Nike y otras marcas de moda han sido blancos de las operaciones de desinformación patrocinadas por los rusos. Cuando las marcas hacen declaraciones que ahondan en tensiones sociales o raciales ya existentes, se han detectado varias ocasiones en las que se han activado webs de noticias falsas patrocinadas por los rusos, así como redes zombi y operaciones de las redes sociales, para instrumentalizar esas narrativas y provocar el conflicto social. En agosto de 2016, el jugador de fútbol Colin Kaepernick se negó a ponerse de pie para oír el himno nacional estadounidense. Su intención era protestar contra el racismo sistémico y la brutalidad policial que sufren los afroamericanos y otras minorías en Estados Unidos. Nike, que patrocinaba a Kaepernick, apoyó al atleta. Enseguida se creó una controversia por la respuesta de Nike. Sin embargo, en aquel momento, muchos ignoraban que se empezaron a difundir *hashtags* que promovían un boicot a Nike, campaña que procedía de cuentas de redes sociales con vínculos con Rusia. Eso sucedió pocas horas después del escándalo. Parte de ese contenido amplificado por Rusia finalmente entró en las noticias de mayor audiencia, cosa que ayudó a legitimar la narrativa del boicot a Nike como una protesta puramente del país. Algunas empresas de ciberseguridad identificaron falsos cupones atribuidos a Nike y que, en realidad, fabricaron grupos de la *alt-right*; esos falsos cupones estaban destinados a los afroamericanos, que, en teoría, se beneficiaban de un «setenta y cinco por ciento de descuento en todo tipo de calzado». Con la puesta en circulación de esos cupones, querían provocar que los clientes afroamericanos (sin darse cuenta de que eran falsos) intentaran usar los cupones en una tienda Nike, y se los rechazaran. En la época de los vídeos virales, algo así podía originar grabaciones de vídeo «reales» en las que el espectador medio pudiera contemplar un tópico racista: el del «negro furioso» que exige artículos gratis en una tienda. Así pues, ¿por qué esas operaciones de desinformación tenían como blanco a una empresa de moda? ¿Por qué intentaban instrumentalizar su marca? La respuesta es: porque el objetivo de su propaganda hostil no es solo interferir en nuestras políticas, o incluso dañar a nuestras empresas; el objetivo es desgarrar por completo nuestro tejido social. En definitiva, quieren que nos odiemos los unos a los otros. Y esa división puede ser mu-

287

cho más grave cuando esos relatos contaminan nuestra vida diaria: las ropas que llevamos, los deportes que miramos, la música que escuchamos o incluso el café que bebemos.

Todos somos manipulables. Hacemos juicios basados en la información de la que disponemos, pero cuando nuestro acceso a la información está mediatizado es más fácil que se nos manipule. Con el tiempo, nuestros sesgos se pueden amplificar sin que nos demos cuenta. Muchos de nosotros olvidamos que lo que vemos en nuestras noticias a través de nuestros motores de búsqueda ya está moderado por unos algoritmos cuya única motivación es seleccionar aquello que nos interesa. No se pretende informarnos. Hoy en día, la mayoría de los sitios donde podemos encontrar noticias serias ya son de pago, por lo que, poco a poco, la información se está convirtiendo en un producto de lujo. Además, se ha de tener en cuenta que vivimos en un entorno en el que las noticias falsas son gratis.

En la última revolución económica, el capitalismo industrial quiso explotar el mundo natural que nos rodea. Solo con el advenimiento del cambio climático estamos empezando a aceptar sus limitaciones. Sin embargo, en la siguiente versión del capitalismo, las materias primas ya no serán el petróleo o los minerales, sino más bien la atención y la conducta mercantilizadas. En esta nueva economía de capitalismo de vigilancia, las materias primas somos nosotros. Y eso significa que hay un nuevo incentivo económico para crear simetrías informativas sustanciales entre plataformas y usuarios. Para poder convertir la conducta del usuario en algo provechoso, las plataformas necesitan saberlo todo acerca de la conducta de sus usuarios, mientras que sus usuarios no saben nada de la conducta de la plataforma. Como descubrió Cambridge Analytica, esto se convierte en el entorno perfecto para incubar la propaganda.

Con el advenimiento de centros de automatización del hogar como Alexa de Amazon y Google Home, estamos asistiendo a los primeros pasos hacia la integración del ciberespacio en nuestra realidad temporal física. El móvil de quinta generación (5G) y el wifi de la siguiente generación ya se están desarrollando, estableciendo las bases para que el «internet de las cosas» (IoT) se convierta en la nueva norma: los

288

electrodomésticos del hogar, tanto grandes como pequeños, estarán conectados a redes de Internet ubicuas y de alta velocidad. Esos dispositivos prosaicos, ya sean un refrigerador, un cepillo de dientes o un espejo, se han concebido para empezar a rastrear la conducta de los usuarios dentro de sus propios hogares y transmitir los datos a unos proveedores de servicios. Amazon, Google y Facebook ya han pedido patentes para crear «hogares en red», que integran sensores en el hogar IoT con mercados *online*, redes y perfiles sociales. En ese futuro, Amazon sabrá cuándo te tomas una aspirina, y Facebook verá jugar a tus niños en el salón.

Plenamente integrado con redes de información inteligente, ese nuevo entorno podrá vigilarnos, pensar en nosotros, juzgarnos y buscar cómo influirnos mediatizando nuestro acceso a la información... «Eso» nos verá, pero nosotros no lo veremos. Por primera vez en la historia, nos sumergiremos en «espacios motivados» influidos por esos espíritus de silicio que nosotros mismos hemos creado. Nuestro entorno ya no será pasivo o benigno; tendrá intenciones, opiniones y agendas. Nuestros hogares ya no serán santuarios protegidos del mundo exterior, porque persistirá una presencia en el ambiente en todas las habitaciones conectadas. Estamos creando un futuro en el que nuestros hogares pensarán en nosotros, donde nuestros coches y despachos nos juzgarán, donde las puertas se convertirán en porteros, donde habremos creado los demonios y los ángeles del futuro.

Ese es el sueño que tiene Silicon Valley para todos nosotros: rodearnos cada minuto, en todas partes. Cambridge Analytica buscaba el dominio de la información, pero no se dieron por satisfechos con simples grupos de datos sociales y empezaron a construir relaciones con proveedores de televisión digital y por satélite. Después de introducirse en los televisores conectados, Cambridge Analytica planeaba encontrar una forma de integrarse con sensores y dispositivos inteligentes en las casas de la gente. Imaginen un futuro en el que una empresa como Cambridge Analytica pudiera editar su televisión, hablar con sus hijos y susurrarles en sueños...

Los cimientos de nuestro sistema legal dependen de la noción de que nuestro entorno es pasivo e inanimado. El mundo que nos rodea puede influir en nuestras decisiones «de forma pasiva», pero tal influencia no responde a una «motivación». La naturaleza o los cielos no «eligen» influirnos. Históricamente, la ley ha desarrollado varias presunciones básicas sobre la naturaleza humana. La más importante está relacionada con la idea de que los humanos tenemos la capacidad de hacer elecciones racionales e independientes. El mundo no toma decisiones por nosotros, sino que somos nosotros mismos los que tomamos nuestras propias decisiones.

Esto sirve como base filosófica para culpar al criminal. Castigamos a quien transgrede la ley porque ha llevado a cabo actos que son condenables. Un edificio en llamas puede dañar a la gente, desde luego, pero la ley no lo castiga, ya que ese edificio no tiene voluntad, no es agente. Las leyes humanas regulan solo los actos humanos, no las motivaciones o conductas del entorno. Esto nos conduce a nuestros derechos fundamentales.

Durante la Ilustración, se concibieron como ayudas esenciales para proteger el «ejercicio de la agencia humana». El derecho a la vida, la libertad, la asociación, el habla, el voto y la conciencia se sustenta en relación con una «presunción de agencia». Y esta se ha articulado como un derecho *per se*, pues tradicionalmente se ha supuesto que existía por nuestra propia condición de personas. Sin embargo, se puede decir que no tenemos un «derecho de agencia» expreso que sea *contra mundum*; esto es, que se pueda ejercer «contra el propio entorno». En resumidas cuentas, no tenemos derecho contra los cielos o contra la perniciosa influencia de «espacios motivados y capaces de pensar» que pretendan manipularnos. Cuando se fundaron los Estados Unidos, no se contempló la posibilidad de que «nuestra agencia» pudiera ser manipulada por un entorno motivado y capaz de pensar. Para los llamados «padres fundadores», ese poder solo correspondería a Dios.

Hoy en día, podemos ver que los algoritmos que compiten para maximizar nuestra atención son capaces no solo de transformar culturas, sino de redefinir la experiencia de la existencia. El «compromiso» algorítmicamente reforzado subyace en el corazón de nuestra política de la indignación, de la cultura programada, de la vanidad inducida por los *selfies*, de la adicción a la tecnología y de la erosión de nuestro bienestar mental. A los usuarios focalizados se les ha empapado de contenido para que sigan clicando. Nos gusta pensar que somos inmunes a las influencias de nuestros sesgos cognitivos, porque queremos sentir que lo controlamos todo, pero industrias como la del alcohol, el tabaco, la comida rápida y el juego saben que somos criaturas sujetas a vulnerabilidades cognitivas y emocionales. Y la tecnología ha captado todo esto con su estudio de la «experiencia del usuario», la «gamificación», el «*growth hacking*» (estrategia de posicionamiento) y el «compromiso», activando lazos lúdicos y calendarios de refuerzo tal y como hacen las máquinas tragaperras. Hasta ahora, la gamificación se ha limitado a las redes sociales y las plataformas digitales, pero ¿qué ocurrirá cuando integremos en nuestras vidas más arquitecturas de la información en red, diseñadas para explotar fallos evolutivos de nuestra cognición? ¿Realmente queremos vivir en un entorno «gamificado» que modele nuestras obsesiones y manipule nuestras vidas como si estuviéramos todos dentro de su juego?

291

La ideología que subyace de las redes sociales no es estimular la elección ni la agencia, sino más bien estrecharlas, filtrarlas y «reducir» la elección para beneficiar a creadores y anunciantes. Las redes sociales nos concentran en espacios supervisados donde los arquitectos pueden caracterizarnos y clasificarnos, y luego usar esos datos para influir en nuestra conducta. Si consideramos que la democracia y el capitalismo se basan en la información accesible y en la libre elección, podríamos decir que estamos asistiendo a la subversión del sistema desde su interior.

Nos arriesgamos a crear una sociedad obsesionada por los recuerdos. Quizás hayamos pasado por alto el valor del olvido, seguir adelante o quedar en el anonimato. El crecimiento humano requiere santuarios privados y espacios libres donde podamos experimentar, jugar, probar, mantener secretos, transgredir tabúes, romper nuestras promesas y contemplar nuestros yos futuros sin que haya consecuencias hasta que decidamos cambiar. La historia nos demuestra que la liberación personal y social empieza en el ámbito privado. No podemos superar nuestra niñez, nuestras relaciones pasadas, nuestros errores, las viejas perspectivas, los viejos cuerpos o los antiguos prejuicios si no controlamos nuestra privacidad y nuestro desarrollo personal. No podemos elegir libremente si nuestras elecciones están monitorizadas y filtradas. No podemos crecer y cambiar si estamos constreñidos a lo que fuimos en tiempos, a quiénes pensábamos que éramos o a cómo nos presentamos una vez a nosotros mismos. Si existimos en un entorno que nos vigila constantemente, que recuerda y que nos etiqueta, según unas condiciones o valores fuera de nuestro control o nuestra conciencia, entonces los yos de nuestros datos pueden encadenarnos a historias que preferimos dejar atrás. La privacidad es la verdadera esencia de nuestro poder de decidir quién queremos ser y cómo queremos serlo. La privacidad no consiste en «esconderse»... La privacidad es crecimiento y agencia humanos.

Sin embargo, no se trata simplemente de privacidad o de consentimiento. Es cuestión de quién influye en nuestras verdades y en las de aquellos que nos rodean. Se trata de la arquitectura de la manipulación que estamos construyendo en torno a nuestra sociedad. Y eso precisamente es lo que nos enseña Cambridge Analytica. Para comprender el daño que pueden hacer las redes sociales, primero tenemos que entender «qué son». Facebook quizá se llame «comunidad» para sus usuarios, o «plataforma» para los reguladores, pero no es un servicio, de la misma forma que un edificio tampoco es un servicio. Aunque uno no entienda exactamente cómo funciona el ciberespacio, es importante comprender que ahora nos rodea. Todos los dispositivos y ordenadores conectados forman parte de una arquitectura de la información interconectada... y moldean nuestra experiencia del mundo. Las descripciones de trabajo más comunes de las empresas de Silicon Valley son «ingeniero» y «arquitecto», no «director de servicio» o «relación con los clientes». Pero a diferencia de la ingeniería en otros sectores, las compañías tecnológicas no tienen que realizar pruebas de seguridad para conformarse a ningún código de edificios antes de difundir sus productos. Por el contrario, a las plataformas se les permite adoptar «patrones oscuros de diseño» que engañan deliberadamente a los usuarios para que lo usen continuamente y les den más datos. Los ingenieros de tecnología diseñan deliberadamente laberintos confusos en sus plataformas para que la gente se interne cada vez más en esas arquitecturas, sin una salida clara. Y cuando la gente sigue clicando y abriéndose paso por sus laberintos, esos arquitectos se deleitan al ver aumentado el «compromiso».

Las redes sociales y las plataformas de Internet no son servicios; son arquitecturas e infraestructuras. Etiquetando sus arquitecturas como «servicios», intentan que la responsabilidad caiga siempre del lado del consumidor, mediante su «consentimiento». Sin embargo, en ningún otro sector cargamos a los consumidores de semejante manera. A los pasajeros de las líneas aéreas no se les pide que «acepten» la ingeniería de los aviones, a los huéspedes de los hoteles no se les pide que «acepten» el número de salidas del edificio, y a la gente en general no se le pide que «acepte» el nivel de pureza del agua que beben. Como antiguo fanático de los clubes, puedo asegurarles que cuando los bares o las salas de conciertos están por encima de su capacidad y llenos de *ravers*, los inspectores de incendios ordenan a esos «clientes consentidores» que abandonen el edificio, si las condiciones son manifiestamente inseguras.

Facebook puede decir: si no te gusta, no lo uses. Pero no hay alternativas que se puedan comparar con aquellos que dominan Internet, igual que no hay alternativas para las compañías eléctricas, de telecomunicaciones o de agua. Rechazar el uso de plataformas como Google, Facebook, LinkedIn y Amazon sería como eliminarse uno mismo de la sociedad moderna. ¿Cómo vas a conseguir trabajo? ¿Cómo vas a conseguir la información? ¿Cómo vas a socializar con la gente? A esas empresas les encanta hablar de la elección del consumidor, cuando saben que han hecho todo lo que estaba en su poder para convertirse en parte necesaria de la vida de la mayoría de la gente. Hacer que los usuarios hagan clic en «acepto» después de presentarles unos densos legalismos con la extensión de una novela (casi doce mil palabras, en el caso de Facebook) no es otra cosa que conseguir un blanqueado a través del consentimiento. Esas plataformas han sido construidas a propósito para obtener el consentimiento del usuario mediante un programa *blender*. Nadie sale de esas plataformas, porque el usuario no tiene más remedio que aceptar.

Cuando Facebook me desterró, no solamente desactivaron mi cuenta, sino que también borraron toda mi presencia en Facebook e Instagram. Cuando mis amigos intentaban mirar antiguos mensajes que les había enviado, no salía nada: mi nombre, mis palabras, todo había desaparecido. Me convertí en un fantasma. El destierro es un castigo antiguo que pretendía librar a la sociedad de criminales, herejes y radicales políticos que ponían en peligro el poder del Estado o de la Iglesia. En la antigua Atenas, la gente podía ser desterrada de la sociedad durante diez años por cualquier motivo, sin que fuera posible apelar. En el periodo estalinista de la Unión Soviética, los «enemigos del Estado» no desaparecían sin más, sino que toda su existencia (fotos, cartas, referencias en los periódicos) se borraba y se eliminaba de los anales de la historia oficial. A lo largo de la historia, los poderosos han usado la memoria social y el olvido colectivo como arma poderosa para aplastar la disensión y corregir sus historias preferidas para dar forma a las realidades del presente. Y si queremos comprender por qué las empresas de tecnología se comportan de ese modo, deberíamos escuchar las palabras de aquellos que las construyeron. Peter Thiel, el capitalista de riesgo que está detrás de Facebook, Palantir y PayPal, habló largamente de que ya no cree «que libertad y democracia sean compatibles». Y al explicar sus opiniones sobre las empresas de tecnología, decía que los CEO son los nuevos monarcas de un sistema tecno-feudal de gobernanza. Simplemente, no las llamamos públicamente monarquías, dijo, porque «cualquier cosa que no sea democracia pone nerviosa a la gente».

La base filosófica del autoritarismo descansa en la creación de una certeza total dentro de la sociedad. La política de la certidumbre reposiciona la noción de libertad, donde «libres de» reemplaza a «libres para». Se imponen coercitivamente unas leyes y unas normas estrictas para gobernar y moldear la conducta, los pensamientos y los actos del Gobierno. La primera herramienta de los regímenes autoritarios es siempre el control informativo, tanto en la recogida de información del público a través de la vigilancia como en la filtración de información al público a través de los medios en su posesión. En los primeros tiempos, Internet parecía suponer un desafío para los regímenes autoritarios, pero con el advenimiento de las redes sociales, estamos contemplando la construcción de arquitecturas que llenan las necesidades de todos los regímenes autoritarios: vigilancia y control de la información. Los movimientos autoritarios solo son posibles cuando el público general se habitúa a una nueva normalidad que le anestesia.

Internet ha frustrado las antiguas suposiciones sobre la ley y el Gobierno que la aplica. Internet está en todas partes y no está en ninguna, depende físicamente de los servidores y las claves, pero existe sin una sola ubicación o residencia principal. Eso significa que un simple acto digital puede ocurrir parcialmente en incontables ubicaciones físicas simultáneamente, o que una acción en un lugar puede tener efectos en otro. Y esto es porque Internet es un tipo de «hiperobjeto». Como nuestro clima y la biosfera, Internet nos rodea y vivimos dentro de ella. La comunidad tecnológica suele llamar a sus plataformas «ecosistemas digitales», con el reconocimiento implícito de que su construcción es un contenedor o reino digital dentro del cual existe al menos parte de nuestra vida. No podemos verlo ni tocarlo, pero, por sus efectos, sabemos que está ahí.

A menudo he visto que algunos investigadores policiales poco familiarizados con los delitos de datos usan falsas analogías y hablan de encontrar «el arma del crimen», la «ubicación del cuerpo» y «cadenas de causalidad» lineales. Pero los delitos con datos no suelen ocurrir en un lugar en concreto. A menudo son como la polución: están por todas partes, pero en ningún lugar específico. Los datos son completamente fungibles e intangibles, y no son más que una representación de la información. Se pueden almacenar simultáneamente en servidores distribuidos por todo el mundo, de manera que, aunque estén en un lugar, ni siquiera están allí del todo. Los servidores basados en países A manejan sujetos con datos en el país B. Y una persona puede acceder a ellos en un país C y desplegar una plataforma en un país D después de recibir instrucciones

295

de una empresa en un país E con financiación de un país F. Esa era la naturaleza de la compleja organización de Cambridge Analytica.

Aunque cometieran acciones que conllevaran graves daños, como el *hackeo*, el robo de datos, las amenazas o la estafa, no quedaría muy claro a quién se podía hacer responsable. Además, nuestros tradicionales sistemas para asignar culpabilidades eran completamente incapaces de hacer ese trabajo.

Nos gusta imaginar a nuestro Gobierno como el capitán del barco, pero cuando el océano mismo cambia, nuestros capitanes pueden estar poco preparados y ser incapaces de navegar. En julio de 2018, la Comisión Electoral Británica supo que la campaña Vote Leave había vulnerado la ley, coordinándose ilegalmente con BeLeave. El 30 de marzo de 2019, un año después de que saliera a la luz la historia del Brexit, la campaña del Vote Leave retiró oficialmente su apelación por lo que había descubierto la Comisión Electoral y por las multas que les habían impuesto. Es más, reconocieron lo que habían hecho. Algunos preguntaron: ¿por qué deberíamos preocuparnos tanto por solo setecientas mil libras? Pero que quede claro esto: el plan de Vote Leave era la vulneración más importante de la ley de financiación de campañas de la historia de Gran Bretaña. De todos modos, aunque no lo hubiera sido, las elecciones, como los cien metros en los Juegos Olímpicos, son juegos de «suma cero», donde el ganador se lo lleva todo. Quien quiera que llegue primero, aunque sea por pocos votos (o por milésimas de segundos) gana la carrera. Obtiene el cargo público. Se lleva la medalla de oro. Nombra a los jueces de tu Tribunal Supremo. Saca a su país de la Unión Europea.

Por supuesto, la única diferencia es que, si te cogen haciendo trampas en los Juegos Olímpicos, te descalifican y pierdes tu medalla. No se discute si el atleta dopado «habría ganado de todos modos»… La integridad del deporte exige una carrera limpia. Pero en política no observamos la integridad como un requisito necesario para nuestra democracia. Son más duros los castigos que reciben los atletas que hacen trampas que los que se les imponen a las campañas fraudulentas en unas elecciones. Aunque ganaron solo por un 3,78 %, los partidarios del Brexit se acogieron a «la voluntad del pueblo»… En el mismo sentido, aunque Trump «perdió» el voto popular por un 2,1 %, siguió reclamando su victoria. A pesar de que se probó que había hecho trampas, a Vote Leave no le quitaron la medalla del Brexit. No se descalificó a nadie para que no pudiera presentarse a futuras campañas. De hecho, a los líderes de Vote Leave, Boris Johnson y Michael Gove, se les permitió presentarse al cargo de primer ministro. La clase política no considera los delitos que se cometen contra nuestra democracia como «auténticos delitos». Muchos equiparan esas transgresiones con una multa de aparcamiento, a pesar del daño real al que nos enfrentamos cuando delincuentes o Estados extranjeros hostiles pueden socavar fácilmente nuestras instituciones aplicando maniobras de terrorismo electoral en nuestra sociedad. Y, por supuesto, la gente más poderosa de Gran Bretaña y de Estados Unidos ha adoptado la postura de que esos delitos ni siquiera han existido... Dicen que todo ha sido un bulo, una invención de unos rivales amargados por la derrota. Y todo esto frente a lo que, en tiempos, se conocía como «hechos» y «realidad».

Se podría pensar que después de destapar una conspiración para *hackear* los correos privados y el historial médico de un líder mundial, sobornar a ministros, chantajear a sus objetivos e inundar a los votantes con vídeos amenazadores de truculentos asesinatos, habría alguna consecuencia legal. Pero no las hubo para nadie implicado en los proyectos africanos de Cambridge Analytica. Era demasiado difícil establecer la jurisdicción, si había ocurrido o no la suficiente cantidad de delito en Gran Bretaña para garantizar una acusación en los tribunales ingleses. Sus servidores estaban por todo el mundo, las reuniones se mantenían en distintos países, los *hackers* tenían su base en otro lugar. Y, además, lo único que hacía Cambridge Analytica era «recibir» el material *hackeado* en el Reino Unido. Aunque hubiera varios testigos de lo ocurrido, Cambridge Analytica simplemente se libró. De hecho, posteriormente, uno de los directores del proyecto de Nigeria pasó a ocupar un importante puesto en la Oficina del Gabinete del Reino Unido en proyectos extranjeros, situado en el nivel más elevado del Gobierno británico.

En Estados Unidos tampoco hubo consecuencias para Cambridge Analytica. La empresa, a sabiendas y voluntariamente, violó la Ley de Registro de Agentes Extranjeros. Llevó a cabo operaciones para anular a votantes afroamericanos. Estafó a los usuarios de Facebook y los amenazó con un contenido repugnante. Reveló centenares de millones de registros privados de ciudadanos estadounidenses a Estados extranjeros hostiles. Y, sin embargo, no ocurrió nada, porque Cambridge Analytica se había montado, precisamente, para el arbitraje jurisdiccional. La evasión de impuestos suele implicar la creación de empresas fantasma en islas tropicales de todo el mundo, para blanquear dinero a través de una compleja cadena de países y empresas, cada una con sus propias normas, de tal modo que las autoridades pierden la pista de dónde está el dinero. Es posible porque el dinero, como los datos, es un bien completamente fungible y que se puede trasladar al instante a través de un sistema financiero global. Cambridge Analytica usaba complejos montajes empresariales en distintas jurisdicciones no solo para lavar dinero, sino para lavar algo que se estaba convirtiendo en algo igual de valioso: «los datos».

En Gran Bretaña tampoco hubo consecuencias para AIQ. Cuando Sanni y yo revelamos pruebas del esquema ilegal de Vote Leave para gastar más de la cuenta a través de AIQ y usarlo como representante oculto para el *targeting* de capacidades de Cambridge Analytica, no se mencionó en el debate del Brexit, aunque era evidente. Formalmente, Gran Bretaña ya había hecho pública su intención de abandonar la Unión Europea. La idea de que un resultado con una estrecha mayoría del Brexit pudiera haberse visto afectado por un engaño sistemático, por brechas en los datos y por la interferencia extranjera se ignoró deliberadamente porque las ramificaciones resultaban inimaginables. Si los mismos acontecimientos hubieran ocurrido en Kenia o en Nigeria, los observadores británicos no hubieran tardado en descolgar el teléfono y reclamar una nueva votación.

Otras instituciones británicas también fracasaron. Los ejecutivos de la BBC, que fueron informados por *The Guardian* del artículo y a quienes se les entregó todo el corpus de pruebas semanas antes de su publicación, decidieron no presentar la historia días antes de que se hiciera pública…, pues habría sido demasiado controvertida. Por el contrario, la BBC entrevistó a

Alexander Nix antes de que se aireara el dosier del Channel 4, y no se incluyó ni un solo comentario del denunciante. Más tarde, cuando aparecí en *Newsnight*, el nuevo buque insignia de las noticias de la noche de la BBC, el presentador se preocupó mucho de insistir en que la vulneración de la ley de Vote Leave, que implicaba usar dinero ilegal para miles de millones de anuncios programados de Facebook, era solo una acusación que yo hacía. Eso a pesar de que la Comisión Electoral ya lo había investigado y había declarado que era cierto. Frustrado y confuso, empecé a pelearme por el significado de «hecho» y por lo extraño que era que, aunque hubiera resoluciones publicadas de las autoridades legales británicas, la BBC todavía no me dejara decir que Vote Leave infringió la ley, o que ocurrió una actividad ilegal y que Facebook lo sabía.

De repente, la NCA abandonó su investigación en torno a la interferencia rusa, incluso después de recibir pruebas de los tratos de la embajada rusa con Leave.eu. Más tarde, el primer ministro no quiso negar que había paralizado la investigación del Brexit. No hubo preguntas parlamentarias por el engaño ocurrido durante el referéndum del Brexit, y yo acabé pasando más tiempo contestando a preguntas sobre el testimonio del Brexit ante el Congreso de Estados Unidos que en el Parlamento Británico. A pesar de la falta de investigación en Gran Bretaña, el Parlamento canadiense abrió su propia investigación sobre el papel de AIQ en el Brexit, para ayudar a las autoridades del Reino Unido a obligar a responder a AIQ, después de que la empresa hubiese evitado con éxito su jurisdicción, al quedarse en Canadá.

Resulta que el engaño es una estrategia muy buena para ganar, porque tiene muy pocas consecuencias. Más tarde, la Comisión Electoral afirmó que, aunque el voto se ganase con el beneficio de datos ilegales o financiación ilegal, el resultado seguía valiendo. Facebook se negó a entregar todos los detalles de lo que había ocurrido en su plataforma durante el Brexit o el número o tipo de votantes de los que se hizo el perfil y en los que se centraron con campañas ilegales. Mark Zuckerberg desafió tres peticiones de testificar ante el Parlamento británico. Luego, quince Parlamentos nacionales, que representaban colectivamente a casi mil millones de ciudadanos de seis continentes, se unieron en una petición conjunta para entrevistar a Zuckerberg, aunque fuera por teléfono, él los volvió a rechazar... dos veces. Parecía que el tiempo de Zuckerberg era mucho más valioso que el de legisladores que representaban a casi una séptima parte de la raza humana. Facebook sabía que, a pesar de la tormenta mediática, en realidad habría pocas consecuencias por ignorar a los Parlamentos del mundo sin más. La empresa supo que podía comportarse como un Estado soberano, inmune a su escrutinio. Finalmente, Facebook envió a su jefe de Tecnología, Mike Schroepfer, a la investigación del Parlamento británico, pero Schroepfer no consiguió responder plenamente a las cuarenta preguntas que se le hicieron, según una declaración posterior del comité. No obstante, lo que quizá resultaba más revelador sobre la actuación era la falta de contrición de la empresa. Cuando se le preguntó a Schroepfer si la primera reacción de Facebook de enviar amenazas legales a periodistas no era una conducta de acoso, el director técnico replicó: «Entiendo que es una práctica común en el Reino Unido». Después de recibir presiones de los incrédulos diputados, Schroepfer finalmente se disculpó: «Siento que los periodistas tuvieran la impresión de que estábamos intentando evitar que la verdad saliera a la luz».

De todos los individuos que podían haber sido castigados formalmente en esta historia, me resultó muy triste ver que el único que se enfrentó a una sanción fue Darren Grimes, el becario de Vote Leave, un chico de veintidós años. Por muy frustrante que resultase su situación, según la arcaica legislación era personalmente responsable de los delitos electorales. La comisión le puso una multa de veinte mil libras a él personalmente, y remitió su caso a la policía. Más tarde, consiguió apelar contra esa multa, aunque las posteriores apelaciones todavía tienen que presentarse ante la Comisión Electoral. La campaña Vote Leave recibió una multa de sesenta y una mil libras, parte de la cual reflejaba su negativa a cooperar con el regulador. Vote Leave desistió de su apelación. Así pues, al menos esa sanción sigue en vigor.

Fue durísimo comprobar lo que le había ocurrido a Grimes, cuya vida se fue al traste por un plan que otros habían orquestado. Esperábamos que lo revelase todo como Sanni, Gettleson y yo, pero defendió el plan hasta el mismísimo final. Le entró el pánico, se venía abajo cada vez que Sanni mencionaba el tema, y no quiso aceptar que una gente en la que confiaba le había utilizado. Grimes estaba destinado a convertirse en su chivo expiatorio, y Vote Leave no podía haber encontrado un candidato mejor. Mientras defendía los actos de sus antiguos jefes, Grimes era su víctima cautiva. Pasó de ser un estudiante con talento, liberal y artista a convertirse en promotor público de las causas *alt-right*, a cambio de ayuda para sus gastos legales.

Varias semanas después de que la noticia se hiciera pública, Shahmir Sanni fue despedido de su trabajo en la TaxPayers' Alliance, un centro de estudios, tras recibir presiones por parte de los consejeros del Partido Conservador. La alianza reconoció ante sus abogados que le habían despedido injustamente, como represalia por lo que llamaban «su creencia filosófica en la bondad de la democracia británica». Aunque la cuestión del trabajo de Parkinson en el 10 de Downing Street surgió varias veces en el Parlamento, Parkinson conservó su trabajo. De hecho, no se enfrentó a consecuencia alguna por usar la oficina de prensa del primer ministro para sacar del armario a su antiguo becario. Y a Mark Gettleson, que proporcionó pruebas a las autoridades a ambos lados del Atlántico, le apartaron de su nuevo trabajo en una compañía de aplicaciones para móvil por problemas de reputación, por haber hecho de denunciante.

En marzo de 2018, justo antes de que el personal de Cambridge Analytica se enterara de la inminente desaparición de su empresa, Alexander Nix supuestamente sacó seis millones de libras de las cuentas de la empresa, con lo que se libraba de pagar la indemnización por cese a su antiguo personal. Más tarde lo negó en el Parlamento. Arguyó que esa retirada de dinero era «a cambio de unos servicios no registrados» y que se proponía reponerlo, en parte. Nix fue repudiado por muchos de sus antiguos socios de negocios y pares en los clubes privados de Pall Mall; sin embargo, como hombre de excepcional riqueza, podía continuar gastándose su herencia en su mansión de Holland Park, en Londres. No le pasó prácticamente nada, aparte de tener que realizar unas vistas públicas un poco vergonzosas en el Parlamento, en las cuales culpó a «los medios globales liberales» de la desaparición de su empresa.

Cuando yo destapé la historia de Cambridge Analytica, Brittany Kaiser adoptó también una nueva imagen de denunciante y contrató a un experto en relaciones públicas para empezar a dar entrevistas. Asistió a una vista parlamentaria en la cual reconoció estar implicada en el proyecto de Nigeria. Dijo que, probablemente, Cambridge Analytica conservaba datos de Facebook y explicó su relación con Julian Assange. (Más tarde se supo que visitó a Assange en la embajada ecuatoriana en Londres.) Inmediatamente después de que concluyera el testimonio de Kaiser, Nix le envió un mensaje: «Bien hecho, Britt, las cosas estaban mal, pero lo has hecho muy bien». Al día siguiente, ella voló a Nueva York y dio una conferencia de prensa para promocionar su nuevo proyecto de datos, con el que lanzaba una cosa llamada el Internet de los Valores Omniledger, que, al parecer, estaba destinado a dar rienda suelta a nuestra «libertad de datos».

Como Kaiser, otros antiguos ejecutivos de Cambridge Analytica fundaron sus propias empresas de datos. El antiguo jefe de producto de CA Matt Oczkowski fundó una compañía llamada Data Propria (en latín, «datos personales») y se llevó con él al científico de datos jefe de CA, David Wilkinson. La empresa asegura que se concentrará en identificar «desencadenantes de la conducta motivacional», y ya ha empezado a trabajar en la campaña presidencial de 2020 de Donald Trump. Mark Turnbull, antiguo director ejecutivo de Cambridge Analytica, se unió a uno de los antiguos asociados de la empresa, Ahmad Al-Khatib. Juntos fundaron Auspex International, que describen como una «consultora *boutique* con base ética y geopolítica».

Lo que más siento es lo de Jeff Silvester. Ni siquiera puedo expresar con palabras lo horrible y descorazonador que me resultó averiguar lo que habían hecho AIQ y él. Fue mi mentor cuando era adolescente. Fue él quien me ayudó a entrar en política al principio de todo. Me apoyó, me animó y nutrió mis talentos para que pudiera crecer. No comprendo cómo pudo seguir trabajando para algo tan equivocado, tan colonialista, tan ilegal y tan perverso. Intenté hablar con él, le dije que se abriera con *The Guardian*, pero no lo conseguí. Pudo haberse librado y quedar limpio. Pudo haber cooperado con los investigadores. Sabía que lo que había hecho AIQ estaba mal. Sabía que su trabajo tenía consecuencias profundas para el futuro de toda una nación, así como para los derechos de millones de personas. Tener que elegir entre una profunda amistad e informar de un delito es una tortura, pues, elijas lo que elijas, lo sentirás muchísimo. Pero yo no tenía otro remedio que delatarlo. Cuando *The Guardian* envió las cartas de derecho a réplica a todas las partes acusadas, me pasé todo el día angustiado por lo que estaba ocurriendo, esperando noticias. Cuando recibió su carta, Silvester se enteró finalmente de lo que yo había elegido y comprendió lo que le iba a pasar a él. El último mensaje de texto que me envió fue sencillamente: «Hala...».

Cuando me dirigía a mi primera sesión parlamentaria, oyendo el rápido chasquido de las cámaras y las preguntas que me lanzaban los periodistas, me sentí inesperadamente a gusto. Allen estaba sentada detrás de mí, pasándome de vez en cuando notas con consejos legales. Nos habíamos preparado durante horas, repasando todas las pruebas. Además, contaba con la protección especial del privilegio parlamentario, es decir, que nada de lo que dijera podía usarse en juicios civiles o criminales. La vista levantó una gran expectación en todo el mundo, sobre todo en el campo legislativo. El presidente del comité del DCMS, Damian Collins, empezó a organizar vistas conjuntas internacionales entre quince Parlamentos nacionales. Hubo debates en la Cámara de los Comunes y todos los partidos apoyaron regular las redes sociales. Durante un par de meses, parecía que Gran Bretaña iba a ser el primer país en desafiar el poder de Silicon Valley.

Sin embargo, en octubre de 2018, siete meses después de que el escándalo de Cambridge Analytica sacudiera Facebook, la empresa anunció que iba a hacer un gran fichaje: un nuevo «disculpador» jefe para los Gobiernos del mundo. El nuevo portavoz global de Facebook sería Nick Clegg, antiguo líder de los Liberal Demócratas y viceprimer ministro del Reino Unido..., el mismo hombre con quien trabajé en mis días de LDHQ. Irónicamente fue Clegg quien juró en tiempos que antes iría a prisión que registrarse en una base de datos piloto de identidad nacional. Pero era también el mismo tipo cuyo ejercicio como viceprimer ministro se convirtió en realidad en una gira de cinco años de disculpa, después de romper una infinidad de promesas clave en el Gobierno de coalición. Y cuanto más pensaba en ello, más me parecía que aquellos dos estaban hechos el uno para el otro. Tanto Zuckerberg como Clegg habían construido sus carreras comprometiendo sus principios, ambos habían sufrido golpes catastróficos a la confianza pública después de ignorar sus promesas a usuarios o votantes, y ambos habían dejado de ser «guay» en 2010. Cuando el Channel 4 me pidió que comentara ante las cámaras el anuncio del nombramiento de Clegg, lo único que se me ocurrió decir fue: «Es una mierda». Emitieron el comentario, con un pitido.

El 24 de mayo de 2019, la primera ministra Theresa May anunció su intención de dimitir, lo cual desencadenó una carrera por el liderazgo interno dentro del Partido Conservador. En el Reino Unido, si un primer ministro dimite a mitad del mandato, la convención es que su majestad la reina nombre al nuevo líder del partido de Gobierno como nuevo primer ministro, sin necesidad de elecciones generales. Eso significa que los intrigantes, donantes y miembros pagados del partido pueden saltarse las elecciones y elegir entre ellos quién dirigirá Gran Bretaña. El 23 de julio, los miembros del Partido Conservador decidieron que el nuevo primer ministro sería Boris Johnson, antiguo secretario de Asuntos Exteriores y líder de los partidarios de abandonar la Unión Europea sin alcanzar un trato de salida negociado (a menudo, esta situación se llama «Brexit duro»). Cuando formaba su nuevo Gobierno, Johnson nombró a Dom Cummings, su antiguo colega de Vote Leave, para que se convirtiera en uno de sus nuevos consejeros de alto rango del 10 de Downing Street. No pareció importarle que Cummings fuera el director de una campaña que hizo trampas durante el mismísimo referéndum que ahora Johnson usa como base «democrática» para dejar la Unión Europea, casi a cualquier coste. Solo unos pocos meses antes de su nombramiento, Cummings fue acusado de desprecio al Parlamento, tras ignorar una orden de aparecer en él para responder unas preguntas sobre el engaño y la difusión de falsas noticias en el referéndum de la UE. Aunque Cummings es solo uno más del pequeño grupo de gente que ha sido amonestado formalmente por el voto unánime de la Cámara de los Comunes, los límites de la autoridad parlamentaria se vieron puestos a prueba, y parece ser que hubo pocas consecuencias para Cummings. Y preparado para unirse a Cummings en el nuevo Gobierno Johnson como consejero especial del Tesoro de su majestad estaba Matthew Elliott, antiguo jefe ejecutivo de Vote Leave y miembro cofundador de la Tax Payers' Alliance, el *lobby* que despidió a Sanni como represalia por haber hecho de denunciante. Parecía que Vote Leave al completo había tomado el Gobierno británico. Durante la primera sesión de preguntas al primer ministro en la Cámara de los Comunes, miembros de la oposición preguntaron a Johnson sobre lo que se discutió en diciembre de 2016, cuando se reunió con el CEO de Cambridge Analytica, Alexander Nix, cuando él era secretario de Exteriores de Gran Bretaña. Su respuesta fue simplemente: no tengo ni idea.

Dentro de Cambridge Analytica, vi el aspecto que tienen de cerca la codicia, el poder, el racismo y el colonialismo. Vi cómo se comportan unos multimillonarios cuando quieren dar forma al mundo a su imagen y semejanza. Vi los rincones más extravagantes y oscuros de nuestra sociedad. Como denunciante, vi lo que son capaces de hacer las grandes empresas para proteger sus beneficios. Vi hasta qué punto puede llegar la gente para encubrir delitos que cometieron otros e imponer una narrativa que les conviene. Vi a «patriotas» agitar la bandera y hacer oídos sordos al ataque a la Constitución más importante en toda una generación. Pero también vi a gente que se preocupaba y que luchaba contra un sistema fracasado. Vi a los periodistas de *The Guardian*, de *The New York Times* y del Channel 4 trabajando juntos para sacar a la luz los delitos cometidos por Cambridge Analytica y la incompetencia de Facebook. Vi a mis brillantes abogados superando cada piedra que me ponían en el camino. Vi la amabilidad de personas que vinieron a apoyarme, sin pedir nada a cambio. Vi la diminuta Oficina de Información del Comisionado, con base en el municipio de Wilmslow, Inglaterra, usar todo su poder para hacerse cargo de un gigante estadounidense de la tecnología y, finalmente, poner a Facebook la multa más elevada posible de acuerdo con la ley por filtraciones de datos.

Y también vi a miembros del Congreso muy preocupados y ansiosos por conocer cómo era el nuevo mundo en el que nos encontrábamos. Cuando dejé la vista del Comité de Inteligencia del Senado y salí del SCIF con mis abogados y Sanni, estreché la mano de los miembros del comité. Me acompañaron a la entrada de seguridad el congresista Adam Schiff y sus ayudantes. Fueron muy amables y me dieron las gracias por volar a Estados Unidos para ayudarlos a comprender no solo a Cambridge Analytica, sino los crecientes riesgos que suponen para las elecciones en Estados Unidos las plataformas de las redes sociales. Sería mi último testimonio en Estados Unidos, pero las cosas parecían lejos de resolverse.

Hasta el 24 de julio de 2019 la Comisión Federal de Comercio no impuso una multa récord de cinco mil millones de dólares a Facebook. Ese mismo día, la Comisión de Valores y Cambio emitió la noticia de que imponía una multa adicional de cien millones de dólares más. Los legisladores vieron que Facebook no solo no protegió la privacidad de sus usuarios, sino que la empresa engañó al público y a los periodistas emitiendo falsas declaraciones de que no había visto pruebas de mal uso, cuando lo cierto es que sí las había visto. La multa fue una de las más importantes que ha impuesto jamás el Gobierno de Estados Unidos por cualquier tipo de infracción. De hecho, fue la sanción más grande emitida jamás a una empresa estadounidense por violar el derecho a la privacidad de los consumidores, veinte veces más grande que la mayor multa por un asunto relacionado con la privacidad o la seguridad de datos en cualquier lugar del mundo. Sin embargo, los inversores la vieron como una buena noticia. En realidad, la noticia incrementó el valor de las acciones de Facebook un 3,6%, ya que el mercado reconocía tácitamente que ni siquiera la ley podía detener el crecimiento de esos gigantes de la tecnología.

Mentiría si no reconociera que soy mucho más cínico ahora que antes de empezar este viaje. Pero no me he resignado. En cualquier caso, sí que todo esto me ha hecho más radical. Antes creía que nuestro sistema funcionaba en gran medida. Antes pensaba que había alguien ahí esperando con un plan que solucionaría un problema como el de Cambridge Analytica. Me equivocaba. Nuestro sistema está roto, nuestras leyes no funcionan, nuestros legisladores son débiles, nuestros Gobiernos no entienden lo que está pasando…, y nuestra tecnología está usurpando el valor de la democracia.

Así pues, tuve que aprender a encontrar mi voz para poder hablar de lo que vi que estaba ocurriendo. Me siento esperanzado, porque he visto lo que sucede cuando conseguimos encontrar nuestra voz. Cuando *The Guardian* publicó esta historia, muchos periodistas se la tomaron como una serie de teorías de la conspiración. Los chicos de Silicon Valley se rieron ante la idea de que tuvieran que someterse a escrutinio. Los políticos de Washington y de Westminster decían que la historia era demasiado específica. Fue necesaria la persistencia de un equipo de mujeres de la sección de Arte y Cultura de *The Guardian* y de su suplemento dominical, *The Observer*, donde apareció esta bomba informativa. Atrajo la atención de la mujer que dirige las investigaciones de la Oficina para la Información del Comisionado y la Comisión Electoral. Y dos inmigrantes *queer* que dieron la alerta, respaldados por una abogada inquebrantable. Esta historia disfrutó del liderazgo de mujeres emprendedoras, inmigrantes y *queers* para encender la llama de un público que comenzó a cuestionarse el poder de colonización de Silicon Valley y de las tecnologías digitales que han creado y que nos rodean. Todos ellos insistieron en levantar la voz hasta que el mundo, finalmente, pudo ver lo que nosotros veíamos.

Al criarte como *queer*, aprendes muy temprano que tu vida está fuera de las normas. Crecemos dentro de un armario, anónimos, ocultando nuestra naturaleza hasta que la situación se hace insoportable. Vivir en un armario es doloroso. Es un acto de violencia emocional que nos infligimos a nosotros mismos para no molestar a la gente de nuestro entorno. Los *queers* entendemos los sistemas del poder íntimamente, y salir del armario es nuestro acto transformativo de decir la verdad. Al salir del armario nos damos cuenta del poder que tiene hablar y contar nuestra verdad a aquellos que quizá no quieran oírla. Rechazamos su comodidad y los obligamos a escuchar. ¿Por qué tantos homosexuales tocan silbatos en el Día del Orgullo? Para llamar la atención. Para proclamar que ya no se esconden. Para desafiar la hegemonía de los poderosos. Y como tantos otros *queers* que me precedieron, tuve que aceptar quién era realmente y asumir que nunca sería ese hombre perfecto que la sociedad desea.

Soy un denunciante *queer*, y esta es mi segunda salida del armario. Como estoy sujeto a pactos de confidencialidad, debo encerrarme en un nuevo armario y vivir escondido con esa verdad incómoda, con la verdad. Durante dos años, viví con el dogma de «no preguntar, no hablar» que me impusieron poderosas empresas. Si quería evitar las consecuencias, se me prohibía descubrirme a los demás. De este modo, me convertí en su pequeño secreto. Pero como otros *queers* que salen del armario, yo digo la verdad y elijo ser indiscreto con las verdades incómodas. Ya no quiero esconderme. Ya no quiero ser su secreto. Me enfrento a las consecuencias y proclamo ante el mundo lo que sé.

El armario no es un espacio literalmente, es una estructura social que nosotros, como *queers*, internalizamos y al cual nos conformamos. El armario es un contenedor cuyas fronteras nos imponen otros, otros que quieren controlar cómo nos comportamos y nos presentamos. El armario es invisible, y te lo imponen otros por defecto, nunca por elección, para crear una versión más agradable de quién eres... para «su» beneficio, no para el tuyo. Criarse en un armario implica aprender cada vez más cómo «pasar» en sociedad, qué movimientos, tonos, expresiones, perspectivas o deseos transgreden las normas de esas fronteras sociales impuestas. Poco a poco, los niños *queers* aprenden cómo restringir su conducta hasta que tal actitud se vuelve casi una segunda naturaleza. Al menos, hasta que pasan de eso. Tan paulatinos son esos cambios que a veces ni te das cuenta de lo mucho que has cambiado tu conducta. No, hasta que un día decides dejar ese armario. Y salir del armario es aceptar que dentro de él se ha construido gran parte de ti, por lo que puede resultar muy doloroso darse cuenta de que mucho de ti mismo te fue impuesto sin tu conciencia ni tu consentimiento. El armario es un lugar donde te amoldas a la sociedad a cambio de «pasar», pero es también un espacio donde la rabia va creciendo, a medida que fronteras y limitaciones te van asfixiando poco a poco, hasta que no puedes soportar permanecer más tiempo dentro de esa prisión.

Salir del armario forma parte de nuestro rechazo a los límites impuestos por otras personas. Y su capacidad de limitar nuestra identidad es extremadamente poderosa. Ese poder puede tomar la forma de un armario social o de uno algorítmico. Lo importante es que sepamos resistirnos a cualquiera que trate de definirnos o clasificarnos para obtener un beneficio. Silicon Valley parece estar creando una nueva hegemonía de identidad a través de su construcción de esos espacios personalizados para cada persona. Y esos espacios no son nada más que un nuevo armario para definir nuestras identidades, expresiones y conductas. Al cosechar y procesar los datos de tu yo, los algoritmos toman decisiones sobre cómo definirte, cómo clasificarte, en qué te deberías fijar y quién debería fijarse en ti. Sin embargo, hay una fina línea que separa un algoritmo que te define para representar «quién eres realmente» y un algoritmo que te define para crear una profecía autocumplida de «en quién cree que debes convertirte».

La gente ya se está transformando para encajar en la idea que tiene una máquina de quién deberían ser. Algunos de nosotros nos comisariamos a nosotros mismos en las redes sociales para aumentar nuestro compromiso con los seguidores, hasta el punto de que la diferencia entre quién somos realmente y cómo nos presentamos *online* se vuelve confusa. Y cuando esos seguidores ven esas identidades comisariadas, algunos de ellos empiezan a odiar quiénes son o el aspecto que tienen, y se mueren de hambre para que su cuerpo se conforme al nuevo estándar que los rodea. Otros hacen clics en vínculos que les recomiendan unos algoritmos, comprometiéndose con esos contenidos, y se ven cada vez más arrastrados hacia la madriguera del conejo de la personalización, hasta que su visión del mundo cambia sin que ellos se den cuenta. Lo que compramos en la Red se basa en un perfil definido por otra cosa. Nuestro valor como solicitantes de trabajo, seguros, créditos o hipotecas se basa en un perfil nuestro definido por otra cosa. Los espectáculos que vemos y la música que descubrimos son preseleccionados a partir de un perfil nuestro definido por alguna otra cosa. A medida que el mundo físico y el digital se fusionan, nuestras vidas empiezan a ser definidas por alguna otra cosa, y ya no tanto por nosotros mismos. Así pues, si alguna vez queremos resistirnos a que nuestras vidas futuras estén definidas por alguna otra cosa, quizá sea necesario que todos salgamos de nuestros armarios, antes de que alguien o algo nos encierre dentro.

El 23 de mayo de 2019, me desperté a las seis de la mañana, una hora inusualmente temprana para mí. Mi habitación estaba muy iluminada y cálida, la luz del sol penetraba entre las cortinas. Odio levantarme temprano, así que me quedé un rato mirando el techo y luego miré por la ventana, para ver la vida que emergía en la calle. Un tipo con el que salía se había quedado a pasar la noche, así que tuve que levantarme con cuidado de la cama para no hacer ruido. Era un día de votación en Gran Bretaña, posiblemente las últimas elecciones que se harían jamás para el Parlamento Europeo. Mi tarjeta indicaba que el colegio electoral abriría a las siete, así que me apeteció ir echando una carrerita hasta el centro comunitario local correspondiente.

Dando unos pasos exageradamente silenciosos para abrir con mucho sigilo el vestidor, cogí los vaqueros y una camiseta que estaban tirados en el suelo. La camiseta era un regalo de la diseñadora inglesa Katharine Hamnett. Era de algodón negro y suave, con unas enormes letras blancas: ¡SEGUNDO REFERÉNDUM YA! «Si hay una camiseta adecuada para llevar hoy, es precisamente esta», pensé. Busqué en el cajón para sacar mi móvil. En cuanto tuve señal, empezaron a sonar los mensajes.

«Ay, mierda», pensé. Me volví y vi que había despertado a aquel chico. Gruñendo y con la cara hundida en la almohada, me preguntó por qué me había levantado tan temprano. Le dije que quería ir a votar. Él se incorporó y sonrió, preguntándome si aquel día era Navidad «para la gente como yo». Le dije que no, que simplemente quería ir temprano, antes de que aparecieran los encuestadores y empezaran a mirar quién está votando. No quería meterme en otra pelea con UKIP o con los del Brexit. Me habían llamado traidor y me habían dado empujones por la calle, pero no quería que me impidieran votar.

No me parecía que fuera Navidad, y no me sentía nada emocionado. Era un día triste, porque sabía en lo más hondo que no iba a tomar parte en unas elecciones «de verdad»…

Todo aquello formaba parte de una representación final antes de que el país programase su salida de la Unión Europea. A pesar de que la Comisión Electoral había legislado contra Vote Leave, de que había una investigación en marcha de la Agencia Nacional del Crimen, de los testigos en el Parlamento y de una serie de artículos que se publicaron durante una semana en *The Guardian* acerca del encubrimiento en el interior de Downing Street, el Gobierno estaba decidido a salir de la Unión Europea con un mandato ganado mediante el engaño y el fraude.

Mi buzón de correos estaba lleno de folletos y anuncios. Casi esperaba recibir alguna locura de Arron Banks o de Leave.eu, como un folleto de Brexit enrollado en una botella de vodka rusa, pues eran muy aficionados a trolearme a mí y a la periodista del *Guardian*, Carole Cadwalladr. Pero no, era propaganda normal y corriente. Verdes. Lib Dems. UKIP. Nada de los *tories* ni de los laboristas, no sé por qué. Abrí el del Lib Dem y pensé en qué datos estarían usando ahora, y si me habrían hecho un *targeting* con un mensaje. No parecía tal cosa. Simplemente, era otro folleto de mierda.

Miré a la cámara de seguridad que me enfocaba en el vestíbulo y salí. Caminé un par de calles por mi barrio. Antiguas casas georgianas con algún bloque de pisos intercalado. Hacía un día radiante y soleado. El aire de la mañana era fresco y vigorizante. Di la vuelta hacia una calle grande, donde las tiendas todavía no estaban abiertas, excepto alguna cafetería local. Entré en una y pedí un café con una gota de leche de soja. Mientras esperaba, miré a todas las personas que estaban en el local, de pie y mirando sus teléfonos, todos pasando las pantallas, siguiendo con su vida y comprometiéndose, contentos. Yo estaba a su lado, pero cada uno estaba metido en su propio mundo digital. Para ser sincero, yo hacía lo mismo antes de mi expulsión. Sin embargo, sin redes sociales, aparte de una cuenta de Twitter que apenas uso, la verdad es que consulto menos el móvil, publico menos y tomo menos fotos de las cosas. Ya no paso horas a solas junto a otras personas a través de mi pantalla. Quizá viva fuera de esos mundos digitales, pero, por lo menos, estoy más presente en este mundo. Después de coger mi café, salí, anduve por una calle rodeada de árboles y llegué al centro comunitario. Atados a los árboles vi unos

letreros blancos y grandes con letras negras donde ponía: CO-
LEGIO ELECTORAL. Mantuve la distancia y miré a mi alrededor,
pero todavía no había nadie de los partidos por allí fuera. Así
pues, entré y seguí las indicaciones por un pasillo y hacia una
habitación sencilla y sin adornos, donde había unas cuantas ca-
binas de votación de cartón y unos diminutos lápices sin goma.

La apoderada del colegio electoral me miró y me preguntó
el nombre. Fue hojeando la lista de papel y con un lápiz ta-
chó mi nombre. Y eso era todo…, sin identificación, sin nada
electrónico. Me tendió lo que parecía una papeleta de un metro
de largo para la elección de los miembros de la delegación de
Londres en el Parlamento Europeo. El papel era solo un poquito
más grueso que el de periódico, pero, al sujetarlo, pensé en lo físico que parece el acto de votar, y en que, sin embargo, hay una
enorme y sofisticada actividad *online* que conduce a un acto tan
sencillo como marcar con una cruz una fina hoja de papel. Metí
la papeleta en la urna y esperé que no fuera la última vez.

EPÍLOGO

Sobre la regulación:
una nota para los legisladores

Si queremos evitar que otra Cambridge Analytica ataque nuestras instituciones civiles, debemos intentar actuar sobre el entorno defectuoso en el cual se incubaron. Durante demasiado tiempo, los congresos y los parlamentos del mundo han caído en la falsa creencia de que de alguna manera «la ley no puede seguir el ritmo de la tecnología». Al sector de la tecnología le gusta repetir esta idea como un mantra, porque eso tiende a hacer que los legisladores se sientan demasiado idiotas o desconectados para desafiar su poder. Pero la ley «sí» que puede seguir el ritmo de la tecnología, igual que lo hace con la medicina, la ingeniería civil, los estándares de los alimentos, la energía y otros incontables campos altamente técnicos. Los legisladores no tienen por qué comprender la química de los isómeros moleculares que contiene una nueva droga para el cáncer para crear unos procesos de revisión efectivos de las drogas, ni tampoco tienen por qué saber nada de la conductividad del cobre en el cableado de alto voltaje para crear estándares de seguridad de aislamiento que sean efectivos. No esperamos que nuestros legisladores tengan conocimientos técnicos expertos de todos los sectores, porque transfieren la responsabilidad técnica y la supervisión a los reguladores. La regulación funciona porque confiamos en las personas que saben investigar industrias e innovaciones como guardianes de la seguridad pública, mejor que nosotros. «Regulación» puede ser una de las palabras menos sensuales del mundo, porque evoca una imagen de funcionarios minuciosos y sin rostro con sus queridas listas de control, y siempre discutiremos los detalles de sus normas imperfectas.

Sin embargo, a pesar de todo, la regulación de seguridad suele funcionar. Cuando compran comida en la tienda de alimentación, o visitan a su médico, o entran en un avión y vuelan por el aire a miles de metros de altura, ¿se sienten seguros? La mayor parte diría que sí. ¿Sienten alguna vez que tendrían que pensar en la química o la ingeniería que están detrás de todo eso? Probablemente, no.

A las empresas tecnológicas no se les debería permitir «moverse rápido y romper las cosas». Las carreteras tienen límites de velocidad por un motivo: para que las cosas vayan más lentas, para la seguridad de las personas. Un laboratorio farmacéutico o una compañía aeroespacial no pueden llevar nuevas innovaciones al mercado sin pasar primero por unas normas de seguridad y de eficacia. Así pues, ¿por qué los sistemas digitales se pueden publicar sin ningún escrutinio? ¿Por qué deberíamos permitir a la «Big Tech» que lleve a cabo experimentos a escala humana, solo para darnos cuenta de que se ha convertido en un problema demasiado grande para manejarlo? Hemos visto radicalización, tiroteos en masa, limpiezas étnicas, desórdenes alimenticios, cambios en los patrones del sueño, asaltos deliberados a nuestra democracia, todo ello directamente influido por las redes sociales. Es posible que sean ecosistemas intangibles, pero los daños para las víctimas no son intangibles.

El escalado es ese algo del que nadie quiere hablar. Cuando los ejecutivos de Silicon Valley se excusan y dicen que la escala de su plataforma es demasiado grande y, por tanto, es difícil evitar que se emitan los tiroteos masivos o se incite a las limpiezas étnicas en sus plataformas, bueno, eso no es excusa… De hecho, están reconociendo implícitamente que lo que han creado es demasiado grande y que se les escapa de las manos. Y, sin embargo, creen, también de forma implícita, que su derecho a aprovecharse de esos sistemas supera los costes sociales que soportan otros. Así que cuando empresas como Facebook dicen «hemos recibido comentarios diciendo que debemos hacer más», como hicieron cuando su plataforma se empleó para publicar tiroteos en masa en Nueva Zelanda, habría que hacerles una pregunta: si esos problemas eran demasiado grandes para que los resolvierais a toda prisa, ¿por qué se os debe permitir sacar productos antes de comprender cuáles son las posibles consecuencias que puedan tener para la sociedad?

Necesitamos nuevas normas para crear una saludable fricción en Internet. Precisamos parachoques que den seguridad respecto de las nuevas tecnologías y ecosistemas. No soy experto en regulaciones, ni tampoco creo tener todas las respuestas, así que no se tomen estas palabras como si fueran el Evangelio. En estas reflexiones, debería tomar parte todo el mundo. Pero me gustaría aportar algunas ideas para su consideración y para provocar cierto debate. Algunas de esas ideas puede que funcionen (quizás otras no lo hagan), pero tenemos que empezar a pensar en este arduo problema. La tecnología es potente y puede ayudar de muchas formas al ser humano. Pero ese poder debe centrarse en empresas constructivas. A continuación, aporto varias ideas que tal vez nos ayuden a progresar en este sentido.

1. Construir un código para Internet

La historia de la construcción de códigos se remonta al año 64 d. C., cuando Nerón restringió la altura de las casas, la amplitud de las calles y los suministros de agua públicos después de un fuego devastador que arrasó Roma durante nueve días. Aunque el fuego de 1631 llevó a Boston a prohibir las chimeneas de madera y los tejados de paja, el primer código de edificación moderno surgió de la devastadora carnicería que provocó el Gran Incendio de Londres de 1666. Igual que en Boston, las casas de Londres habían sido densamente construidas con madera y paja, cosa que permitió que el fuego se extendiera rápidamente durante cuatro días. Destruyó trece mil doscientas casas, ochenta y cuatro iglesias y casi todos los edificios gubernamentales de la ciudad. Después, el rey Carlos II declaró que nadie debía «erigir ninguna casa o edificio, grande o pequeño, que no sea de ladrillos o de piedra». Su declaración también ampliaba las calles para evitar que se extendieran los futuros fuegos de un lado a otro de la calle. Después de otros fuegos históricos en el siglo XIX, muchas ciudades les imitaron. Finalmente, a los peritos públicos se les encargó la tarea de inspeccionar y asegurarse de que la construcción de propiedades privadas era segura para los habitantes y para el público en su conjunto. Surgieron nuevas normas, y al final la idea de *seguridad pública* se convirtió en un principio general que podía anular los diseños poco seguros o no probados de edificación, sin tener en cuenta los deseos de los propietarios, o incluso el consentimiento de los habitantes. Una plataforma como Facebook lleva años ardiendo con sus propios desastres: Cambridge Analytica, la interferencia rusa, la limpieza étnica de Birmania, los tiroteos masivos de Nueva Zelanda... Y, al igual que con las reformas después del Gran Incendio, debemos empezar a mirar más allá de la política, a los asuntos arquitectónicos subyacentes que amenazan nuestra armonía y el bienestar de los ciudadanos.

Internet contiene incontables tipos de arquitecturas con los que la gente interactúa cada día, incluso cada hora. Y mientras fundimos el mundo digital con el físico, esas arquitecturas digitales impactan cada vez más y más en nuestras vidas. La privacidad es un derecho humano fundamental, y debería valorarse como tal. Sin embargo, con demasiada frecuencia la privacidad queda en nada clicando sobre un «acepto» respecto de un conjunto indescifrable de términos y condiciones. Ese *blanqueo por consentimiento* permite a las grandes plataformas tecnológicas defender sus prácticas manipuladoras a través del lenguaje falso de la «elección del consumidor». Así, nuestros esquemas mentales se sitúan fuera del diseño (y los diseñadores) de estas arquitecturas imperfectas y se centran, de una forma muy poco útil, en la actividad de un usuario que ni comprende ni controla el diseño del sistema. No dejamos que la gente «decida entrar» en edificios que tienen una instalación eléctrica defectuosa o que carecen de salidas de emergencia contra incendios. Sería poco seguro... Además, ningún término ni condición pegado en una puerta haría que un arquitecto se librara de su responsabilidad de construir espacios peligrosos. ¿Por qué los arquitectos e ingenieros de *software* y de plataformas *online* han de ser distintos?

El consentimiento no debería ser la única base de la capacidad de una plataforma de actuar con un rasgo que compromete los derechos fundamentales de los usuarios. Siguiendo el enfoque canadiense y europeo de tratar la privacidad como un asunto de ingeniería y de diseño (un marco llamado «privacidad por diseño»), deberíamos extender ese principio a crear un código de ingeniería completo: un código de edificación para Internet. Esto incluiría nuevos principios más allá de la privacidad, incluido respeto por la agencia y la integridad de los usuarios finales. Tal código crearía un nuevo principio, agencia por diseño, para requerir que las plataformas usen el diseño de *ampliación de la libertad de elección*. Asimismo, este principio prohibiría los diseños oscuros: diseños de patrones que confunden, engañan o manipulan deliberadamente a los usuarios para que accedan a una característica o se comporten de una determinada manera. La agencia por diseño también requeriría *proporcionalidad de efectos*, donde el efecto de la tecnología en el usuario sea proporcional a su objetivo y beneficio. En otras palabras, habría una *prohibición de influencia indebida* en el diseño de la plataforma allí donde hubiera efectos duraderos y desproporcionados, como diseños adictivos o temas consiguientes de salud mental.

Igual que con los códigos tradicionales de edificación, el principio de *evitar el daño* sería un rasgo fundamental en la construcción de ese código digital. Este requeriría plataformas y aplicaciones para llevar a cabo *auditorías de posible abuso* y pruebas de seguridad «antes» de emitir o escalar un producto o rasgo. La carga residiría en las empresas tecnológicas, que deberían probar que sus productos son seguros para su uso escalado en el público. De tal modo, usar al público para realizar experimentos escalados en directo con rasgos nuevos no probados debería estar prohibido, y no se podría usar nunca más a los ciudadanos como conejillos de Indias. Esto ayudaría a evitar casos como el de Birmania, donde Facebook no tuvo consideración alguna acerca de qué rasgos podrían azuzar la violencia en regiones con conflicto étnico.

2. Un código ético para los ingenieros de software

Si su hijo está perdido y necesita ayuda, ¿a quién quiere que se dirija para recibirla? ¿Quizás a un médico? ¿O a lo mejor a un profesor? ¿Qué tal un vendedor de criptomoneda o un desarrollador de aplicaciones de juegos? Nuestra sociedad estima que determinadas profesiones tienen un estatus fiable (médicos, abogados, enfermeras, maestros, arquitectos y similares) en gran parte porque su trabajo requiere que sigan unos códigos éticos y unas leyes que gobiernan la seguridad. El lugar especial que ocupan esas profesiones en nuestra sociedad significa que les pedimos un estándar más elevado de conducta profesional y deberes de cuidado. Como resultado, hay unos corpus reglamentarios en muchos países que regulan y obligan a la conducta ética de esas profesiones. Para que la sociedad funcione, debemos poder confiar en que nuestros médicos o abogados siempre actuarán buscando nuestro bien, así como en que los puentes y los edificios que usamos cada día se han construido según unas normas y sabiendo los encargados lo que se hacían. En esas profesiones reguladas, una conducta poco ética puede conllevar consecuencias muy graves para aquellos que transgreden las fronteras establecidas por la profesión, que van desde las multas y el escarnio público a suspensiones temporales o incluso una prohibición permanente, para los casos más destacados.

Hoy en día, el *software*, la inteligencia artificial y los ecosistemas digitales permean nuestras vidas; sin embargo, quienes crean los dispositivos y los programas que usamos todos los días no están obligados por ningún estatuto federal o código obligatorio a considerar debidamente los impactos éticos en los usuarios o la sociedad en su conjunto. Como profesión, la ingeniería de *software* tiene un grave problema ético que hay que afrontar. Las empresas tecnológicas no crean mágicamente plataformas problemáticas o peligrosas de la nada, sino que hay gente dentro de esas empresas que crea tales tecnologías. Sin embargo, existe un problema obvio: los ingenieros de *software* y los científicos de datos no están implicados en el asunto. Si el jefe de un ingeniero le ordena que cree sistemas que manipulan, que son éticamente dudosos o que se implementan temerariamente, sin consideración para la seguridad del usuario, no tiene base para negarse. Actualmente, si el ingeniero de turno se niega a actuar de forma poco ética puede incluso ser despedido. Aunque después resulte que el diseño no ético incumple alguna regulación, la empresa puede absorber la responsabilidad y pagar las multas, y no hay consecuencias profesionales para los ingenieros que construyeron esa tecnología, como las habría si fuera un médico o un abogado el que cometiera una grave infracción deontológica. Es un incentivo perverso, que no existe en otras profesiones. Si un empleador pide a un abogado o a una enfermera que actúe sin ética, estos se verían obligados a negarse o a arriesgarse a perder su licencia profesional. En otras palabras: sí que están implicados y, por tanto, pueden desafiar a su empleador.

Si nosotros, como ingenieros de *software* y científicos de datos, nos queremos llamar profesionales merecedores de la estima y los altos salarios que obtenemos, debemos comprometernos éticamente. Las regulaciones de las empresas tecnológicas no serán tan efectivas como podrían serlo si no empezamos por implicar a la gente que está dentro de esas empresas. Hemos de hacer que la responsabilidad recaiga en los ingenieros. Tal vez así ya no actuarán como si les importara un comino lo que construyen. Un taller de una tarde para los empleados o un curso semestral de ética es una solución completamente insuficiente para abordar los problemas a los que ahora nos enfrentamos con las tecnologías emergentes. No podemos seguir por este camino, en el cual el paternalismo tecnológico y las utopías buenistas de Silicon Valley están creando una raza de jefes peligrosos que no tienen en cuenta el daño que su trabajo puede acarrear.

Necesitamos un código profesional respaldado por una suerte de estatuto, como en el caso de los ingenieros civiles y los arquitectos en muchas jurisdicciones, donde se concrete que habrá consecuencias reales para los ingenieros de *software* o los científicos de datos que usen su talento y su pericia para construir tecnologías peligrosas, manipuladoras o faltas de ética. Ese código no debería tener un lenguaje vagamente aspiracional. Más bien debería articularse de una manera clara, específica y definitiva lo que resulta aceptable e inaceptable. Tendría que darse el requisito de respetar la autonomía de los usuarios, identificar y documentar riesgos, así como sujetar el código a escrutinio y revisión. Tal código debería incluir también un requerimiento para considerar el

321

impacto de su trabajo sobre la población vulnerable, incluido el impacto desproporcionado en usuarios de distintas razas, géneros, habilidades, opción sexual u otros grupos protegidos. Y si, después de dedicarle la consideración debida, a un empleado se le requiere que construya una característica que el ingeniero considere que carece de ética, *tiene que ser su deber negarse e informar de ello*. De no hacerlo, se enfrentará a graves consecuencias profesionales. Asimismo, aquellos que se nieguen y que informen estarán protegidos por ley de las represalias que pueda tomar contra él su empleador.

Probablemente, de todos los posibles tipos de regulación, un estatuto para los ingenieros de *software* es lo que evitaría más daños, pues obligaría a los propios constructores a considerar su trabajo *antes de que se publique nada*, y no podrían eludir la responsabilidad moral simplemente siguiendo órdenes. La tecnología suele tener reflejo en nuestros valores. Así pues, instilar una cultura de la ética resulta vital si como sociedad vamos a depender cada vez más de las creaciones de unos ingenieros de *software*. Si se les hace debidamente responsables, los ingenieros de *software* se pueden convertir en nuestra mejor línea de defensa contra los futuros abusos tecnológicos. Y, como ingenieros de *software*, deberíamos aspirar a ganarnos la confianza del público con nuestro trabajo, mientras construimos las nuevas arquitecturas de nuestras sociedades.

3. *Empresas de servicio público de Internet e interés público*

Tradicionalmente, las empresas de servicio público son redes físicas que, según se dice, están «afectadas por el interés público». Su existencia es única en el mercado, en el sentido de que sus infraestructuras son tan básicas para el funcionamiento del comercio y de la sociedad que les permitimos operar de una forma distinta a las empresas corrientes. Las compañías de servicio público, a menudo por necesidad, son una forma de monopolio natural. En el mercado, la competencia equilibrada típicamente da como resultado innovación, mejor calidad y precios reducidos para los consumidores. Sin embargo, en determinados sectores como la energía, el agua o las carreteras, no tiene sentido construir líneas eléctricas que compitan entre sí, o tuberías, o metros que vayan a los mismos sitios, ya que resultaría en una gran redundancia y en un aumento de los precios para el consumidor. Con la eficacia aumentada de un solo suministrador de servicios, corremos el riesgo de que obtengan una influencia y un poder indebidos... Además, los consumidores no pueden cambiarse a otra compañía eléctrica, o de agua, o de metro, por lo que se convierten en rehenes de firmas sin escrúpulos.

En Internet, está claro que hay unos actores extremadamente dominantes. Google acumula más del 90 % de todo el tráfico de búsqueda, y casi el 70 % de los adultos activos en las redes sociales usan Facebook. Sin embargo, eso no significa que sean estructuras universales *per se*. Cuando las plataformas tecnológicas sufren un apagón, podemos sobrevivir y sobrellevarlo mucho más tiempo (aunque no indefinidamente) de lo que lo haríamos si ocurriera lo mismo con la electricidad. En las infrecuentes ocasiones en que el motor de búsqueda de Google ha fallado, los usuarios han salido del paso recurriendo a otros motores de búsqueda menos conocidos, hasta que Google ha conseguido arreglar el problema. También hay ciclos de popularidad para los grandes actores de Internet, que no se encuentran en ninguna infraestructura física. MySpace fue durante un tiempo la plataforma social preeminente, antes de que Facebook la acabara desbancando. Raramente (o nunca) encontraremos ciclos semejantes con las compañías de agua o eléctricas.

Dicho esto, los actores dominantes de Internet tienen cosas en común con las empresas públicas físicas. Como las empresas públicas físicas, estas arquitecturas a menudo sirven como columna vertebral *de facto* para el comercio y la sociedad, donde su existencia se ha convertido en algo cotidiano. De forma pasiva, los negocios, por ejemplo, se han ido fiando del motor de búsqueda de Google en su trabajo. Y esto no es malo. Los motores de búsqueda y las redes sociales se benefician de los efectos red: cuanta más gente usa el servicio, más útil se vuelve. Del mismo modo que sucede con las empresas públicas físicas, su gran escala puede crear un enorme beneficio para el consumidor, y no queremos obstaculizar ese beneficio público. Sin embargo, como ocurre con otros monopolios naturales, hay una serie de riesgos que amenazan a los consumidores. Y son esos posibles daños los que debemos tener en cuenta para establecer un nuevo conjunto de normas.

Así pues, reconociendo plenamente que hay diferencias esenciales entre Internet y la infraestructura física, usaré el término «empresas de servicio público de Internet» como término de conveniencia para indicar *algo similar pero diferente* de una empresa de servicio público habitual: una «empresa de servicio público de Internet» *es un servicio, aplicación o plataforma cuya presencia se ha vuelto tan dominante en la Red que queda afectada por el interés público debido a la propia naturaleza de su envergadura.* La regulación de estas empresas debería reconocer el lugar especial que tienen en la sociedad y en el comercio, así como imponer un estándar más elevado de cuidado hacia sus usuarios. Tales regulaciones deberían adoptar la forma de deberes estatutarios. Tendría que haber multas proporcionales a los beneficios anuales, como medio para detener la situación actual, en la cual las infracciones regulatorias se negocian y se contabilizan como un coste de negocio.

De la misma forma que no penalizamos la envergadura de las compañías eléctricas, la grandeza de las empresas de servicio público de Internet tampoco debería estar penalizada, si queremos que exista el efecto red de un beneficio social genuino. En otras palabras: no se trata de romper las grandes empresas de tecnología, sino de hacer que sean responsables. Sin embargo, a cambio de mantener su escala, a las empresas de servicio público de Internet se les debería exigir que actuaran activamente como administradores responsables de lo que finalmente podría llegar a ser «nuestro» común mundo digital. Deben comprender que su envergadura lleva innatos intereses públicos que, en algunos casos, por pura necesidad, deben ir más allá de sus intereses privados de obtener beneficios. Como ocurre con otras empresas de servicio público, esto debe incluir una conformidad con unos estándares de seguridad para el usuario mucho mayores, específicos para las aplicaciones de *software*, así como un *nuevo código de derechos digitales del consumidor*. Estos nuevos derechos digitales del consumidor deberían servir como base de términos y condiciones universales, de modo que los intereses de los usuarios de Internet se tengan en cuenta para aquellos aspectos en los cuales las empresas de tecnología han fracasado constantemente.

4. Administración pública del bien común digital

El poder sin restricciones de estas empresas de servicio público de Internet para impactar en nuestro discurso público, cohesión social y salud mental, ya sea intencionadamente o por incompetencia y dejadez, también debe estar sujeto a responsabilidad pública. Debería establecerse una nueva *agencia reguladora digital*, que sería la encargada de que se cumpliera este nuevo marco regulador digital, con poderes sancionadores estatutarios. En particular, estas agencias deberían tener *ombudsmen* competentes técnicamente y que puedan ejercer el derecho de hacer proactivas auditorías técnicas de plataformas en nombre del público. Asimismo, tendríamos que usar mecanismos de refuerzo con base en el mercado, como el requerimiento a las empresas de servicio público de Internet de que cuenten con un seguro para los daños que se puedan producir por mal uso de los datos. Al requerir seguros para las filtraciones de datos, vinculado con el valor a tasa de mercado de esos datos, podemos crear una presión financiera correctora para que las cosas se hagan mejor.

325

Hemos visto que el valor de los datos personales crea modelos de negocio totalmente nuevos y enormes beneficios para las empresas de redes sociales. Plataformas como Facebook han argumentado insistentemente que son un servicio «gratuito». Y si los consumidores no tienen que pagar por el servicio, la plataforma no puede ser cómplice de prácticas anticompetitivas. Sin embargo, este argumento requiere que uno acepte que el intercambio de datos personales para el uso de una plataforma no es un intercambio de valores, cuando está clarísimo que sí que lo es. Hay mercados enteros que valoran, venden y licencian datos personales. El fallo en el enfoque actual antimonopolio para las grandes empresas tecnológicas es que los reguladores no han tenido en cuenta debidamente el valor de los datos de los consumidores.

Si consideramos el valor al alza de los datos personales que los consumidores de las plataformas les proporcionan, concluiremos que estas empresas (que no aumentan proporcionalmente el valor de sus plataformas para sus usuarios) los han maltratado sistemáticamente. Los consumidores están dando mucho más valor, a través de sus datos, a las plataformas dominantes. Y, a cambio, no reciben ningún beneficio. En las actuales leyes antimonopolio estadounidenses, podría haber un punto que, a partir de esto, asegurara que el intercambio de datos ha estado costando más a los consumidores. Sin embargo, aunque fuera así, implicaría un beneficio escaso para los usuarios. Por el contrario, si creásemos una nueva clasificación de empresas de servicios públicos en Internet, podríamos usar una *prueba de interés público* para la operación, el crecimiento y las actividades de fusión y adquisiciones de esas empresas.

Sin embargo, a diferencia de las empresas públicas de servicios físicos, las redes sociales y los motores de búsqueda no resultan tan esenciales como para ser irreemplazables, de modo que las regulaciones también deberían tener en cuenta los beneficios saludables de la evolución de la industria. Queremos evitar regulaciones que consoliden la postura de las empresas de servicios que ahora son dominantes en Internet, a la espera de unas ofertas más nuevas y mejores. Pero también debemos rechazar la idea de que cualquier regulación escalada de los gigantes dificultaría de alguna manera nuevos desafíos. Seguir esa lógica nos llevaría a decir que la seguridad y la regulación ambiental del sector del petróleo quitarían importancia a que se implementen energías renovables en el futuro: eso no tendría sentido. Y si estamos preocupados por la inhibición de la evolución del mercado, entonces podríamos exigir que las empresas de servicios públicos de Internet compartiesen su infraestructura dominante con unos rivales más pequeños, para mejorar la elección de los consumidores de la misma forma que las empresas dominantes de telecomunicaciones comparten infraestructuras de comunicaciones con unos actores más pequeños. La seguridad y los estándares de conducta de los actores más relevantes no son incompatibles con la evolución tecnológica. Teniendo esto en cuenta, debería crearse una regulación *basada en principios, y no tanto en tecnología*. Así tendríamos mucho cuidado de no insertar antiguas tecnologías o unos modelos de negocio anticuados en los códigos reguladores.

Gracias. Y buena suerte.

Agradecimientos

$\mathcal{A}$ menudo, los denunciantes se sitúan como un David solitario enfrentándose con sus propias manos a un Goliat. Pero en mi caso, nunca estuve solo. Hubo muchísimas personas sin las cuales nada de esto habría sido posible. Desde abogados a periodistas, hermanas y taxistas... Muchas personas han contribuido enormemente a esta historia, y estoy muy agradecido por su consejo, resistencia, paciencia y tenacidad. Quiero dar las gracias especialmente a todas las mujeres que me han apoyado en este viaje. Han sido las mujeres las que han hecho posible esta historia.

Los abogados

Por defenderme, contra viento y marea, y por ser la mejor abogada que se pueda tener en el mundo, me gustaría antes que nada dar las gracias a mi brillante abogada Tamsin Allen. Tamsin, me ayudaste antes de que nadie supiera quién era yo ni lo que hizo Cambridge Analytica. Hiciste posible que me enfrentara a algunas de las personas y empresas más poderosas del mundo. Cuando tuve que viajar a Washington D. C. para testificar ante el Comité de Inteligencia del Congreso de Estados Unidos, me enteré de tres cosas sobre ti. Primero, que te da miedo volar. Segundo, que parece que no hay absolutamente nada más que pueda inmutarte. Tercero, que, incluso después de un vuelo transatlántico, el agobio del desfase horario y estar sentada conmigo durante más de cinco intensas horas en vistas del Congreso, aquella misma noche todavía fuiste capaz de bailar con la música de Jennifer Lopez en la gala Time 100.

Muchos abogados fantásticos han trabajado sin descanso entre bambalinas para protegerme y ayudar a que esta historia fuera posible. Adam Kaufmann, Eric Lewis, Tara Plochocki y todo el equipo legal de Estados Unidos de Lewis Baach Kaufmann Middlemiss PLLC: gracias por haceros cargo de mi caso con tanto optimismo, manejando sin esfuerzo alguno toda esa complejidad multijurisdiccional, y por ayudarme a pasar por todo ese proceso sin sufrir daños. Vuestro consejo ha resultado imperativo para mantenerme tranquilo y sereno en unos momentos tan caóticos. En Gran Bretaña también me apoyaron los magníficos colegas de Tamsin de Bindmans LLP, incluidos Mike Schwarz y Salima Budhani, así como un pequeño batallón de abogados y abogadas de Matrix Chambers, incluidos Gavin Millar QC, Clare Montgomery QC, Helen Mountfield QC. y Ben Silverstone y Jessica Simor QC. Martin Soames y Erica Henshilwood, de Simons Muirhead & Burton LLP, me ayudaron muchísimo cuando todavía trabajaba anónimamente con *The Guardian*. Su temprano consejo puso los cimientos para el resto de la historia. Todos sois abogados increíbles. Si hoy estoy aquí, sano y salvo, es gracias a vuestro trabajo.

Los denunciantes

Mark Gettleson y Shahmir Sanni, gracias por los enormes sacrificios personales que ambos habéis hecho y por compartir conmigo este loco viaje. Los dos habéis experimentado unas represalias profundamente injustas; sin embargo, decidisteis dar la alarma de todos modos. Mark, desde que te conocí, hace ya tantos años, he visto que hay pocos hombres que igualen tu elocuencia, humor, empatía e inteligencia. Shahmir, gracias por estar a mi lado desde que empezamos juntos nuestro viaje de revelación, y por decir la verdad ante el poder. Ambos hemos pasado por un infierno y hemos vuelto. Estoy enormemente orgulloso de llamaros a los dos «amigos». Y a los otros denunciantes que quieren permanecer en el anonimato, gracias por vuestra ayuda. Aunque el mundo no conozca vuestra contribución, habéis servido de mucho.

Los periodistas

Carole Cadwalladr, gracias por creerme... y por creer en mí. Desde el momento en que te conocí, supe que eras una de las pocas personas que podían contar esta historia al mundo de tal manera que la gente tuviera que escucharla. Despertaste al mundo y sacudiste a los gigantes. Quizá yo tuviera el pelo rosa, pero tú eras la que llevabas la pluma. Seguiste adelante, a pesar de esa continua lluvia de insultos y amenazas por parte de la *alt-right,* las firmas de inteligencia privada y los chicos de Silicon Valley. Aceptaste colaborar conmigo por la sencilla razón de que creías en un bien mayor. Además, mereces todo el reconocimiento por tu brillante forma de ejercer el periodismo.

Sarah Donaldson y Emma Graham-Harrison: gracias por vuestro papel fundamental a la hora de contar esta historia al mundo. Vuestro trabajo, junto con el de Carole, es en gran medida el motivo por el cual puedo asegurar con total confianza que hoy no estaría donde estoy sin todas las mujeres implicadas. *The Guardian* y *The Observer* son muy afortunados de teneros a las dos. Y, por supuesto, gracias Paul Webster, John Mulholland y Gillian Phillips, por defender tenazmente esta historia frente a multimillonarios, gigantes de la tecnología, funcionarios furiosos de la Casa Blanca, agencias de inteligencia y una enorme cantidad de amenazas legales que llegaban casi a diario. Matthew Rosenberg, Nicholas Confessore, Gabriel Dance, Danny Hakim, David Kirkpatrick y el *New York Times,* gracias por llevar esta historia a Estados Unidos de una manera que nadie más podría haber hecho, así como por el enorme impacto que tuvo vuestro papel a la hora de hacer responsables a Facebook y a otros gigantes de Silicon Valley. Job Rabkin, Ben de Pear y *Channel 4 News,* gracias por atreveros a planear una acción encubierta que conllevaba un enorme riesgo, así como por presentar esta historia a un público televisivo cuando otros no lo hicieron. Vuestras grabaciones han demostrado al mundo la verdadera profundidad de la nefasta operación de Cambridge Analytica con sus propias y escalofriantes palabras.

Los parlamentarios

Alistair Carmichael (miembro del Parlamento), gracias por ser mi aliado siempre, inquebrantable, y por tu consejo a lo largo de los años, por las charlas hasta altas horas de la noche en tu despacho, así como por cultivar mi paladar con whisky escocés en tiempos de estrés. Tu ayuda antes de que se hiciera pública esta historia fue inestimable. Sin obtener nada a cambio, corriste riesgos y usaste tu detallado conocimiento del Parlamento para ayudar a protegerme a mí y a otros varios denunciantes. Esto permitió que unas pruebas de un significativo interés público se conservaran y se publicaran. Damian Collins (miembro del Parlamento) y todo el Comité de Medios y Deportes, Digital y Cultural del Parlamento Británico, gracias por estar entre las voces más decididas a la hora de exigir responsabilidades a Silicon Valley. Vuestra colaboración independiente sobre la investigación de la desinformación y de las «falsas noticias» ha priorizado el interés público. Todos vosotros me habéis dado un ejemplo extraordinario de cómo deberían ser los políticos. Trabajando juntos, vuestro comité se enfrentó a los gigantes de Silicon Valley y obtuvo apoyo para la acción legislativa en todo el mundo. Y Damian, como liberal defensor de causas perdidas, nunca pensé que diría esto, pero tú me enseñaste que quizás algunos *tories* pueden ser *guays*.

Los héroes olvidados

Gracias a mis padres, Kevin y Joan, por su amor y apoyo incondicional, así como por su sabiduría. Y gracias a mis dos hermanas, Jaimie y Lauren, por dejarlo todo para ayudarme cuando las cosas se pusieron muy caóticas, por dejarme desahogar mi estrés... y por mantener mi frigorífico siempre abastecido de comida. Y gracias a todos los demás que ayudaron a descubrir y contar esta historia. En particular, quiero dar las gracias a lord Strasburger (por su discreta, pero inconmensurable ayuda entre bastidores); a Peter Jukes (por su apoyo y por un brillante lanzamiento de la historia); Marc Silver (por su extraordinaria película y sus conversaciones inspiradoras, de horas de duración); a Jess Search (por su sabio consejo y por alimentar mi rollo *queer*); a Kyle Taylor (por su apasionada campaña); a Elizabeth Denham, Michael McEvoy y a toda la Oficina de Información del Comisionado del Reino Unido (por poner los derechos de los datos en el mapa); al representante Adam Schiff y el personal del Comité de Inteligencia del Congreso de Estados Unidos (por todo el trabajo invisible que hicieron); a Glenn Simpson y Fusion GPS (por su brillante trabajo de investigación); a Ken Strasma (por despertar mi interés por los datos); al doctor Keith Martin (por alimentar mi espíritu independiente); a Jeff Silvester (por ser mi mentor cuando era joven, a pesar de todo lo que ocurrió después); a Tom Brookes (por su apoyo en todo momento); a David Carroll y Paul-Olivier Dehaye (por su persistencia a la hora de defender los derechos de nuestros datos); a la doctora Emma Briant (por descubrir pruebas críticas); a Harry Davies, Ann Marlowe y Wendy Siegelman (por su temprano trabajo de investigación); a mi antigua supervisora académica, la doctora Carolyn Mair (por revisar este libro y enseñarme tanto de psicología, datos y cultura); y a la profesora Shoshana Zuboff (cuya obra sobre el capitalismo y la vigilancia me ayudó a afinar muchas ideas).

Por último, quizá lo más importante de todo es reconocer a los cientos de miles de personas que compartieron esta historia, llamaron a sus representantes parlamentarios, participaron en marchas de protesta, llevaron pancartas y me enviaron mensajes de ánimo: hay muchísima gente a la que no conozco pero que me ha ayudado apasionadamente en este viaje.

333

Este libro

Y, para finalizar, me gustaría dar las gracias a mis maravillosos colaboradores en este libro, Lisa Dickey y Gareth Cook; a mi editor de Random House, Mark Warren; a mis agentes literarios en William Morris Endeavor, Jay Mandel y Jennifer Rudolph Walsh; a Kelsey Kudak por comprobar todos los hechos de este libro; y a mi abogado artístico, Jared Bloch.

Todos vosotros me habéis guiado a través de la escritura de mi primer libro. Me habéis impulsado a coger la pluma, me habéis ayudado a destilar la esencia de esta historia, habéis eliminado mis tonterías y habéis refrenado mi tendencia al excurso.

Este libro utiliza el tipo Aldus, que toma su nombre
del vanguardista impresor del Renacimiento
italiano, Aldus Manutius. Hermann Zapf
diseñó el tipo Aldus para la imprenta
Stempel en 1954, como una réplica
más ligera y elegante del
popular tipo
Palatino

Mindf*uck
se acabó de imprimir
un día de invierno de 2020,
en los talleres gráficos de Liberdúplex, s. l. u.
Crta. BV-2249, km 7,4. Pol. Ind. Torrentfondo
Sant Llorenç d'Hortons (Barcelona)